B1+

Kontext
Deutsch als Fremdsprache

Kursbuch
mit Audios und Videos

Ute Koithan
Helen Schmitz
Tanja Sieber
Ralf Sonntag

Filmseiten von Anna Pilaski

Ernst Klett Sprachen
Stuttgart

Autoren Ute Koithan, Helen Schmitz, Tanja Sieber, Ralf Sonntag
Filmseiten Anna Pilaski
Beratung und Gutachten Gabi Göth-Kiegerl (München), Anna Grigorieva (München), Beate Lex (Jena), Anna Pilaski (Madrid), Dr. Annegret Schmidjell (Murnau/Seehausen)
Projektleitung Angela Kilimann
Redaktion Angela Kilimann, Annette Kretschmer
Herstellung Carolyn Brendel
Layoutkonzeption Marion Köster und Katrin Kleinschrot, Stuttgart
Gestaltung und Satz Marion Köster, Stuttgart
Illustrationen Sylvia Neuner, München
Auftragsfotos Dieter Mayr, München
Cover Ulrike Steffen, Karlsruhe

Videos
Martin Höcker, Carsten Jaeger, Aleksej Nutz, Klaus Oppermann, Rainer Schwarz, SWR
(s.a. Quellen im Anhang)

Strategie-, Redemittel- und Grammatikclips
Drehbücher Ute Koithan, Annette Kretschmer, Helen Schmitz, Tanja Sieber, Ralf Sonntag
Redaktion und Regie Angela Kilimann und Annette Kretschmer
Kamera und Postproduktion Thomas Simantke

Audios
Aufnahme und Postproduktion Plan 1, München
Regie Plan 1, Angela Kilimann, Annette Kretschmer

Online- und Augmented-Übungen
Anna Grigorieva, Annette Kretschmer und Sabine Hoppe

Lösungen, Transkripte u.v.m. zum Download unter: www.klett-sprachen.de/kontext

Audio- und Videodateien zum Download unter www.klett-sprachen.de/kontext/medienB1plus
Code: Audios und Videos zu Kapitel 1–6: kont1kbx@44
Audios und Videos zu Kapitel 7–12: kont1kbz@45

Kontext B1+	
Kursbuch mit Audios und Videos	605334
Übungsbuch mit Audios	605335
Unterrichtshandbuch	605337
Intensivtrainer	605338
Testheft mit Audios	605339
Digitales Unterrichtspaket	NP00860533701
Audiopaket (6 CDs zu KB + ÜB)	605360
Video-DVD	605372
Kontext B1+ express	
Kontext B1+ express	605336
Unterrichtshandbuch express	605355
Intensivtrainer express	605356
Testheft express mit Audios	NP00860533901
Kontext B1+ (zweibändig)	
Kurs- und Übungsbuch B1.1+ mit Audios und Videos	605332
Kurs- und Übungsbuch B1.2+ mit Audios und Videos	605333

Zu diesem Buch gibt es Audios, Videos, Quizes, Online-Übungen, ...,
die mit der Klett-Augmented-App geladen und abgespielt werden können.

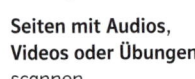

| Klett-Augmented-App kostenlos downloaden und öffnen | Seiten mit Audios, Videos oder Übungen scannen | Audios, Videos oder Übungen laden, direkt nutzen oder speichern |

Scannen Sie diese Seite für weitere Komponenten zu diesem Titel.

Apple und das Apple-Logo sind Marken der Apple Inc., die in den USA und weiteren Ländern eingetragen sind. App Store ist eine Dienstleistungsmarke der Apple Inc. | Google Play und das Google Play-Logo sind Marken der Google Inc.

1. Auflage 1 3 2 1 | 2023 22 21

© Ernst Klett Sprachen GmbH, Rotebühlstraße 77, 70178 Stuttgart, 2021
Alle Rechte vorbehalten.
www.klett-sprachen.de

Das Werk und seine Teile sind urheberrechtlich geschützt. Jede Nutzung in anderen als den gesetzlich zugelassenen Fällen bedarf der vorherigen schriftlichen Einwilligung des Verlags.

Druck und Bindung: Elanders GmbH, Waiblingen

ISBN 978-3-12-605334-1

DAS KURSBUCH – KAPITELAUFBAU

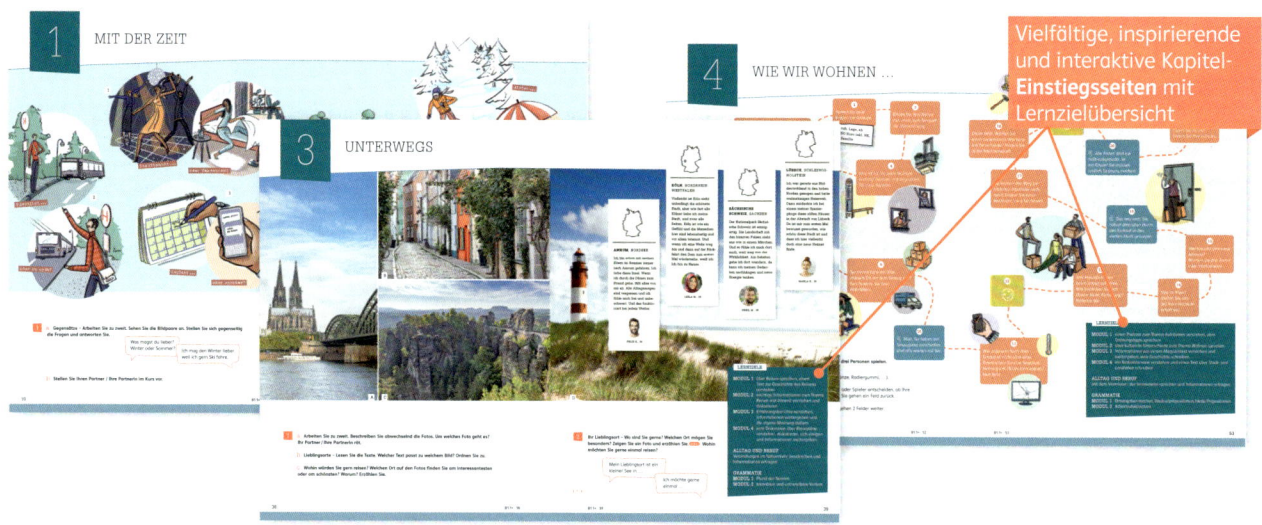

Vielfältige, inspirierende und interaktive Kapitel-**Einstiegsseiten** mit Lernzielübersicht

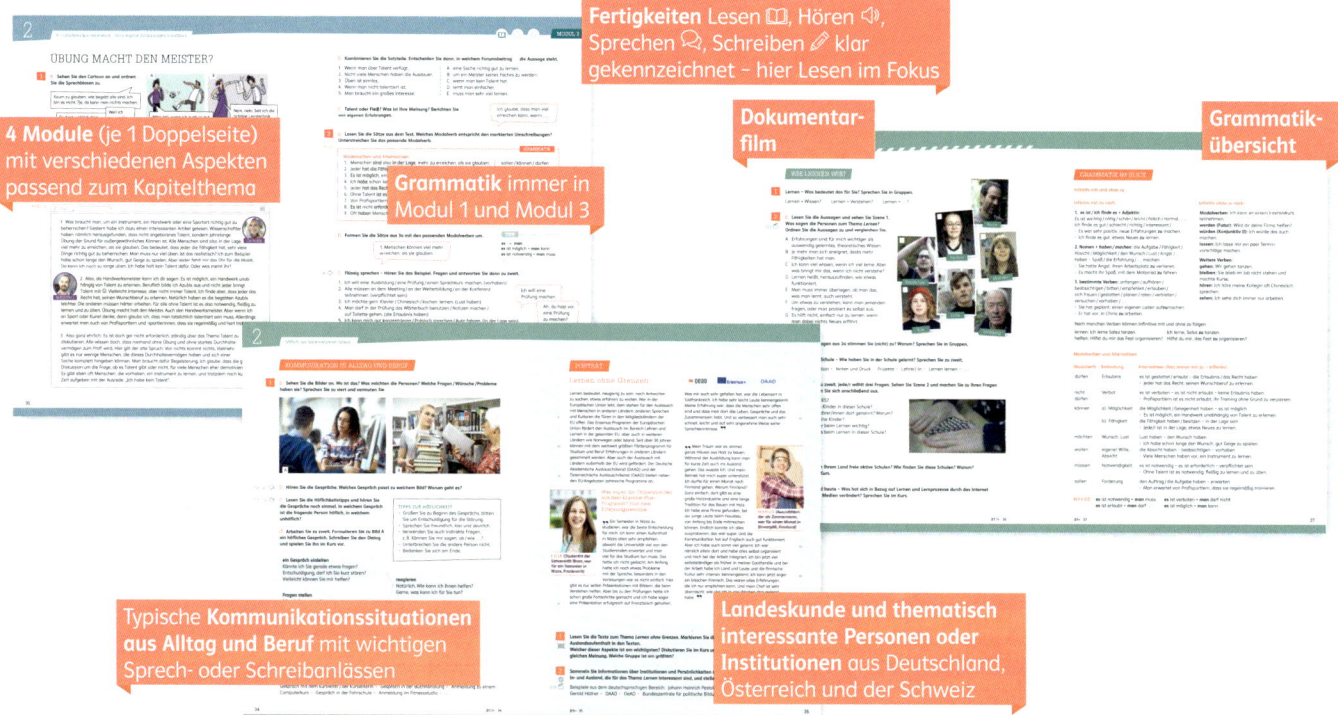

Fertigkeiten Lesen 📖, Hören 🔊, Sprechen 💬, Schreiben ✏️ klar gekennzeichnet – hier Lesen im Fokus

4 Module (je 1 Doppelseite) mit verschiedenen Aspekten passend zum Kapitelthema

Grammatik immer in Modul 1 und Modul 3

Dokumentarfilm

Grammatikübersicht

Typische **Kommunikationssituationen aus Alltag und Beruf** mit wichtigen Sprech- oder Schreibanlässen

Landeskunde und thematisch interessante Personen oder Institutionen aus Deutschland, Österreich und der Schweiz

ANHANG

Übersichten zu Redemitteln und Grammatik

Alle Lesetexte auch zum Hören über Klett Augmented oder als Download.

SYMBOLE

1.05 🔊 Hörtext Track 5 (auf CD 1)

G03 🎬 Mini-Clip zur Grammatik (G), zu Redemitteln (R) oder zur Strategie (S)

02.1 🎬 Dokumentarfilm Kapitel 2, Szene 1

🌐 Recherche-Aufgabe

📰 „Mehr üben?" – Digitales Quiz über Klett Augmented

Ü2–4 Ü2-4 im Übungsbuch nach dieser Aufgabe

←Ü3 Ü3 im Übungsbuch vor dieser Aufgabe

LEKTION 1
MIT DER ZEIT

	EINSTIEG NACHTMENSCH ODER TAGMENSCH? Partner/innen interviewen und vorstellen	10
	MODUL 1 ZEIT – FRÜHER UND HEUTE einen Text über *Stress früher und heute* verstehen und darüber sprechen • über Vergangenes sprechen **Grammatik:** über Vergangenes berichten: Tempusformen	12
	MODUL 2 TAG FÜR TAG ein Lied verstehen und darüber sprechen **Mediation:** Plurikulturalität: über Werte und Haltungen sprechen • ein Lied aus dem eigenen Land vorstellen	14
S01	**MODUL 3** WIE DIE ZEIT VERGEHT … über das Thema *Zeit* sprechen **Mediation:** einen Text mithilfe von Notizen für andere zusammenfassen **Strategie:** Notizen machen **Grammatik:** Verben und Ergänzungen	16
S02	**MODUL 4** REINE ZEITVERSCHWENDUNG? eine Radiosendung verstehen • auf einen Forumsbeitrag schriftlich reagieren • Tipps und Ratschläge geben **Strategie:** einen Text korrigieren	18
	KOMMUNIKATION IN ALLTAG UND BERUF einen Termin vereinbaren, verschieben oder absagen	20
S03	**PORTRÄT** Die Geschichte der Schweizer Uhrmacher	21
	FILM Trier – eine Zeitreise	22
	GRAMMATIK IM BLICK über Vergangenes berichten: Tempusformen der Vergangenheit Verben und Ergänzungen	23

LEKTION 2
ALLES KOPFSACHE?

	EINSTIEG GEDÄCHTNISTEST sich Neues merken und anwenden	24
	MODUL 1 MAN LERNT NIE AUS … eine Straßenumfrage zum Thema *Lernen* verstehen • über das eigene Lernen sprechen **Grammatik:** Infinitiv mit und ohne *zu*	26
S04	**MODUL 2** WISSEN ODER GOOGELN? Ausdrücke erklären • Meinungen in Texten verstehen • einen Kommentar schreiben **Mediation:** einen schriftlichen Text wiedergeben **Strategie:** einen Kommentar schreiben	28
	MODUL 3 ÜBUNG MACHT DEN MEISTER Forumsbeiträge verstehen • über eigene Erfahrungen berichten **Grammatik:** Modalverben und Alternativen **Tipp:** es → man	30
R01	**MODUL 4** AUS FEHLERN LERNT MAN einen Podcast über Fehler verstehen • über Fehler sprechen **Mediation:** wichtige Informationen zum Thema *Fehler* für andere zusammenfassen **Strategie:** Informationen für andere zusammenfassen	32
	KOMMUNIKATION IN ALLTAG UND BERUF höflich um Informationen bitten	34
S03	**PORTRÄT** Lernen ohne Grenzen – DAAD, Erasmus, OEAD	35
	FILM Wie lernen wir?	36
	GRAMMATIK IM BLICK Infinitiv mit und ohne *zu* Modalverben und Alternativen	37

INHALT

LEKTION 3
UNTERWEGS

EINSTIEG — 38
LIEBLINGSORTE
über besondere Plätze sprechen

MODUL 1 — 40
SCHON IMMER AUF REISEN …
über das Reisen sprechen • einen Text zur Geschichte des Reisens verstehen
Strategie: Wortschatz in Mindmaps ordnen
Grammatik: Plural der Nomen
Tipp: Nomen mit Plural lernen

MODUL 2 — 42
AB IN DEN URLAUB …
wichtige Informationen zum Thema *Reisen und Umwelt* verstehen und diskutieren

MODUL 3 — 44
IMMER UNTERWEGS
Erfahrungsberichte verstehen • die eigene Meinung äußern
Mediation: Informationen aus einem Bericht mündlich an andere weitergeben
Grammatik: trennbare und untrennbare Verben
Tipps: Welche Präfixe sind untrennbar? • Wortakzent

MODUL 4 — 46
WOHIN SOLL´S GEHEN?
eine Diskussion verstehen • über Reisen diskutieren • Informationen weitergeben
Mediation: sich in einer Gruppe mit unterschiedlichen Meinungen einigen • eine Diskussion für andere zusammenfassen
Strategie: Redemittel erarbeiten und üben

KOMMUNIKATION IN ALLTAG UND BERUF — 48
Verbindungen im Nahverkehr beschreiben und Informationen erfragen

PORTRÄT — 49
Helfer in der Not – die Bahnhofsmission

FILM — 50
Umweltfreundlich reisen

GRAMMATIK IM BLICK — 51
Plural der Nomen
trennbare und untrennbare Verben

LEKTION 4
WIE WIR WOHNEN …

EINSTIEG — 52
NEUE WOHNUNG – NEUES GLÜCK
spielen und dabei Wortschatz zum Thema *Wohnen* wiederholen

MODUL 1 — 54
ORDNUNG IST DAS HALBE LEBEN
einen Podcast verstehen • über Ordnungstipps sprechen
Grammatik: Ortsangaben machen: Wechselpräpositionen, lokale Präpositionen

MODUL 2 — 56
HEREINSPAZIERT!
über kulturelle Unterschiede zum Thema *Wohnen* sprechen
Mediation: Plurikulturalität: Unsicherheiten in Alltagssituationen ansprechen und klären
Strategie: über (kulturelle) Unterschiede sprechen

MODUL 3 — 58
WENN ALLE SCHLAFEN …
Informationen in einem Magazintext verstehen • eine Geschichte schreiben
Mediation: aus einem Magazintext Informationen für andere zusammenfassen
Strategie: mit Lernplakaten lernen
Grammatik: Adjektivdeklination

MODUL 4 — 60
AUF DEM LAND
ein Radiointerview verstehen • einen Text über das Stadt- und Landleben schreiben
Mediation: andere über wichtige Informationen aus einem Interview informieren
Strategie: einen Text sinnvoll aufbauen

KOMMUNIKATION IN ALLTAG UND BERUF — 62
mit dem Vermieter / der Vermieterin sprechen und Informationen erfragen

PORTRÄT — 63
Das kann man noch brauchen – recycelte Gebäude

FILM — 64
Alternatives Wohnen auf dem Wagenplatz

GRAMMATIK IM BLICK — 65
Ortsangaben machen: Wechselpräpositionen, lokale Präpositionen
Adjektivdeklination

5

LEKTION 5
RUND UM DIE ARBEIT

EINSTIEG — 66
CARTOONS AUS DER ARBEITSWELT
über Cartoons sprechen
Mediation: einen Cartoon aus dem eigenen Land auf Deutsch vorstellen • einen Witz auf Deutsch erzählen

MODUL 1 — 68
WAS MACHEN SIE SO BERUFLICH?
berufliche Entwicklungen verstehen und vorstellen • über Berufe sprechen
Mediation: biografische Informationen mündlich wiedergeben
Grammatik: Genitiv und Präpositionen mit Genitiv

MODUL 2 — 70
EIN NEUER JOB
Tipps zur Bewerbung verstehen • ein Bewerbungsanschreiben formulieren

MODUL 3 — 72
NIE WIEDER ARBEIT?!
Forumsbeiträge und ein Interview verstehen • die eigene Meinung sagen und schreiben
G 03 **Grammatik**: Sätze verbinden: Kausal-, Konzessiv- und Konsekutivsätze
Tipp: Position von *denn*

MODUL 4 — 74
WIE SAG ICH'S NUR?
Informationen über den Umgang mit Konflikten hören und notieren
R 03 **Mediation**: einen Konflikt konstruktiv ansprechen, reagieren und sich auf eine Lösung einigen
Strategie: Kritik höflich formulieren

KOMMUNIKATION IN ALLTAG UND BERUF Small-Talk-Gespräche führen — 76
S 03 **PORTRÄT** — 77
Interessante Start-ups

FILM — 78
Im eigenen Rhythmus zum Beruf

GRAMMATIK IM BLICK — 79
Genitiv und Präpositionen mit Genitiv
Sätze verbinden: Kausal-, Konzessiv- und Konsekutivsätze

LEKTION 6
VOM GLÜCK

EINSTIEG — 80
WELCHER GLÜCKSTYP SIND SIE?
über Glück und Glückstests sprechen

MODUL 1 — 82
UNTER FREUNDEN
ein Interview verstehen • einen Text über das Thema *Freundschaft* oder *Familie* schreiben
G 04 **Grammatik**: reflexive Verben

MODUL 2 — 84
GLÜCKSPILZ ODER PECHVOGEL?
eine Straßenumfrage und einen literarischen Text verstehen • eine Geschichte schreiben
Strategie: etwas spannend berichten

MODUL 3 — 86
BESSER DRAUF ...
Informationen aus einem Feature zum Thema *Emotionen* verstehen und zusammenfassen
Grammatik: Vergleiche anstellen: Komparativ und Superlativ
Tipp: Vergleiche mit *als* und *wie*

MODUL 4 — 88
WAS FÜR EIN TAG ...
die Entwicklung einer fiktiven Person beschreiben und bewerten • eine Geschichte zu Ende schreiben • Zeitungsmeldungen verstehen
Mediation: beschreiben, wie sich eine Person im Verlauf einer Geschichte verändert

KOMMUNIKATION IN ALLTAG UND BERUF Mails positiv formulieren — 90
S 03 **PORTRÄT** — 91
Das Ministerium für Glück – eine Initiative

FILM — 92
Hinfallen, aufstehen, weitermachen

GRAMMATIK IM BLICK — 93
reflexive Verben
Vergleiche anstellen: Komparativ und Superlativ

INHALT

LEKTION 7
WAS WIR BRAUCHEN …

EINSTIEG — 94
WERBUNG
eine Werbung vorstellen / präsentieren

MODUL 1 — 96
MEINS IST DEINS
Informationen über einen Trend verstehen • ein Konzept vorstellen
G 05 **Grammatik:** Passiv: Zeitformen, Passiv mit Modalverben
Tipp: handelnde Person im Passivsatz

MODUL 2 — 98
HEUTE EIN MUSS – MORGEN VERGESSEN?
einen Beitrag über zukünftige Entwicklungen verstehen und darüber sprechen • eine Grafik beschreiben
Mediation: Informationen aus einer Grafik für andere zusammenfassen und weitergeben
Strategie: Informationen aus Grafiken weitergeben

MODUL 3 — 100
WENIGER IST MEHR
einen Podcast zum Thema Konsum verstehen • einen Kommentar oder Tipps für einen Freund / eine Freundin schreiben
Strategie: Fragen helfen beim Verstehen von Hörtexten
Grammatik: Zeitangaben machen: temporale Präpositionen

MODUL 4 — 102
KENNEN SIE DIESE MARKE?
Begriffe erklären • Meldungen zum Thema Marken verstehen • eine Diskussion führen
R 04 **Mediation:** Informationen aus verschiedenen Meldungen für andere zusammenfassen • seine Meinungen und Ansichten in einer Diskussion vertreten und auf andere reagieren
Tipp: gendergerechte Sprache

KOMMUNIKATION IN ALLTAG UND BERUF — 104
ein Reklamationsgespräch führen

S 03 **PORTRÄT** — 105
Taugt das was? – Stiftung Warentest und Öko-Test-Verlag

FILM — 106
Unverpackt

GRAMMATIK IM BLICK — 107
Passiv: Zeitformen, Passiv mit Modalverben
Zeitangaben machen: temporale Präpositionen

LEKTION 8
BIST DU FIT?

EINSTIEG — 108
FIT UND GESUND – WAS MACHEN DIE LEUTE?
Dialoge verschiedenen Freizeitsituationen zuordnen und schreiben

MODUL 1 — 110
ESSEN – ABER WIE?
über Ernährung sprechen • Typbeschreibungen und ein Interview verstehen
G 06 **Grammatik:** Ziele und Absichten ausdrücken: Finalsätze mit *damit* und *um … zu* • *zum* + Infinitiv (als Nomen)

MODUL 2 — 112
GESUND UND MUNTER?
kurze Magazintexte verstehen • eine kurze Präsentation halten
Mediation: Informationen mit einfachen Worten zusammenfassen und weitergeben
S 06 **Strategie:** Informationen vereinfacht weitergeben • eine kurze Präsentation vorbereiten
Tipp: Wie man präsentiert

MODUL 3 — 114
MACH MIT!
Radiosendungen zu besonderen sportlichen Leistungen verstehen und darüber sprechen
Grammatik: Verben mit Präpositionen • Präpositionaladverbien mit *da(r)-…*, Fragewörter mit *wo(r)-…*

MODUL 4 — 116
LACHEN IST GESUND
über Witze und Humor sprechen und schreiben • einen Podcast und Texte über Humor verstehen
Mediation: Plurikulturalität: über Humor und Tabus sprechen • einer Person wichtige Informationen zum Thema *Humor* schriftlich weitergeben

KOMMUNIKATION IN ALLTAG UND BERUF — 118
Gespräche in der Apotheke führen • über gesundheitliche Probleme sprechen

S 03 **PORTRÄT** — 119
Charité – Universitätskrankenhaus Berlin

FILM — 120
Vegan – warum nicht?

GRAMMATIK IM BLICK — 121
Ziele und Absichten ausdrücken: Finalsätze mit *damit* und *um … zu* • *zum* + Infinitiv (als Nomen)
Verben mit Präpositionen • Präpositionaladverbien mit *da(r)-…* und Fragewörter mit *wo(r)-…*

7

LEKTION 9
ENTSCHEIDE DICH!

EINSTIEG — 122
ENTSCHEIDUNGSBÄUME
über Entscheidungen sprechen

MODUL 1 — 124
EINFACH MACHEN!
über Entscheidungen sprechen • einen Trailer für eine Podcast-Serie verstehen • über Zukünftiges sprechen
Grammatik: Zukünftiges und Vermutungen ausdrücken: Futur I

MODUL 2 — 126
STUDIEREN IN DEUTSCHLAND
einen Text über *Studieren in Deutschland* verstehen • ein Motivationsschreiben verfassen
Strategie: ein Motivationsschreiben verfassen

MODUL 3 — 128
WER DIE WAHL HAT, HAT DIE QUAL
Forumsbeiträge über Alltagsentscheidungen verstehen • über eigene Entscheidungen sprechen
Mediation: Informationen aus einem Forumsbeitrag weitergeben
Grammatik: n-Deklination

MODUL 4 — 130
DIE ENTSCHEIDUNG
einen Auszug aus einem Roman verstehen und über das Verhalten einer Romanfigur sprechen
Mediation: Verständnis oder Unverständnis über ein Verhalten äußern und von eigenen Erfahrungen berichten

KOMMUNIKATION IN ALLTAG UND BERUF — 132
ein Beratungsgespräch führen

PORTRÄT — 133
Joachim Meyerhoff – erfolgreicher Schauspieler und Schriftsteller

FILM — 134
Passt das zu mir?

GRAMMATIK IM BLICK — 135
Zukünftiges und Vermutungen ausdrücken: Futur I
n-Deklination

LEKTION 10
ALLE ZUSAMMEN

EINSTIEG — 136
ZUSAMMEN SIND WIR STARK – EINE FOTOGESCHICHTE
eine Geschichte schreiben

MODUL 1 — 138
DAS FINDE ICH WICHTIG
eine Straßenumfrage verstehen • über Werte diskutieren • einen Text zum Thema *Werte* schreiben
Grammatik: etwas genauer beschreiben: Relativsätze

MODUL 2 — 140
AM ENDE DER WELT
einen Zeitungsartikel verstehen • über Regeln fürs Zusammenleben diskutieren
Strategie: Umgang mit unbekannten Wörtern

MODUL 3 — 142
NEU HIER?!
biografische Informationen aus Zeitschriftentexten und einem Radiogespräch verstehen und zusammenfassen • berichten, was wann passiert (ist)
Mediation: Informationen aus Lebensläufen für andere zusammenfassen und vergleichen
Grammatik: Zeitangaben machen: temporale Nebensätze
Tipp: Tempuswechsel bei *nachdem*

MODUL 4 — 144
ANDERS ALS GEDACHT
eine Kolumne über kulturelle Unterschiede verstehen • über kulturelle Missverständnisse sprechen • Tipps für einen Reiseführer schreiben
Mediation: Plurikulturalität: kulturelle und sprachliche Konventionen vergleichen • Vorschläge zur Vermeidung von Missverständnissen machen • Tipps für das Verhalten im eigenen Land für Fremde formulieren

KOMMUNIKATION IN ALLTAG UND BERUF — 146
unbekannte Wörter erklären oder umschreiben

PORTRÄT — 147
Aktion Mensch – Das Wir gewinnt

FILM — 148
Unplanbar

GRAMMATIK IM BLICK — 149
etwas genauer beschreiben: Relativsätze
Zeitangaben machen: temporale Nebensätze

INHALT

LEKTION 11
NATÜRLICH!

EINSTIEG — 150
WAS IST UMWELTFREUNDLICH(ER)? – EIN VERGLEICH
über die Umweltverträglichkeit verschiedener Produkte sprechen

MODUL 1 — 152
KLIMAWANDEL
Erklärungen zum Klimawandel verstehen • über Klimawandel sprechen • eine Umfrage verstehen
Grammatik: etwas genauer beschreiben: Relativsätze mit *wo*, *was* und *wo(r)*- + Präposition

MODUL 2 — 154
WAS ZIEHE ICH AN?
einen Prozess verstehen, beschreiben und kritisch bewerten • Forumsbeiträge verstehen und die eigene Meinung schreiben
Mediation: mit einem Schaubild wichtige Informationen erklären
Strategie: Texte leichter verstehen – Vorwissen aktivieren

MODUL 3 — 156
GUTE NACHT!
einen Flyer und ein Gespräch zu einem Umweltthema verstehen • über Lösungen sprechen
Grammatik: Irreales, Vermutungen, Wünsche und Bitten ausdrücken: Konjunktiv II
Tipp: Wünsche als Ausrufe

MODUL 4 — 158
UMWELTBÜCHER
Kurztexte über Bücher verstehen und für andere kommentieren • ein Buch / einen Film vorstellen und empfehlen
Mediation: andere über ein Buch informieren und das Buch kommentieren
Strategie: ein Buch / einen Film vorstellen

KOMMUNIKATION IN ALLTAG UND BERUF — 160
Informationen zusammenfassen und strukturiert weitergeben

PORTRÄT — 161
Der Deutsche Alpenverein e.V. (DAV) stellt sich vor

FILM — 162
Faire Mode

GRAMMATIK IM BLICK — 163
etwas genauer beschreiben: Relativsätze mit *wo*, *was* und *wo(r)*- + Präposition
Irreales, Vermutungen, Wünsche und Bitten ausdrücken: Konjunktiv II

LEKTION 12
ZUKUNFTSMUSIK

EINSTIEG — 164
EINE GESCHICHTE AUS DER ZUKUNFT
ein Hörspiel verstehen und darüber sprechen

MODUL 1 — 166
DER GROSSE TRAUM DER MENSCHHEIT
Kommentare zum Thema *Weltraumflug* verstehen und weitergeben • eine E-Mail schreiben
Mediation: sich gegenseitig über Inhalte verschiedener Texte informieren
Grammatik: zweiteilige Konnektoren

MODUL 2 — 168
ALLES SO SMART!
ein Gespräch zu einer Produktrecherche verstehen • Kundenrezensionen verstehen und schreiben • für ein Produkt werben
Strategie: eine Kundenrezension verfassen

MODUL 3 — 170
VON DER NATUR LERNEN
einen Magazintext über eine Wissenschaft verstehen • Beispiele recherchieren und vorstellen
Strategie: selektives Lesen
Grammatik: Wortbildung bei Adjektiven

MODUL 4 — 172
VOLL INTELLIGENT
Erklärungen in einem Podcast verstehen • Texte aus einem Wissenschaftsmagazin für andere zusammenfassen
Mediation: Text mithilfe von Notizen für andere mündlich zusammenfassen und Rückfragen stellen

KOMMUNIKATION IN ALLTAG UND BERUF — 174
eine Anleitung mündlich formulieren

PORTRÄT — 175
Peter Scholze und Mai Thi Nguyen-Kim

FILM — 176
Hilfe aus der Luft

GRAMMATIK IM BLICK — 177
zweiteilige Konnektoren
Wortbildung bei Adjektiven

ANHANG — 178

1 MIT DER ZEIT

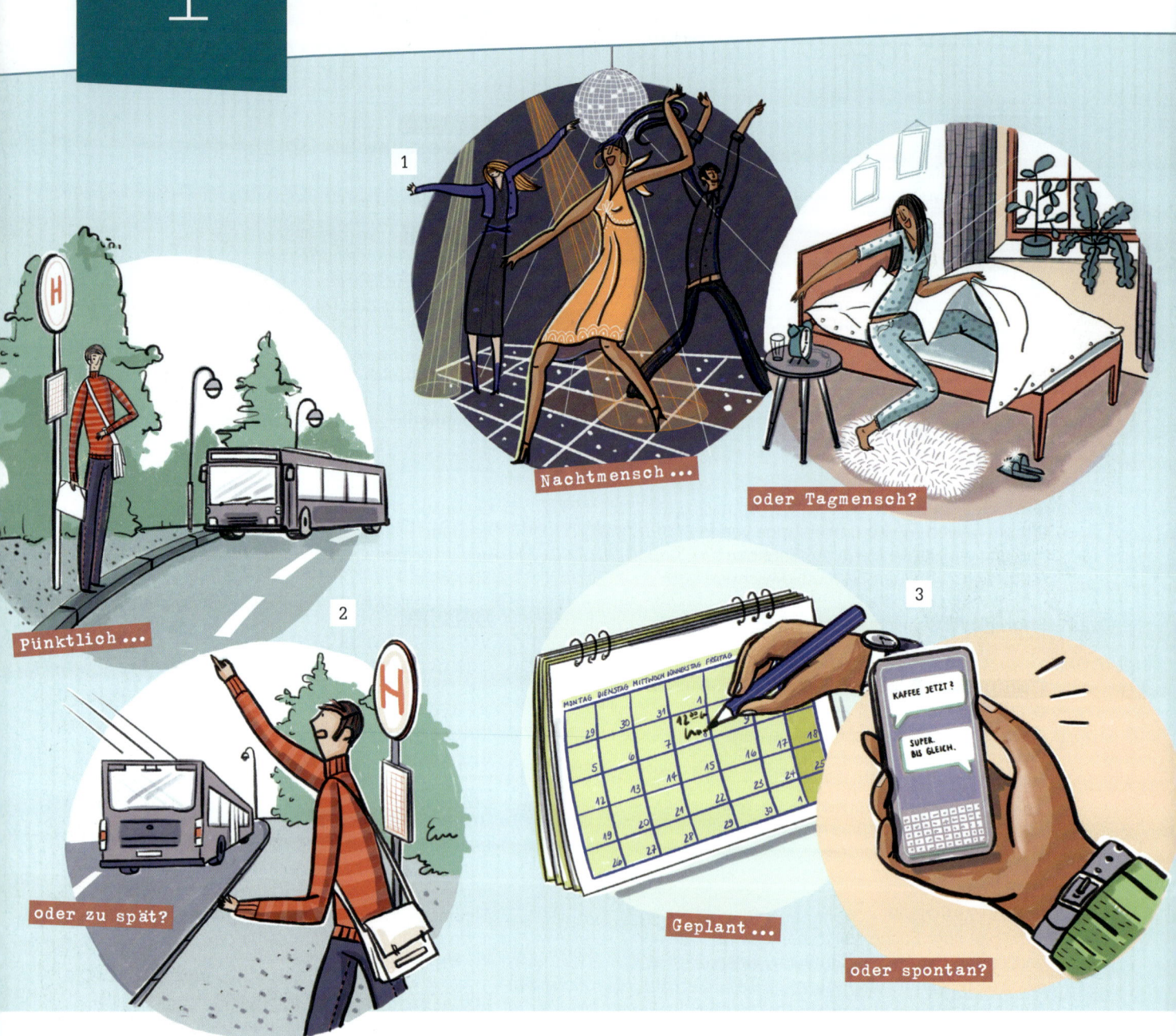

1 **a** Gegensätze – Arbeiten Sie zu zweit. Sehen Sie die Bildpaare an. Stellen Sie sich gegenseitig die Fragen und antworten Sie.

> Was magst du lieber? Winter oder Sommer?

> Ich mag den Winter lieber, weil ich gern Ski fahre.

b Stellen Sie Ihren Partner / Ihre Partnerin im Kurs vor.

LERNZIELE

MODUL 1 einen Text über *Stress früher und heute* verstehen und darüber sprechen
MODUL 2 ein Lied verstehen, über Werte sprechen und ein Lied vorstellen
MODUL 3 über das Thema *Zeit* sprechen und Texte zusammenfassen
MODUL 4 eine Radiosendung verstehen, auf einen Forumsbeitrag schriftlich reagieren, Tipps geben

ALLTAG UND BERUF
einen Termin vereinbaren, verschieben oder absagen

GRAMMATIK
MODUL 1 über Vergangenes berichten: Tempusformen
MODUL 3 Verben und Ergänzungen

2 a **Notieren Sie andere Paare.**

Frühstück oder Abendessen?

b **Machen Sie einen Kursspaziergang und stellen Sie Ihre Fragen.**

Was magst du lieber? Frühstück oder Abendessen?

Ü 1–4

ZEIT – FRÜHER UND HEUTE

1 **a** Wie war der Alltag Ihrer Großeltern? Was war anders als heute, was vielleicht ähnlich? Sprechen Sie im Kurs über die Aspekte *Arbeit*, *Familie*, *Freizeit* und *Stress*.

b Lesen Sie den Text und formulieren Sie Antworten auf die folgenden Fragen. Besprechen Sie dann die Antworten im Kurs.

1. Was meint die Autorin, wenn sie schreibt „der ganz normale Wahnsinn"?
2. Wie sah ein Tag im Leben der Großmutter aus?
3. Warum haben wir heute mehr Stress, obwohl wir weniger arbeiten? Welche Beispiele werden im Text genannt?
4. Möchte die Autorin in einer früheren Zeit leben?

Früher war alles nicht so stressig, oder?

Wie schon so oft kam letzte Woche wieder ein Kollege zu spät zur Besprechung. „Stress!" Mehr musste er nicht sagen. Alle verstanden ihn sofort. Der Kollege hat einen Beruf, zwei Kinder, einen Garten, ein Hobby und, und, und. Also ein ganz normales „glückliches Leben" – und Stress ohne Ende.

„Und...?", fragte ich ihn, „Was war heute Morgen los?". „Ach, eigentlich nichts Besonderes, aber Ella ist diese Woche auf Geschäftsreise, deswegen kann sie nichts übernehmen. Ich habe also die Mails beantwortet, solange die Kinder noch geschlafen haben. Dann habe ich das Frühstück gemacht und den Garten gegossen und danach die Kinder geweckt. Nachdem ich Alice zum Kindergarten gebracht hatte, habe ich noch schnell Brot, Milch und Joghurt eingekauft. Beim Einräumen in den Kühlschrank ist mir dann ein Joghurt runtergefallen ... das war eine Sauerei! Nachdem ich alles geputzt hatte, war der Bus schon weg."

„Ja", lache ich „der ganz normale Wahnsinn."

Meine Großmutter zum Beispiel hatte fünf Kinder und ihr Mann war gestorben. Sie stand morgens um fünf Uhr auf und nähte Kleider in Heimarbeit, um sieben Uhr unterbrach sie ihre Arbeit, um Frühstück zu machen, dann ging sie in den Garten, um Gemüse anzubauen oder zu ernten, dann ins Haus, um Mittagessen für mindestens sechs Leute zu kochen – oft waren noch Freunde der Kinder da. Am Nachmittag nähte sie weiter, dann ging sie wieder in die Küche und nach dem Abendessen nähte sie oft noch bis spät in der Nacht. Sie arbeitete jeden Tag und hatte keinen Urlaub, aber sie war zufrieden.

Wir, meine Kolleginnen und Kollegen und ich, wir haben eine 36,5-Stunden-Woche. Wir haben Spülmaschinen, Waschmaschinen und Staubsauger und wir können 30 Tage im Jahr Urlaub machen – trotzdem sind wir gestresst.

Unsere Großeltern haben höchstwahrscheinlich mehr gearbeitet als wir. Warum sind wir so gestresst? Meine Großmutter musste keine E-Mails beantworten und keine Freundschaften in Netzwerken pflegen. Sie musste nicht auf dem Laufenden bleiben. Weder bei der Mode noch bei den Trends noch bei den neuesten Serien. Das Leben war damals sicher viel härter als unser Leben heute. Aber es war sehr übersichtlich. Der Tag war unterteilt in Arbeit und in Pausen. Während der Pausen wurde geschlafen oder gegessen. Während der Arbeit wurde gearbeitet.

Bei uns ist das anders. Wir arbeiten auch viel, aber meistens am Schreibtisch – und wenn wir nicht arbeiten, dann haben wir Freizeit und das ist etwas anderes als Pause. Unsere Freizeit ist stressig, weil wir so viele tolle Sachen machen möchten: in die Berge fahren, Freunde treffen, Filme sehen, ins Kino oder Theater gehen, ausgehen und, und, und. Manchmal wünsche ich mir ein „einfacheres" Leben. Eines, in dem ich nicht auf so viele Dinge achten muss. Aber dann klingelt mein Handy, eine neue Nachricht – ich muss sofort nachsehen, von wem sie ist ...

MODUL 1

c Lesen Sie den Text noch einmal und machen Sie Notizen: Welche positiven oder negativen Aspekte aus unserer Sicht hatte das Leben früher, welche hat es heute?

früher		heute	
+	–	+	–

d Sprechen Sie in Gruppen. Wünschen Sie sich manchmal, in einer früheren Zeit zu leben? Warum? Warum nicht? Begründen Sie mithilfe Ihrer Notizen.

Ü1

2 a Über Vergangenes berichten – Ordnen Sie die Tempusbezeichnungen *Präteritum*, *Perfekt* und *Plusquamperfekt* in die Tabelle. Notieren Sie je ein weiteres Beispiel aus dem Text.

....	....	....
Dann habe ich das Frühstück gemacht.	Meine Großmutter hatte fünf Kinder. Sie stand morgens um fünf Uhr auf.	Nachdem ich alles geputzt hatte, war der Bus schon weg.

b Wann verwendet man welches Tempus? Ergänzen Sie die Regeln.

GRAMMATIK

Über Vergangenes berichten: Tempusformen

1. mündlich berichten: meistens ....
2. schriftlich berichten: z. B. in E-Mails meistens *Perfekt* ....
   z. B. in Zeitungsartikeln und Romanen oft *Präteritum* ....
3. *haben* und *sein* / Modalverben: meistens ....
4. von einem Ereignis berichten, das vor einem anderen Ereignis in der Vergangenheit passiert ist: ....

Ü2

3 Flüssig sprechen – Hören Sie das Beispiel und arbeiten Sie zu dritt. A wählt ein Verb, B nennt die Perfektform, C bildet einen Satz. Dann beginnt B mit einem Verb und so weiter.

1.01

ansehen • arbeiten • aufräumen •
helfen • hören • kochen • laufen •
lernen • aufstehen • kennen •
mitgehen • leihen • sitzen • …

habe geholfen • habe gehört • habe gekannt •
habe gearbeitet • habe gekocht • bin aufgestanden •
bin gelaufen • habe gelernt • habe geliehen •
habe aufgeräumt • habe gesessen •
habe angesehen • bin mitgegangen • …

hören

habe gehört

Gestern habe ich Musik gehört.

Ü3–7

4 Wie war Ihr Leben vor fünf, zehn oder fünfzehn Jahren?
oder Wie war das Leben Ihrer Eltern? Erzählen Sie.

Vor 10 Jahren war ich noch in der Schule und habe bei meinen Eltern gelebt. Ich hatte …

B1.1+ ▸ 13

TAG FÜR TAG

1 a Was machen Sie jeden Tag? Immer wieder? Sprechen Sie über die Fotos und sammeln Sie weitere Situationen.

b Sprechen Sie zu zweit. Welche Tätigkeiten aus 1a machen Sie gerne, welche nicht?

2 a Schließen Sie Ihr Buch und hören Sie das Lied von Elen. Was will die Sängerin nicht machen?

1.02

b Hören Sie noch einmal und lesen Sie den Text. Warum ist es gut, liegen zu bleiben? Welche Gründe nennt die Sängerin?

LIEGEN IST FRIEDEN

Ich wache auf und mein Bett ist schön warm.
Und ich halt' mein liebstes Kissen im Arm.
Ich hör' den Vögeln zu,
die sagen: „Schön, dass du uns zuhörst".
Aber leider ist da diese Stimme im Kopf,
die sagt: „Besorg' dir mal 'n richtigen Job.
Du hast 'n Loch im Bauch.
Und ab und zu willst du auch mal was kaufen".

Du musst jetzt aufstehen, rausgehen,
Zähne putzen, eincremen, abnehmen,
in die Zeitung gucken,
losgehen, anstehen, draufgehen.
Hörst du die Stimme, die sagt:
„Nutze den Tag"?

Refrain: Aber ich will nicht.
Ich will lieber hier liegen.
Für immer hier liegen.
Denn Liegen ist Frieden,
mein Geschenk an die Welt.

MODUL 2

Wenn ich aufsteh', hab ich Temperament.
Das lass' ich aus an jedem Mensch, den ich kenn'.
Oh Mann, ich tu euch allen einen Riesengefallen,
wenn ich hierbleib'.
In der Welt gibt es zu viele Gefahren.
Letztens ist jemand ohne Vorfahrt gefahren.
Ich hab' noch nie gehört, dass jemand liegend ganz plötzlich tot umfiel.

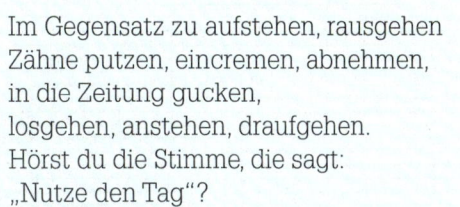

Im Gegensatz zu aufstehen, rausgehen
Zähne putzen, eincremen, abnehmen,
in die Zeitung gucken,
losgehen, anstehen, draufgehen.
Hörst du die Stimme, die sagt:
„Nutze den Tag"?

Aber ich will nicht.
...

Und wenn die Welt heut vor die Hunde geht*
und kein Stein mehr auf dem anderen steht,
an mir kann es nicht liegen,
denn ich bin liegen geblieben.

Denn ich will nicht.
...

*vor die Hunde gehen = kaputtgehen

Ü1

c Sprechen Sie in Gruppen. Worum geht es in dem Lied? Wie gefällt Ihnen das Lied, die Melodie, der Text? Begründen Sie Ihre Meinung.

> Die Melodie von dem Lied finde ich ganz gut, aber …

d [MEDIATION] Wie ist das in Ihrem Land? Stellen Sie sich vor, jemand lebt wie die Person im Lied. Was würden die Leute sagen und/oder denken (Bekannte, Kolleginnen und Kollegen, Eltern, Nachbarinnen und Nachbarn …)? Sprechen Sie im Kurs.

über Werte und Haltungen sprechen
- Bei uns in … ist es normal, dass man …
- Viele Leute finden es wichtig, dass …
- Die meisten Leute denken / erwarten / meinen, dass …
- Für viele Leute ist … ein wichtiges Ziel / etwas Selbstverständliches.
- Manche Leute glauben, dass man … machen muss / sein muss, um erfolgreich zu sein.

Ü2

3 [MEDIATION] Kennen Sie Lieder zum Thema *Zeit* und/oder *Alltag*? Bringen Sie ein Lied aus Ihrem Land mit und stellen Sie es im Kurs vor. Sprechen Sie über den Musiker / die Musikerin, die Melodie, den Text …

> Ich möchte euch heute das Lied … von … vorstellen.
> In dem Lied geht es um … Ich finde den Text …

B1.1+ › 15

1 über das Thema Zeit sprechen · Texte zusammenfassen

WIE DIE ZEIT VERGEHT …

1 a Wie finden Sie den Cartoon? An welchem Schalter würden Sie sich anstellen?

1.03

SPRACHE IM ALLTAG

Zeit
Kommt Zeit, kommt Rat.
Zeit ist Geld.
Besser spät als nie.
Wer zu spät kommt,
den bestraft das Leben.

b Womit verbringen Sie viel Zeit? Wofür hätten Sie gern mehr Zeit? Wann vergeht die Zeit schnell, wann langsam? Sprechen Sie in Gruppen.

> Wenn ich Freunde treffe, vergeht die Zeit sehr schnell. Dann wünsche ich mir immer, …

2 a Was bedeuten die Nomen? Sprechen Sie zu zweit. Schreiben Sie dann eine kurze Erklärung und/oder finden Sie Beispiele. Vergleichen Sie im Kurs.

die Nachtschicht • das Sinnesorgan •
der Vorgang • der Rhythmus • das Gefühl •
das Zeitempfinden • das Gehirn

> Ein Vorgang ist etwas, was abläuft, z. B. ein technischer Prozess.

b Arbeiten Sie weiter zu zweit. Jede/r liest einen Text zum Thema *Zeitempfinden*. Entscheiden Sie dann, welche Frage zu Ihrem Text passt.

1. Womit nehmen wir Zeit wahr?
2. Warum vergeht Zeit schnell?
3. Wann langweilen wir uns?
4. Welche Wissenschaft beschäftigt sich mit Zeit?

A Im Gegensatz zum Tasten, Schmecken, Sehen, Hören und Riechen gibt es kein Sinnesorgan für die Zeit. „Trotzdem empfinden wir Zeit". Das erklärt Rolf Ulrich seinen Studierenden an der Universität Tübingen. Ulrich ist Professor und beschäftigt sich mit der Chronobiologie. Die Chronobiologie ist die Lehre von der inneren Uhr, über die alle Lebewesen verfügen und die für unser Zeitempfinden wichtig ist. Sie beeinflusst und reguliert alle Vorgänge in unserem Körper, z. B. unseren Schlaf-Wach-Rhythmus. Weil die innere Uhr bei jedem anders tickt, unterscheidet man unterschiedliche Zeit- oder Chronotypen. Frühaufsteher sind früh am Morgen wach und sofort topfit, sie finden einen frühen Schul- und Arbeitsbeginn gut. Allerdings werden sie abends auch früher müde und verkraften Nachtschichten nur schlecht. Langschläfer dagegen sind abends hellwach und können sich zu dieser Zeit noch gut auf ihre Arbeit konzentrieren. Nachtarbeit schadet ihnen also nicht. Aber am Morgen sind sie müde und unkonzentriert. Die Normaltypen liegen irgendwo zwischen Frühaufsteher und Langschläfer. Sie können sich in beide Richtungen ganz gut anpassen. Wissenschaftler glauben, dass der Chronotyp genetisch festgelegt ist, sich aber im Verlauf eines Lebens verändern kann.

MODUL 3

B Viele Menschen haben das Gefühl, dass ihre Arbeitszeit nur langsam vergeht. Wenn sie aber etwas mit Freunden unternehmen, fehlt ihnen Zeit. Viele sagen auch, dass ihnen die Alltagsaufgaben Zeit stehlen, und sie wünschen sich, dass man ihnen zusätzliche Stunden schenkt. Wie wir Zeit wahrnehmen, ist oft widersprüchlich und sehr subjektiv. Entscheidend dabei ist, wie viele neue Informationen unser Gehirn verarbeiten muss. Informationen, die wir kennen, werden nämlich sehr schnell unter „bereits bekannt" eingeordnet. Das hilft unserem Gehirn enorm und ist nur deswegen möglich, weil es zu diesen Informationen bereits Verbindungen gibt. Bei neuen Informationen ist das nicht der Fall und unser Gehirn braucht mehr Zeit. Psychologen glauben deshalb, dass es beim subjektiven Zeitempfinden nicht um die Minuten geht, sondern um die Anzahl von neuen Informationen, die unser Gehirn in einem bestimmten Zeitraum verarbeiten muss. Der Effekt, der sich daraus ergibt, ist paradox: Wenn wir uns langweilen, erleben wir die Zeit als sehr langsam, glauben aber später, dass sie schnell verging. Wenn wir dagegen mit sehr viel Neuem konfrontiert werden, dann vergeht die Zeit sehr schnell. Wenn wir auf sie zurückblicken, hat sie gefühlt länger gedauert. Wissenschaftler sprechen vom subjektiven Zeitparadoxon, also einem Widerspruch.

Ü1

S 01 **C [MEDIATION]** Beantworten Sie nun die passende Frage aus 2b zu Ihrem Text. Machen Sie Notizen und fassen Sie Ihren Text für Ihren Partner / Ihre Partnerin zusammen.

Text B: Zeitwahrnehmung → subjektiv + widersprüchlich
z. B. Arbeitszeit o. Freizeit mit Freunden

[STRATEGIE]

Notizen machen
Markieren Sie wichtige Informationen im Text. Notieren Sie die Informationen in kurzer Form:
· ohne Artikel und Pronomen
· mit Symbolen wie + oder →

3 a Verben und Ergänzungen – Ordnen Sie die Sätze in die Tabelle und notieren Sie den Infinitiv.

Alle Menschen verfügen über eine innere Uhr. • <s>Rolf Ulrich ist Professor</s> • Bekanntes hilft unserem Gehirn enorm. • Ulrich beschäftigt sich mit der Chronobiologie. • Alltagsaufgaben stehlen den Menschen Zeit. • Unser Gehirn braucht mehr Zeit.

GRAMMATIK

Verben und Ergänzungen

1. Verb + **Nominativ**   Rolf Ulrich ist Professor.   sein
2. Verb + **Akkusativ**
3. Verb + **Dativ**
4. Verb + **Dativ + Akkusativ**
5. Verb + **Präposition mit Akk.**
6. Verb + **Präposition mit Dativ**

 b Zu welcher Gruppe in 3a gehören die folgenden Verben aus Ihrem Text? Vergleichen Sie zu zweit.

Text A: es gibt ...... • erklären ...... • beeinflussen ...... • sich konzentrieren auf ...... • schaden ...... •

Text B: fehlen ...... • schenken ...... • kennen ...... • gehen um ...... • sprechen von ......

Ü2-5 **c** Arbeiten Sie in Gruppen und erstellen Sie Lernplakate für die Verbgruppen. Sammeln Sie Verben und notieren Sie Beispielsätze.

4 Arbeiten Sie in Gruppen. Recherchieren Sie und erstellen Sie ein Quiz mit fünf Fragen zum Thema *Zeit*. Tauschen Sie die Fragen mit einer anderen Gruppe. Jede Gruppe schreibt ihre Antworten. Welche Gruppe ist am schnellsten?

1. Welches Land feiert auf der Welt als Erstes Silvester?
2. Wo steht die Weltzeituhr?

Verben + Dativ

gehören:
Das Buch gehört mir.

schmecken:
Eis schmeckt mir.

...

B1.1+ › 17

1 REINE ZEITVERSCHWENDUNG?

eine Radiosendung verstehen · auf einen Forumsbeitrag schriftlich reagieren · Tipps geben

1 Arbeiten Sie zu zweit. Sehen Sie die Grafik an. Jede/r wählt drei Informationen und stellt sie vor. Tauschen Sie sich aus. Überrascht Sie das Ergebnis?

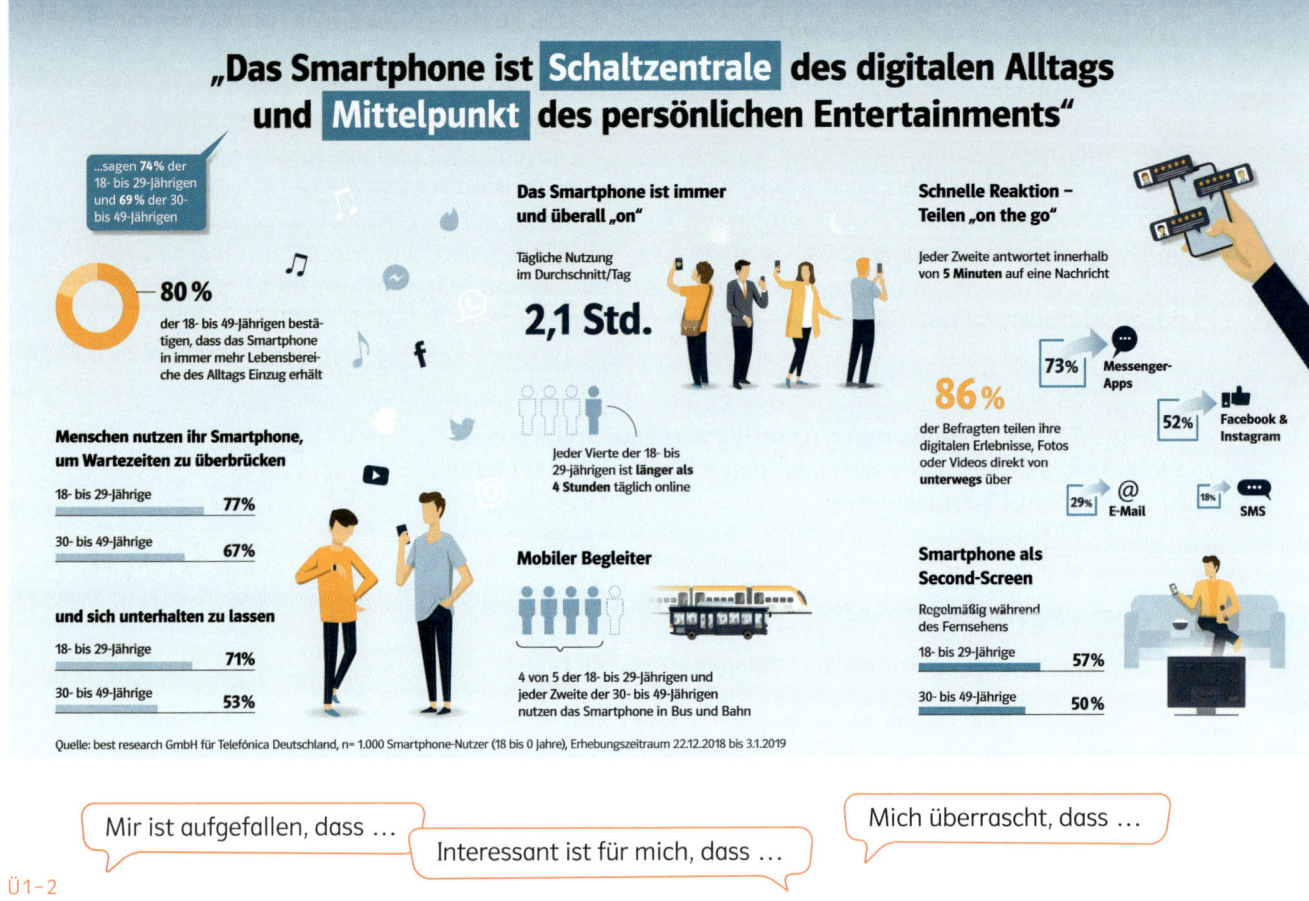

Mir ist aufgefallen, dass …

Interessant ist für mich, dass …

Mich überrascht, dass …

Ü1–2

2 a Hören Sie den ersten Teil einer Radiosendung. Beantworten Sie die Fragen.

1.04
1. Was ist das Thema der Sendung?
2. Wo arbeitet Frau Dr. Fischer und was ist sie von Beruf?
3. Wie oft pro Tag greifen wir zum Handy?
4. Warum fasziniert uns das Handy so?

1.05 **b** Lesen Sie zuerst die Aussagen. Hören Sie dann den zweiten Teil der Radiosendung. Was kommt in der Sendung vor? Kreuzen Sie an.

1. Jedes Handy ist individuell.
2. Viele wollen ein möglichst neues und modernes Handy.
3. Mit dem Handy kann man sich aus dem Alltag zurückziehen.
4. Viele wollen nicht immer erreichbar sein und brauchen eine digitale Auszeit.
5. Moderne Handyakkus halten sehr lange.
6. Wir sehen besonders dann auf das Handy, wenn wir sowieso schon gestresst sind.

MODUL 4

1.06 **c** Arbeiten Sie zu zweit. Hören Sie den dritten Teil der Sendung. Notieren Sie Tipps, die Frau Dr. Fischer gibt, um das eigene Handyverhalten zu ändern. Vergleichen Sie anschließend mit Ihrem Partner / Ihrer Partnerin.

d Wie finden Sie die Tipps und Beispiele aus der Radiosendung? Kennen Sie andere Beispiele? Was haben Sie schon ausprobiert? Sprechen Sie im Kurs.

3 a Lesen Sie den Forumsbeitrag zur Radiosendung. Welche Meinung hat der Zuhörer und wie begründet er sie?

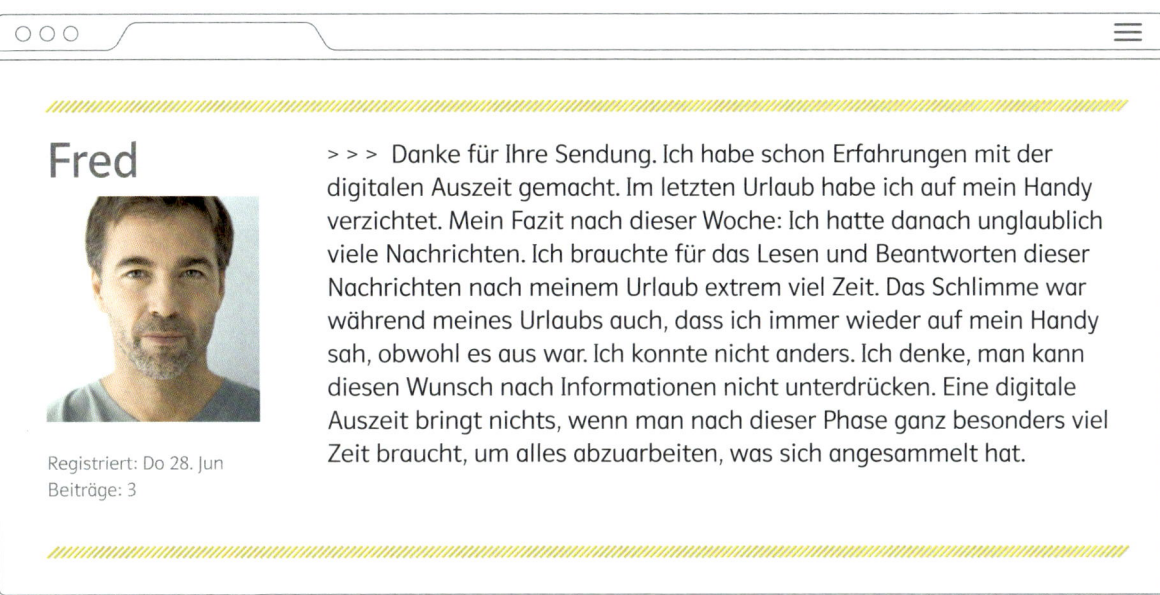

Fred

> > > Danke für Ihre Sendung. Ich habe schon Erfahrungen mit der digitalen Auszeit gemacht. Im letzten Urlaub habe ich auf mein Handy verzichtet. Mein Fazit nach dieser Woche: Ich hatte danach unglaublich viele Nachrichten. Ich brauchte für das Lesen und Beantworten dieser Nachrichten nach meinem Urlaub extrem viel Zeit. Das Schlimme war während meines Urlaubs auch, dass ich immer wieder auf mein Handy sah, obwohl es aus war. Ich konnte nicht anders. Ich denke, man kann diesen Wunsch nach Informationen nicht unterdrücken. Eine digitale Auszeit bringt nichts, wenn man nach dieser Phase ganz besonders viel Zeit braucht, um alles abzuarbeiten, was sich angesammelt hat.

Registriert: Do 28. Jun
Beiträge: 3

b Arbeiten Sie zu zweit. Lesen Sie die Redemittel für Tipps und Ratschläge. Welche kennen Sie noch? Notieren Sie sie und vergleichen Sie dann im Kurs.

Tipps und Ratschläge geben

- An Ihrer / deiner Stelle würde ich …
- Ich würde Ihnen / dir empfehlen, …
- ....
- ....

- Wenn Sie mich fragen / du mich fragst, dann …
- Es wäre gut, wenn …
- ....
- ....

Ü3

c Schreiben Sie eine Antwort auf den Beitrag in 3a. Schreiben Sie etwas zu folgenden Punkten.

- Ihre eigenen Erfahrungen mit einer digitalen Auszeit
- Art und Weise, wie Sie so eine Auszeit durchführen oder durchführen würden
- Tipps für Fred, was er beim nächsten Mal besser machen kann

[STRATEGIE]

einen Text korrigieren
Lesen Sie Ihren Text Satz für Satz durch. Achten Sie dabei auf folgende Punkte:
1. Ist das erste Wort im Satz großgeschrieben und gibt es ein Satzschlusszeichen (Punkt, …)?
2. Steht das Verb an der richtigen Position?
3. Sind die Endungen der Wörter korrekt?
4. Achten Sie besonders auf die Fehler, die Sie schon oft gemacht haben.

S 02 **d** Lesen Sie Ihren Text kritisch durch und korrigieren Sie ihn.
oder Tauschen Sie Ihren Text mit Ihrem Partner / Ihrer Partnerin
Ü4 und korrigieren Sie sich gegenseitig.

B1.1+ › 19   19

1 einen Termin vereinbaren, verschieben oder absagen

KOMMUNIKATION IN ALLTAG UND BERUF

1 a Hören Sie drei Gespräche. Wer ruft wo an und warum?

1.07–09

Gespräch 1 .... Gespräch 2 .... Gespräch 3 ....

1.07–09 **b** Hören Sie noch einmal und ergänzen Sie die Ausdrücke.

TERMIN VEREINBAREN
- Ja, hallo, mein Name ist Antonio Rossi. Ich möchte gerne in Marburg studieren und hätte gerne ein Beratungsgespräch. Wann könnte ich denn mal ....?
- Also, wir haben immer montags am Vormittag und mittwochs und donnerstags am Nachmittag Sprechstunde. Da können Sie .... vorbeikommen.
- Hm, ich arbeite im Moment und könnte nur abends kommen. Geht das auch?
- Ja, natürlich, wir können auch einen Abendtermin .... Geht es bei Ihnen nächsten Dienstag um 18:30 Uhr?
- Ja, das geht. Vielen Dank, ... am Dienstag um 18:30 Uhr.

TERMIN VERSCHIEBEN
- … Ja, also, wir hatten für nächste Woche Donnerstag einen Termin .... Leider kann ich da nicht kommen, weil ich eine Besprechung in Hamburg habe. Könnten wir uns auch schon am Mittwoch ....?
- Warten Sie mal … am Mittwoch … ähm … Um wie viel Uhr denn?
- Da kann ich mich ganz nach ....
- Am Mittwoch wäre es mir um 10:30 Uhr .... Geht das?
- Ja, natürlich, ... Vielen Dank, dass wir den .... können.

TERMIN ABSAGEN
- Guten Tag, hier spricht Tilo Lange. Ich habe nächste Woche Donnerstag um Viertel vor elf .... Ich müsste den Termin leider ....
- Hallo, Herr Lange! In Ordnung, dann .... den Termin. Möchten Sie .... ausmachen?
- Nein, danke. Ich .... Auf Wiederhören.

c Sprechen Sie die Dialoge zu zweit. Variieren Sie die grauen Stellen im Dialog.

2 Wählen Sie zwei Situationen. Spielen Sie eigene Dialoge.

- Termin bei der Ärztin vereinbaren
- Besprechung mit Kollegen verschieben
- Termin mit Handwerker absagen
- Termin mit Leiterin der Sprachschule vereinbaren
- Termin beim Friseur verschieben

PORTRÄT

Die Geschichte der Schweizer Uhrmacher

**Schweizer Uhren sind weltbekannt und gelten als präzise und zuverlässig.
Wie kam es dazu, dass die Uhrenindustrie in der Schweiz so bedeutend wurde?**

Angefangen hat alles in der Mitte des 16. Jahrhunderts in Genf, als der Reformator Jean Calvin das Präsentieren von Reichtum – und dazu zählte natürlich auch das Tragen von Schmuck – verbot. Was sollten nun die vielen Goldschmiede und Juweliere in der Region machen? Niemand wollte mehr Schmuck kaufen. Also begannen sie, Uhren zu fertigen. Und schon bald waren die Uhren aus Genf auch im Ausland sehr gefragt. Die Kunst des Uhrenmachens breitete sich von Genf über die Region Jura weiter aus bis nach Basel und wurde schließlich in der gesamten Schweiz ein wichtiger Wirtschaftszweig. 1926 entwarfen Schweizer Uhrmacher die erste Armbanduhr. Die Schweizer Uhrenindustrie zählte schon bald zu den wichtigsten Uhrenherstellern weltweit.

Mit der Erfindung der elektrischen Armbanduhr und vor allem der Quarzuhr begann eine Krise für diesen Wirtschaftszweig in der Schweiz. Mitte der 70er-Jahre erreichte diese Krise ihren Höhepunkt und nur wenige glaubten daran, dass die Schweizer Uhrmacher nochmals einen bedeutenden Platz auf dem Weltmarkt einnehmen würden. Aber die Idee, Uhren als Modeaccessoire zu vermarkten, brachte den traditionellen Industriezweig – nicht zuletzt mit den bunten Uhren von Swatch – zurück an die Spitze des Weltmarktes.

90 % der Schweizer Uhren werden noch heute im Jura, einem Gebirge nordwestlich der Schweizer Alpen, gefertigt. Seit dem 21. Jahrhundert präsentiert sich diese Region unter dem Motto: „Watch Valley – Das Land der Präzision". Entlang der rund 200 km langen Uhrmacherstraße kann man in insgesamt 38 Etappen die bekanntesten Uhrenfabriken und zahlreiche Museen, die sich auf Uhren spezialisiert haben, besuchen. Hier kann man Geheimnisse der Uhrmacher erfahren und einzigartige Meisterwerke bewundern.

Aber nicht nur die Zeit und Uhren sind eine Besonderheit dieser Region, auch die Berglandschaft mit Seen und traditionsreichen Dörfern sind eine Reise wert.

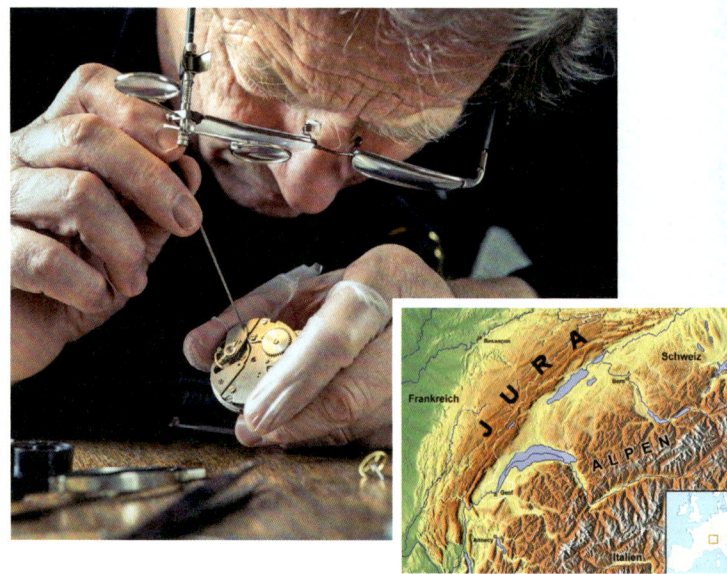

1 a Lesen Sie den Text über die Uhrenindustrie. Was erfahren Sie über die Geschichte des Uhrenhandwerks in der Schweiz?

b Welche anderen Regionen kennen Sie, die für einen bestimmten Wirtschaftszweig bekannt sind (in Ihrem Land oder in DACH)? Berichten Sie.

2 Sammeln Sie Informationen über Institutionen und Persönlichkeiten aus dem In- und Ausland, die für das Thema *Zeit* interessant sind, und stellen Sie sie vor.

S 03 Beispiele aus dem deutschsprachigen Bereich: TimeRide • Wiener Zeitung • Deutsche Gesellschaft für Zeitpolitik • Albert Einstein • Karlheinz Geißler • Gallet Genève 1466 • Glashütte

TRIER – EINE ZEITREISE

1 a Welche Stadtführungen haben Sie schon mitgemacht? Was fanden Sie interessant, spannend, langweilig, …? Sprechen Sie im Kurs.

b Der Film zeigt eine besondere Stadtführung: „Mit dem römischen Legionär durch Trier – eine Zeitreise". Arbeiten Sie in zwei Gruppen. Suchen Sie Ihre Wörter im Wörterbuch und erklären Sie sich die Wörter gegenseitig.

Gruppe A: das Amphitheater, die Basilika, der Brunnen, der Kaiser, der Kaisersitz, der Legionär
Gruppe B: römisch, die Sonnenuhr, eine Stadt gründen, das Stadttor, vor Christus, die Zeitreise

2 Sehen Sie Szene 1. Was erfahren Sie über die Stadt Trier, den Stadtführer und die Gäste? Notieren und vergleichen Sie.

01.1

Trier   Stadtführer   Gäste

3 a Legionär Quintus stellt seinen Gästen eine Frage. Können Sie antworten? Sprechen Sie im Kurs.

„Trier wurde 17 vor Chr. von Kaiser Konstantin gegründet. Er wollte sein Imperium nach Norden hin erweitern und fand hier ideale Voraussetzungen, um eine Stadt zu gründen. Habt ihr eine Idee, was das sein könnte?"

01.2 **b** Sehen Sie die Fotos von Trier an. Was könnte das sein? Sprechen Sie zu zweit. Die Wörter aus 1b helfen Ihnen. Sehen Sie dann Szene 2 und schreiben Sie die Namen unter die Fotos. Waren Ihre Vermutungen richtig? Überprüfen Sie auch Ihre Vermutungen aus 3a.

A   B   C   D

....

01.2 **c** Arbeiten Sie weiter zu zweit. Sehen Sie Szene 2 noch einmal. Welche Informationen passen zusammen? Verbinden Sie und ordnen Sie jedem Satz das passende Foto aus 3b zu.

1. Das Nordtor der Stadtmauer   seit dem 19. Jahrhundert ist das Gebäude eine evangelische Kirche.
2. Der Bau dauerte 50 Jahre und   führen auf die Zuschauertribünen.
3. Die Tiersymbole auf der Uhr   wurde Mitte des 2. Jahrhunderts erbaut.
4. Uralte Gänge und Treppen   stehen für die verschiedenen Zeiten der Stadtgeschichte.

4 Ein Quiz zu Trier – Arbeiten Sie in Gruppen. Recherchieren Sie im Internet und notieren Sie fünf Fragen (Wer? Wie? Was? Warum? Wann? …). Tauschen Sie mit einer anderen Gruppe und antworten Sie.

GRAMMATIK IM BLICK

Über Vergangenes berichten: Tempusformen

Präteritum	**Perfekt**	**Plusquamperfekt**
Verwendung	**Verwendung**	**Verwendung**
von Ereignissen schriftlich berichten, z.B. in Zeitungsartikeln und Romanen	von Ereignissen mündlich oder schriftlich berichten, z.B. in Gesprächen, E-Mails, Briefen	von Ereignissen berichten, die vor einem anderen Ereignis in der Vergangenheit passiert sind
bei Hilfs- und Modalverben		
Bildung	**Bildung**	**Bildung**
regelmäßige Verben Verbstamm + **-t-** + Endung (z.B. *machen – sie mach**t**e, fragen – sie frag**t**e*)	*haben / sein* im Präsens + Partizip II (z.B. *er hat gearbeitet, sie ist gelaufen*)	*haben / sein* im Präteritum + Partizip II (z.B. *er hatte gearbeitet, sie war gelaufen*)
unregelmäßige Verben Präteritumstamm + Endung (z.B. *gehen – er ging, kommen – sie kam*) keine Endung bei 1. und 3. Person Singular	**Bildung Partizip II** regelmäßige Verben ohne Präfix: machen – **ge**mach**t** trennbares Verb: einkaufen – ein**ge**kauf**t** untrennbares Verb: erzählen – erzähl**t** Verben auf *-ieren*: programmieren – programmier**t** unregelmäßige Verben ohne Präfix: gießen – **ge**goss**en** trennbares Verb: aufgeben – auf**ge**geb**en** untrennbares Verb: verstehen – verstand**en**	

ACHTUNG: kennen – k**a**nn**te** – hat gek**a**nn**t**   bringen – br**a**ch**te** – hat gebr**a**ch**t**
denken – d**a**ch**te** – hat ged**a**ch**t**   wissen – w**u**ss**te** – hat gew**u**ss**t**
mögen – m**o**ch**te** – hat gem**o**ch**t**

Eine Übersicht über die wichtigsten unregelmäßigen Verben finden Sie im Anhang des Übungsbuchs.

Verben und Ergänzungen

Das Verb bestimmt, welche Ergänzungen in einem Satz stehen müssen und welchen Kasus sie haben.

Verb + **Nominativ**	Rolf Ulrich ist **Professor**.
Verb + **Akkusativ**	Unser Gehirn braucht **mehr Zeit**.
Verb + **Dativ**	Bekanntes hilft **unserem Gehirn** enorm.
Verb + **Dativ** + **Akkusativ**	Alltagsaufgaben stehlen **den Menschen Zeit**.
Verb + **Präposition mit Akkusativ**	Alle Menschen verfügen **über eine innere Uhr**.
Verb + **Präposition mit Dativ**	Ulrich beschäftigt sich **mit der Chronobiologie**.

Eine Übersicht über Verben mit Ergänzungen finden Sie ab Seite 207 und im Internet unter www.klett-sprachen.de/kontext.

Position der Ergänzungen

Dativ vor **Akkusativ**	Hast du	**dem Chef**	eine Mail	geschrieben?
	Hast du	**ihm**	eine Mail	geschrieben?
Akkusativpronomen vor **Dativ**	Hast du	sie	**dem Chef**	geschrieben?
	Hast du	sie	**ihm**	geschrieben?

B1+ › 23

2 ALLES KOPFSACHE?

GEDÄCHTNISTEST

1 Wenn Sie Rechtshänder/in sind, schreiben Sie Ihren Vor- und Familiennamen mit links. Wenn Sie Linkshänder/in sind, schreiben Sie mit rechts. Sie haben *15 Sekunden* Zeit.
(FÜR DEN KOMPLETTEN NAMEN IN LESERLICHER SCHRIFT = 3 PUNKTE)

2 Schreiben Sie die Wörter in der richtigen Reihenfolge. Sie haben *15 Sekunden* Zeit.
(RICHTIGER SATZ MIT ALLEN WÖRTERN = 5 PUNKTE)

gehen Im gerne Berge in Sommerurlaub wir Wandern zum die

3 Versuchen Sie sich möglichst viele Namen einzuprägen. Sie haben *30 Sekunden* Zeit. Decken Sie dann die Namen ab und ordnen Sie diese aus dem Kopf den Personen zu.
(PRO RICHTIGER NAME = 1 PUNKT)

| Olivia Anderson | Robert Götschel | Maria Santos | Akono Awalowo | Natalia Kusnezowa | Agnieszka Grabowski | Jacob Elmer |

4 Wählen Sie: links oder rechts. Lesen Sie dann Ihr Wort und decken Sie es ab. Buchstabieren Sie nun das Wort rückwärts. Sie haben *60 Sekunden* Zeit.
(WORT RICHTIG BUCHSTABIERT = 5 PUNKTE)

Briefkastenschlüssel   Krankenversicherungskarte

1 Testen Sie Ihr Gedächtnis. Arbeiten Sie zu dritt. Stoppen Sie die Zeit und zählen Sie die Punkte. Wer hat die meisten Punkte im Kurs?

5 Wählen Sie zuerst eine Farbe: weiß oder blau. Nennen Sie zu jedem Geschäft Ihrer Farbe drei Dinge, die man dort kaufen kann. Sie haben *30 Sekunden* Zeit.

(DREI RICHTIGE NOMEN PRO GESCHÄFT = JE 1 PUNKT)

Kiosk   Tankstelle   Drogerie

Bioladen   Metzgerei   Apotheke

6 Sehen Sie sich das Foto genau an. Prägen Sie sich möglichst viele Details ein. Sie haben *30 Sekunden* Zeit. Decken Sie danach das Foto ab und beantworten Sie die Fragen.

(FÜR JEDE RICHTIGE ANTWORT = 1 PUNKT)

1. Wie viele Personen sitzen am Tisch?
2. Wie viele Laptops kann man sehen?
3. Wie viele Tassen Kaffee stehen auf dem Tisch?
4. Wie viele Handys sind auf dem Tisch?
5. Wie viele Brillen liegen auf dem Tisch?

7 Wählen Sie: oben oder unten. Prägen Sie sich Ihre Zahlenreihe ein. Sie haben *30 Sekunden* Zeit. Decken Sie dann die Zahlen ab und geben Sie Ihre Reihe wieder.

(JEWEILS FÜR DREI RICHTIG WIEDERGEGEBENE ZAHLEN = 1 PUNKT)

456   654   645   546   465   564

123   321   231   132   213   312

2 Welche Aufgaben waren leicht, welche schwer? Warum? Sprechen Sie im Kurs.

> Ich fand Aufgabe 2 leicht, weil …

Ü1–4

LERNZIELE

MODUL 1 eine Straßenumfrage zum Thema *Lernen* verstehen und über das eigene Lernen sprechen

MODUL 2 Meinungen verstehen, einen Kommentar zum Thema *Wissen oder googeln* schreiben

MODUL 3 Forumsbeiträge zum Thema *Talent* verstehen, über Erfahrungen berichten

MODUL 4 einen Podcast über Fehler verstehen, über Fehler sprechen, Informationen zusammenfassen

ALLTAG UND BERUF
höflich um Informationen bitten

GRAMMATIK
MODUL 1 Infinitiv mit und ohne *zu*
MODUL 3 Modalverben und Alternativen

MAN LERNT NIE AUS ...

1 a Wann muss oder will man etwas lernen? Sammeln Sie in Gruppen Situationen.

> Wenn ich im Ausland arbeiten will, muss ich die Sprache lernen.

> Ich will nicht immer Fast Food essen, deshalb muss ich kochen lernen.

1.11 **b** Hören Sie den ersten Teil einer Radiosendung und beantworten Sie die Fragen.

A Über welchen Tag spricht die Reporterin?
B Um welche Fragen und Themen geht es bei der Umfrage?

1.10
SPRACHE IM ALLTAG

Lernen
Gelernt ist gelernt.
Man lernt nie aus.
Wieder was gelernt!

1.12 **c** Hören Sie jetzt die Straßenumfrage im zweiten Teil der Sendung. Notieren Sie bei den Personen Stichworte zu den W-Fragen.

Simone Mertens

Timo Kovač

Duyen Pham

	Simone Mertens	Timo Kovač	Duyen Pham
Was gelernt?			
Warum gelernt?			
Was ist / war positiv?			

d Vergleichen Sie Ihre Lösungen zu zweit.

e Lesen Sie die Aussagen. Was haben die Leute in 1c gesagt? Kreuzen Sie an.

1. Frau Mertens hat sich früher nicht getraut, Motorrad zu fahren.   X
2. Heute macht es ihr Spaß, mit dem Motorrad zur Arbeit zu fahren.
3. Frau Mertens findet es schön, in der Natur unterwegs zu sein.
4. Für Herrn Kovač war es schwer, alles mit links zu machen.
5. Es ist für ihn immer noch unmöglich, mit links zu schreiben.
6. Frau Pham hatte immer Angst davor, ihren Arbeitsplatz zu verlieren.
7. Sie plant, einen eigenen Laden aufzumachen.
8. Zum Glück hat Frau Pham nie aufgehört, sich für ihren alten Beruf zu interessieren.
Ü1 9. Es war sehr positiv für sie, neue Erfahrungen zu machen.

2 a Infinitiv mit *zu* – Lesen Sie die Sätze in 1e noch einmal. Markieren Sie in den Sätzen Infinitiv mit *zu*.

b Notieren Sie jeweils einen Beispielsatz aus 1e.

GRAMMATIK

Infinitiv mit *zu*

zu + Infinitiv steht nach:
1. *es ist / ich finde es* + Adjektiv: Es ist wichtig / nötig / schön,… Ich finde es gut / richtig / positiv, …
   Beispiel: ....
2. Nomen + *haben / machen*: die Aufgabe / die Fähigkeit / Angst / … haben, Spaß machen, …
   Beispiel: ....
3. bestimmte Verben: versuchen, aufhören, planen, erlauben, vorhaben, anfangen, …
   Beispiel: ....

1.13 **c** Flüssig sprechen – Hören Sie das Beispiel. Bilden Sie fünf Fragen. Gehen Sie durch den Kursraum. Fragen und antworten Sie.

Hast du schon einmal versucht, …	ein Instrument lernen
Hast du viel Zeit, …	Übungen am Computer machen
Wann ist es wichtig, …	Deutsch lernen
Hast du Lust, …	Filme auf Deutsch sehen
Wann fängst du an, …	für Prüfungen lernen
Macht es dir Spaß, …	regelmäßig Vokabeln wiederholen
Was hat dir geholfen, …	Hausaufgaben machen

> Hast du Lust, ein Instrument zu lernen?
>
> Ja, Klavier finde ich gut.

Ü2–4 **d** Schreiben Sie eigene Fragen. Beginnen Sie Ihre Fragen wie in 2c. Fragen und antworten Sie zu zweit.

3 a Infinitiv mit oder ohne *zu*? Kreuzen Sie an. Welche Sätze sind ohne *zu*?

1. ● Hattest du nicht vor, nächstes Jahr im Ausland　　　arbeiten?　　zu arbeiten?
2. ○ Ja, in China. Dafür plane ich, einen Sprachkurs　　　besuchen.　　zu besuchen.
3. ● Wird dir deine Firma beim Umzug　　　helfen?　　zu helfen?
4. ○ Hoffentlich! Für mich ist es unmöglich, alles alleine　　　bezahlen.　　zu bezahlen.
5. ● Und wann soll deine Arbeit in China genau　　　anfangen?　　anzufangen?
6. ○ Ich hatte noch keine Möglichkeit, alle Termine　　　festlegen.　　festzulegen.
7. ● Das würde ich aber so bald wie möglich　　　machen.　　zu machen.
8. ○ Stimmt. Am besten lasse ich mir ein paar Terminvorschläge　　　schicken.　　zu schicken.

b Lesen Sie noch einmal die Sätze in 3a.
Nach welchen Verben steht der Infinitiv ohne *zu*?
Ü5–6　Ergänzen Sie die Lücken im Kasten.

GRAMMATIK

Infinitiv ohne *zu*
Nach einigen Verben steht der Infinitiv ohne *zu*.
Diese Verben sind vor allem: ....
(*können, wollen, …*), ... ,
.... und ....

4 Wie lernen Sie am besten? Wählen Sie A *oder* B und stellen Sie Ihre Ergebnisse im Kurs vor.

A Formulieren Sie mindestens vier Lerntipps oder Lerntechniken, mit denen Sie gute Erfahrungen gemacht haben. Nennen Sie auch Beispiele und Seiten im Internet, die Sie zum Thema interessant finden.

B Was möchten Sie noch lernen? Wo und wie möchten Sie das lernen? Stellen Sie Ihre Wünsche vor und nennen Sie Angebote, die Ihnen im Internet gefallen haben.

Ü7

B1.1+ › 27

2
Ausdrücke erklären · Meinungen in Texten verstehen · einen Kommentar schreiben

WISSEN ODER GOOGELN?

1 a Lesen Sie die Zitate. Was bedeuten sie? Erklären Sie oder nennen Sie Beispiele. Wie ist Ihre Meinung dazu? Sprechen Sie im Kurs.

Phantasie ist wichtiger als Wissen, denn Wissen ist begrenzt.
Albert Einstein

Wer nichts weiß, muss alles glauben.
Marie von Ebner-Eschenbach

Wissen ist Macht.
Francis Bacon

Was wir wissen, ist ein Tropfen. Was wir nicht wissen, ein Ozean.
Isaac Newton

b Arbeiten Sie in Gruppen. Welche Ausdrücke kennen Sie? Welche können Sie erschließen? Erklären Sie abwechselnd. Klären Sie die restlichen Ausdrücke mit einem Wörterbuch.

die Allgemeinbildung • auswendig lernen • recherchieren • googeln • gebildet sein • etwas kritisch betrachten • Zusammenhänge verstehen • Informationen filtern • Wissen vermitteln • etwas hinterfragen • die Suchmaschine • die Datenflut • über Wissen verfügen

> Unter Allgemeinbildung versteht man …

> Etwas kritisch betrachten bedeutet, dass man …

> Wenn man …

c Arbeiten Sie zu zweit. Wählen Sie fünf Ausdrücke aus 1b und formulieren Sie Sätze. Sprechen Sie zuerst und schreiben Sie dann die Sätze auf.

Ü1 *In der Schule muss man oft Fakten und Zahlen auswendig lernen.*

2 a Arbeiten Sie zu zweit. Jede/r liest einen Text. Was meinen die Personen zum Thema *Wissen oder googeln*? Welche Aspekte und Beispiele werden genannt? Machen Sie Notizen.

A

Matilda Krohn, Medienexpertin

„Heutzutage kann man im Internet riesige Mengen an Informationen zu allen möglichen Themen kostenlos, schnell und fast überall bekommen. Allein die deutsche Version des Internet-Lexikons Wikipedia enthält mehr als 1,2 Millionen Artikel. Zahlen, Formeln und Daten kann man leicht googeln. Meiner Meinung nach muss man Informationen wie die Länge eines Flusses, die Einwohnerzahl einer Stadt oder das Geburtsdatum von Goethe nicht mehr auswendig lernen, sondern kann sie recherchieren. In manchen Situationen ist es aber durchaus notwendig, eine gewisse Allgemeinbildung zu haben. Ein Beispiel hierfür sind Gespräche: Wer will schon während einer Unterhaltung ständig Informationen schnell im Netz recherchieren, wenn er Argumente sucht?

MODUL 2

B
Oskar Hofmann, Journalist

Nicht alle Informationen zu gesellschaftlichen und politischen Themen, die man im Netz findet, sind richtig. Wichtig ist, sie kritisch zu betrachten: Was stimmt wirklich? Was ist nicht richtig? Woher kommen die Informationen? Welches Ziel hat die Seite, auf der ich diese Information gefunden habe? Um etwas hinterfragen zu können, braucht man Allgemeinbildung. Auch um Zusammenhänge von verschiedenen Informationen zu verstehen, muss man über Wissen verfügen. Nur Suchmaschinen zu benutzen, reicht nicht. Ein wichtiger Aspekt ist zum Beispiel auch die Datenflut heutzutage. Wir bekommen täglich so viele Informationen, dass wir in der Lage sein müssen, wichtige und unwichtige Informationen zu unterscheiden. Ich bin der Ansicht, dass das nur mit einer gewissen Allgemeinbildung funktioniert.

Ü2

b [MEDIATION] Informieren Sie Ihren Partner / Ihre Partnerin über Ihren Text mithilfe Ihrer Notizen.

c Lesen Sie die Sätze. Zu welchem Text passen welche Aussagen? Notieren Sie A oder B.

1. Heute hat man die Möglichkeit, alle Informationen im Internet zu finden.
2. Man muss mit den Informationen im Netz kritisch umgehen.
3. Wir müssen die vielen Informationen, die wir bekommen, filtern.
4. Zahlen und Daten muss man nicht mehr auswendig lernen.
5. Es ist wichtig, Zusammenhänge herstellen zu können.
6. Man kann nicht ständig googeln, während man sich unterhält.

3 a Lesen Sie die Texte in 2a noch einmal. Mit welchen Formulierungen drücken die Personen ihre Meinung aus und nennen Beispiele? Ergänzen Sie.

die eigene Meinung äußern
- Ich bin der Meinung, dass …
- Meiner Ansicht nach …
- Ich bin davon überzeugt, dass …
- Ich glaube / denke / meine, …
- ....
- ....

Beispiele nennen
- Man sollte zum Beispiel bedenken, dass …
- Als Beispiel kann man Folgendes nennen: …
- … ist dafür ein gutes Beispiel.
- ....
- ....

Ü3

b Was ist Ihre Meinung zu dem Thema? Diskutieren Sie in Gruppen die Aussagen aus 2c.

S 04 c Wissen oder googeln? – Schreiben Sie einen Kommentar zu den Texten in 2a.

[STRATEGIE]

einen Kommentar schreiben
1. Notieren Sie Argumente aus den Texten, die Sie verwenden wollen.
2. Finden Sie eigene Argumente.
3. Ergänzen Sie passende Beispiele.
4. Verwenden Sie auch Redemittel aus Aufgabe 3a.

ÜBUNG MACHT DEN MEISTER?

1 a Sehen Sie den Cartoon an und ordnen Sie die Sprechblasen zu.

- Kaum zu glauben, wie begabt alle sind. Ich bin es nicht. Tja, da kann man nichts machen.
- Du hast wirklich dein Abi mit Eins bestanden? Du bist echt ein Genie!
- Weil ich immer übe.
- Na, das ist reine Übungssache. Ich trainiere einfach regelmäßig.
- Wäre toll, wenn ich auch so gut Fußball spielen könnte wie du.
- Nein, nein. Seit ich die richtige Lerntechnik gefunden habe, lerne ich mit Erfolg.
- Unglaublich! Wieso kannst du so gut Cello spielen?

b Um welches Thema geht es im Cartoon? Beschreiben Sie.

2 a Lesen Sie die Forumsbeiträge. Was glauben die Personen: Braucht man Talent oder nicht?

← Ü1–2

1 Was braucht man, um ein Instrument, ein Handwerk oder eine Sportart richtig gut zu beherrschen? Gestern habe ich dazu einen interessanten Artikel gelesen. Wissenschaftler haben nämlich herausgefunden, dass nicht angeborenes Talent, sondern jahrelange Übung der Grund für außergewöhnliches Können ist. Alle Menschen sind also in der Lage, viel mehr zu erreichen, als sie glauben. Das bedeutet, dass jeder die Fähigkeit hat, sehr viele Dinge richtig gut zu beherrschen. Man muss nur viel üben. Ist das realistisch? Ich zum Beispiel habe schon lange den Wunsch, gut Geige zu spielen. Aber leider fehlt mir das Ohr für die Musik. Da kann ich noch so lange üben. Ich habe halt kein Talent dafür. Oder was meint ihr? — Cedrella

2 Also, als Handwerksmeister kann ich dir sagen: Es ist möglich, ein Handwerk unabhängig von Talent zu erlernen. Beruflich bilde ich Azubis aus und nicht jeder bringt Talent mit ☺. Vielleicht Interesse, aber nicht immer Talent. Ich finde aber, dass jeder das Recht hat, seinen Wunschberuf zu erlernen. Natürlich haben es die begabten Azubis leichter. Die anderen müssen härter arbeiten. Für alle ohne Talent ist es also notwendig, fleißig zu lernen und zu üben. Übung macht halt den Meister. Auch den Handwerksmeister. Aber wenn ich an Sport oder Kunst denke, dann glaube ich, dass man tatsächlich talentiert sein muss. Allerdings erwartet man auch von Profisportlern und -sportlerinnen, dass sie regelmäßig und hart trainieren. — MEISTRO

3 Also ganz ehrlich: Es ist doch gar nicht erforderlich, ständig über das Thema Talent zu diskutieren. Alle wissen doch, dass niemand ohne Übung und ohne starkes Durchhaltevermögen zum Profi wird. Hier gilt der alte Spruch: Von nichts kommt nichts. Vielmehr gibt es nur wenige Menschen, die dieses Durchhaltevermögen haben und sich einer Sache komplett hingeben können. Man braucht dafür Begeisterung. Ich glaube, dass die ganze Diskussion um die Frage, ob es Talent gibt oder nicht, für viele Menschen eher demotivierend ist. Es gibt eben oft Menschen, die vorhaben, ein Instrument zu lernen, und trotzdem nach kurzer Zeit aufgeben mit der Ausrede: „Ich habe kein Talent". — YOKO

MODUL 3

b **Kombinieren Sie die Satzteile. Entscheiden Sie dann, in welchem Forumsbeitrag die Aussage steht.**

1. Wenn man über Talent verfügt,
2. Nicht viele Menschen haben die Ausdauer,
3. Üben ist sinnlos,
4. Wenn man nicht talentiert ist,
5. Man braucht ein großes Interesse,

A eine Sache richtig gut zu lernen.
B um ein Meister seines Faches zu werden.
C wenn man kein Talent hat.
D lernt man einfacher.
E muss man sehr viel lernen.

c **Talent oder Fleiß? Was ist Ihre Meinung? Berichten Sie von eigenen Erfahrungen.**

> Ich glaube, dass man viel erreichen kann, wenn …

3

a **Lesen Sie die Sätze aus dem Text. Welches Modalverb entspricht den markierten Umschreibungen? Unterstreichen Sie das passende Modalverb.**

← Ü3

GRAMMATIK

Modalverben und Alternativen

1. Menschen sind also **in der Lage**, mehr zu erreichen, als sie glauben. — sollen / können / dürfen
2. Jeder **hat die Fähigkeit**, viele Dinge richtig gut zu beherrschen. — müssen / dürfen / können
3. **Es ist möglich**, ein Handwerk unabhängig von Talent zu erlernen. — sollen / können / wollen
4. Ich **habe** schon lange **den Wunsch**, gut Geige zu spielen. — sollen / möchten / müssen
5. Jeder **hat das Recht**, seinen Wunschberuf zu erlernen. — wollen / müssen / dürfen
6. Ohne Talent **ist es notwendig**, fleißig zu lernen und zu üben. — wollen / müssen / dürfen
7. Von Profisportlern **erwartet man**, dass sie regelmäßig trainieren. — wollen / sollen / können
8. Es ist nicht **erforderlich**, ständig über Talent zu diskutieren. — müssen / dürfen / können
9. Oft **haben** Menschen **vor**, ein Instrument zu lernen. — können / sollen / wollen

b **Formen Sie die Sätze aus 3a mit den passenden Modalverben um.**

> 1. Menschen können viel mehr erreichen, als sie glauben.

TIPP

es → man
es ist möglich = **man** kann
es ist notwendig = **man** muss
…

1.14 c **Flüssig sprechen – Hören Sie das Beispiel. Fragen und antworten Sie dann zu zweit.**

1. Ich will eine Ausbildung / eine Prüfung / einen Sprachkurs machen. (vorhaben)
2. Alle müssen an dem Meeting / an der Weiterbildung / an der Konferenz teilnehmen. (verpflichtet sein)
3. Ich möchte gern Klavier / Chinesisch / kochen lernen. (Lust haben)
4. Man darf in der Prüfung das Wörterbuch benutzen / Notizen machen / auf Toilette gehen. (die Erlaubnis haben)
5. Ich kann mich gut konzentrieren / Polnisch sprechen / Auto fahren. (in der Lage sein)

d **Arbeiten Sie in zwei Gruppen. Jede Gruppe notiert auf einem Zettel fünf Fragen und Antworten ohne Modalverb. Tauschen Sie die Zettel. Die andere Gruppe schreibt die Antworten mit Modalverb.**

Was ist …
| in Prüfungen • auf der Straße • beim Autofahren • in der Schule • im Park • in einem Café • im Straßenverkehr • beim Radfahren • im Flugzeug | erlaubt? verboten? möglich? notwendig? |

Gruppe A: Was ist in Prüfungen verboten? Es ist verboten, Handys zu benutzen.
Ü 4–7 *Gruppe B: Man darf keine Handys benutzen.*

B1.1+ › 31

AUS FEHLERN LERNT MAN

1 a Sehen Sie die Bilder an. Auf jedem Bild passiert ein Fehler. Finden Sie alle? Sprechen Sie zu zweit.

b Hören Sie die Dialoge. Zu welchen Situationen in 1a passen sie? Zwei Bilder bleiben übrig.

c Hören Sie noch einmal und ergänzen Sie die Redemittel.

sich für Fehler entschuldigen	auf Entschuldigungen reagieren
Entschuldigung, das wusste ich nicht.	Kein ....
Danke, das habe ich	Ist ja nichts ....
Tut mir wirklich leid.	Das macht ....
Ich habe .... gemacht.	.... wir das einfach, okay?
Das war nicht .... von mir.	Ich finde es gut, dass du (gleich) zu mir kommst
Ich wollte mich bei dir entschuldigen.	und darüber sprichst.

Ü1–2

d Arbeiten Sie zu viert. Wählen Sie eine Situation aus 1a und spielen Sie die Situation. Die anderen sagen, was gut war und was man noch besser machen könnte.

2 a Hören Sie den ersten Teil eines Podcasts zum Thema *Fehler*. Zu welchen Fehlertypen passen die Bilder in 1a? Notieren Sie.

neue Situation	Gewohnheit	Müdigkeit oder Stress

Ü3

MODUL 4

1.20 **b** Hören Sie den zweiten Teil des Podcasts und machen Sie Notizen zu den Fragen. Beantworten Sie die Fragen im Kurs.

1. Was können wir aus Fehlern lernen?
2. Wie sollten wir mit Fehlern umgehen?
3. Warum können Fehler gut sein?

c Wie geht man in Ihrem Land mit Fehlern um, zum Beispiel bei der Arbeit, in der Uni, in der Familie, unter Freunden …? Erzählen Sie.

3 [MEDIATION] Eine Person aus dem Kurs konnte nicht zum Unterricht kommen. Sie wollen ihn / sie auf Deutsch über das Thema *Fehler* informieren. Bearbeiten Sie die Schritte a bis d.

a Ergänzen Sie die Mindmap zum Thema *Fehler*. Notieren Sie auch Beispiele und Ideen aus dem Kurs. Vergleichen Sie dann Ihre Mindmaps zu zweit und ergänzen Sie fehlende Informationen.

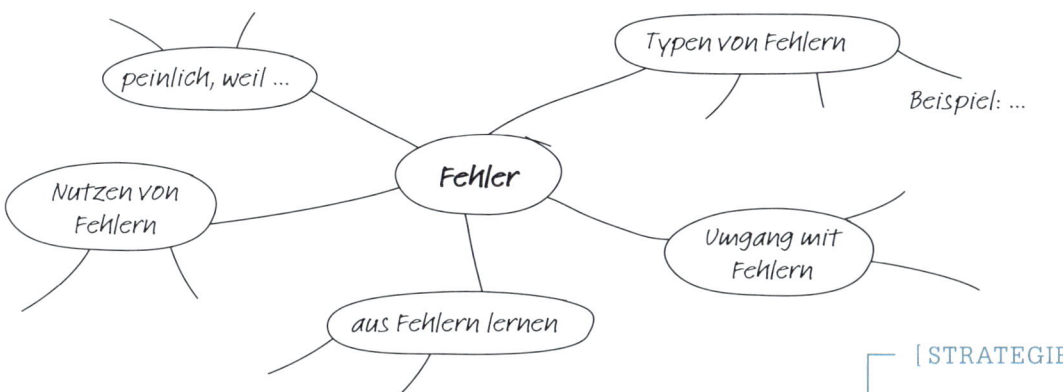

b Was muss die Person zu diesem Thema wissen? Welche Beispiele können ihr beim Verstehen helfen? Wählen Sie Informationen und passende Beispiele aus der Mindmap aus.

c Entscheiden Sie, in welcher Reihenfolge Sie die Informationen und Beispiele weitergeben möchten.

d Informieren Sie die Person über das Thema *Fehler*. Die Ausdrücke im Kasten helfen.

[STRATEGIE]

Informationen für andere zusammenfassen
Überlegen Sie:
· Für wen fassen Sie die Informationen zusammen?
· Welche Informationen sind für diese Person wichtig?
· Welche Informationen können Sie weglassen?
· Welche Beispiele helfen der Person?
· Notieren Sie auf Karten.
· Bringen Sie die Karten in eine sinnvolle Reihenfolge.

Informationen weitergeben
· Wir haben gestern über … gesprochen.
· Die wichtigsten Punkte zum Thema sind: …
· Ein gutes Beispiel fand ich …

Verständnis sichern
· Hast du / Haben Sie noch Fragen?
· Habe ich das verständlich erklärt?
· Alles klar?

Ü4

Du warst ja gestern krank. Wir haben über das Thema …

2 höflich um Informationen bitten

KOMMUNIKATION IN ALLTAG UND BERUF

1 a Sehen Sie die Bilder an. Wo ist das? Was möchten die Personen? Welche Fragen / Wünsche / Probleme haben sie? Sprechen Sie zu viert und vermuten Sie.

A

B

1.21-22 **b** Hören Sie die Gespräche. Welches Gespräch passt zu welchem Bild? Worum geht es?

1.21-22 **c** Lesen Sie die Höflichkeitstipps und hören Sie die Gespräche noch einmal. In welchem Gespräch ist die fragende Person höflich, in welchem unhöflich?

d Arbeiten Sie zu zweit. Formulieren Sie zu Bild A ein höfliches Gespräch. Schreiben Sie den Dialog und spielen Sie ihn im Kurs vor.

TIPPS ZUR HÖFLICHKEIT
- Grüßen Sie zu Beginn des Gesprächs, bitten Sie um Entschuldigung für die Störung.
- Sprechen Sie freundlich, klar und deutlich.
- Verwenden Sie auch indirekte Fragen, z. B. Können Sie mir sagen, ob / wie …?.
- Unterbrechen Sie die andere Person nicht.
- Bedanken Sie sich am Ende.

ein Gespräch einleiten
Könnte ich Sie gerade etwas fragen?
Entschuldigung, darf ich Sie kurz stören?
Vielleicht können Sie mir helfen?

Fragen stellen
Ich würde gerne wissen, …
Können Sie mir sagen, wie / wann / ob …
Ich habe folgende Fragen: …
Ich interessiere mich für …
Und wie ist das mit …?

sich bedanken
Vielen Dank für die Auskunft / Ihre Hilfe.
Danke, das hat mir sehr geholfen.

reagieren
Natürlich. Wie kann ich Ihnen helfen?
Gerne, was kann ich für Sie tun?

Erklärungen geben
Da helfe ich Ihnen gerne. …
Das ist so: …
Also, das ist folgendermaßen: …
Dazu kann ich Ihnen noch sagen, dass …

reagieren
Gern geschehen.
Bitte schön.

2 Überlegen Sie sich zu zweit ähnliche Situationen und spielen Sie höfliche Dialoge.

Gespräch mit dem Kursleiter / der Kursleiterin • Gespräch in der Buchhandlung • Anmeldung zu einem Computerkurs • Gespräch in der Fahrschule • Anmeldung im Fitnessstudio • …

PORTRÄT

Lernen ohne Grenzen

Lernen bedeutet, neugierig zu sein, nach Antworten zu suchen, etwas erfahren zu wollen. Wer in der Europäischen Union lebt, dem stehen für den Austausch mit Menschen in anderen Ländern, anderen Sprachen und Kulturen die Türen in den Mitgliedsländern der EU offen. Das Erasmus-Programm der Europäischen Union fördert den Austausch im Bereich Lehren und Lernen in der gesamten EU, aber auch in weiteren Ländern wie Norwegen oder Island. Seit über 30 Jahren können mit dem weltweit größten Förderprogramm für Studium und Beruf Erfahrungen in anderen Ländern gesammelt werden. Aber auch der Austausch mit Ländern außerhalb der EU wird gefördert. Der Deutsche Akademische Austauschdienst (DAAD) und der Österreichische Austauschdienst (OeAD) bieten neben den EU-Angeboten zahlreiche Programme an.

JULIA (Studentin der Universität Bonn, war für ein Semester in Nizza, Frankreich)

Was sagen die Teilnehmenden aus dem Erasmus-Plus-Programm? Hier zwei Erfahrungsberichte:

„ Ein Semester in Nizza zu studieren, war die beste Entscheidung für mich. Ich kann einen Aufenthalt in Nizza allen sehr empfehlen, obwohl die Universität viel von den Studierenden erwartet und man viel für das Studium tun muss. Das hatte ich nicht gedacht. Am Anfang hatte ich noch etwas Probleme mit der Sprache, besonders in den Vorlesungen war es nicht einfach. Hier gibt es nur selten Präsentationen mit Bildern, die beim Verstehen helfen. Aber bis zu den Prüfungen hatte ich schon große Fortschritte gemacht und ich habe sogar eine Präsentation erfolgreich auf Französisch gehalten.

Was mir auch sehr gefallen hat, war die Lebensart in Südfrankreich. Ich habe sehr leicht Leute kennengelernt. Meine Erfahrung war, dass die Menschen sehr offen sind und dass man dort das Leben, Gespräche und das Zusammensein liebt. Und so verbessert man auch sehr schnell, leicht und auf sehr angenehme Weise seine Sprachkenntnisse. "

„ Mein Traum war es, einmal ganze Häuser aus Holz zu bauen. Während der Ausbildung kann man für kurze Zeit auch ins Ausland gehen. Das wusste ich. Und mein Betrieb hat mich super unterstützt. Ich durfte für einen Monat nach Finnland gehen. Warum Finnland? Ganz einfach, dort gibt es eine große Holzindustrie und eine lange Tradition für das Bauen mit Holz. Ich habe eine Firma gefunden, bei der junge Leute beim Hausbau von Anfang bis Ende mitmachen können. Endlich konnte ich alles ausprobieren, das war super. Und die Kommunikation hat auf Englisch auch gut funktioniert. Aber ich habe auch sonst viel gelernt. Ich war nämlich allein dort und habe alles selbst organisiert und mich bei der Arbeit integriert. Ich bin jetzt viel selbstständiger als früher. In meiner Gastfamilie und bei der Arbeit habe ich Land und Leute und die finnische Kultur sehr intensiv kennengelernt. Ich kann jetzt sogar ein bisschen Finnisch. Das waren alles Erfahrungen, die ich nur empfehlen kann. Und mein Chef ist sehr überrascht, wie viel ich in vier Wochen dazugelernt habe. "

MARIUS (Auszubildender als Zimmermann, war für einen Monat in Järvenpää, Finnland)

---

1 Lesen Sie die Texte zum Thema *Lernen ohne Grenzen*. Markieren Sie die positiven Aspekte für einen Auslandsaufenthalt in den Texten.
Welcher dieser Aspekte ist am wichtigsten? Diskutieren Sie im Kurs und bilden Sie Gruppen mit der gleichen Meinung. Welche Gruppe ist am größten?

2 Sammeln Sie Informationen über Institutionen und Persönlichkeiten aus dem In- und Ausland, die für das Thema *Lernen* interessant sind, und stellen Sie sie vor.

S 03 Beispiele aus dem deutschsprachigen Bereich: Johann Heinrich Pestalozzi • Eugenie Schwarzwald • Gerald Hüther • DAAD • OeAD • Bundeszentrale für politische Bildung

2

WIE LERNEN WIR?

1 **Lernen – Was bedeutet das für Sie? Sprechen Sie in Gruppen.**

Lernen = Wissen?   Lernen = Verstehen?   Lernen = …?

2 02.1

a **Lesen Sie die Aussagen und sehen Sie Szene 1. Was sagen die Personen zum Thema *Lernen*? Ordnen Sie die Aussagen zu und vergleichen Sie.**

A Erfahrungen sind für mich wichtiger als auswendig gelerntes, theoretisches Wissen.
B Je mehr man sich aneignet, desto mehr Fähigkeiten hat man.
C Ich kann viel wissen, wenn ich viel lerne. Aber was bringt mir das, wenn ich nicht verstehe?
D Lernen heißt, herauszufinden, wie etwas funktioniert.
E Man muss immer überlegen, ob man das, was man lernt, auch versteht.
F Um etwas zu verstehen, kann man jemanden fragen, oder man probiert es selbst aus.
G Es hilft nicht, einfach nur zu lernen, wenn man dabei nichts Neues erfährt.

b **Welchen Aussagen aus 2a stimmen Sie (nicht) zu? Warum? Sprechen Sie in Gruppen.**

3 **a** **Lernen in der Schule – Wie haben Sie in der Schule gelernt? Sprechen Sie zu zweit.**

Spaß und Motivation • Noten und Druck • Projekte • Lehrer/-in • Lernen lernen • …

02.2 **b** **Arbeiten Sie zu zweit. Jede/r wählt drei Fragen. Sehen Sie Szene 2 und machen Sie zu Ihren Fragen Notizen. Tauschen Sie sich anschließend aus.**

1. Was ist die PIEKS?
2. Wie lernen die Kinder in dieser Schule?
3. Wie werden Lehrer/innen dort genannt? Warum?
4. Wie lernen kleine Kinder?
5. Was war früher beim Lernen wichtig?
6. Worum geht es beim Lernen in dieser Schule?

c **Gibt es auch in Ihrem Land freie aktive Schulen? Wie finden Sie diese Schulen? Warum? Sprechen Sie im Kurs.**

4 **Lernen früher und heute – Was hat sich in Bezug auf Lernen und Lernprozesse durch das Internet und die digitalen Medien verändert? Sprechen Sie im Kurs.**

GRAMMATIK IM BLICK

Infinitiv mit und ohne *zu*

Infinitiv mit *zu* nach:

1. *es ist / ich finde es* + Adjektiv:
Es ist wichtig / nötig / schön / leicht / falsch / normal, …,
Ich finde es gut / schlecht / richtig / interessant / …,
- Es war sehr positiv, neue Erfahrungen **zu** machen.
- Ich finde es gut, etwas Neues **zu** lernen.

2. Nomen + *haben / machen*: die Aufgabe / Fähigkeit / Absicht / Möglichkeit / den Wunsch / Lust / Angst / … haben – Spaß / die Erfahrung / … machen
- Sie hatte Angst, ihren Arbeitsplatz **zu** verlieren.
- Es macht ihr Spaß, mit dem Motorrad **zu** fahren.

3. bestimmte Verben: anfangen / aufhören / beabsichtigen / bitten / empfehlen / erlauben / sich freuen / gestatten / planen / raten / verbieten / versuchen / vorhaben / …
- Sie hat geplant, einen eigenen Laden auf**zu**machen.
- Er hat vor, in China **zu** arbeiten.

Infinitiv ohne *zu* nach:

Modalverben: Ich kann an einem Intensivkurs teilnehmen.
werden (Futur): Wird dir deine Firma helfen?
würden (Konjunktiv II): Ich würde das auch machen.
lassen: Ich lasse mir ein paar Terminvorschläge machen.

Weitere Verben:
gehen: Wir gehen tanzen.
bleiben: Sie blieb im Job nicht stehen und machte Kurse.
hören: Ich höre meine Kollegin oft Chinesisch sprechen.
sehen: Ich sehe dich immer nur arbeiten.

Nach manchen Verben können Infinitive mit und ohne *zu* folgen:

lernen: Ich lerne Salsa tanzen.   Ich lerne, Salsa **zu** tanzen.
helfen: Hilfst du mir das Fest organisieren?   Hilfst du mir, das Fest **zu** organisieren?

Modalverben und Alternativen

Modalverb	Bedeutung	Alternativen (fast immer mit *zu* + Infinitiv)
dürfen	Erlaubnis	es ist gestattet / erlaubt – die Erlaubnis / das Recht haben • Jeder hat das Recht, seinen Wunschberuf zu erlernen.
nicht dürfen	Verbot	es ist verboten – es ist nicht erlaubt – keine Erlaubnis haben • Profisportlern ist es nicht erlaubt, ihr Training ohne Grund zu verpassen.
können	a) Möglichkeit	die Möglichkeit / Gelegenheit haben – es ist möglich • Es ist möglich, ein Handwerk unabhängig von Talent zu erlernen.
	b) Fähigkeit	die Fähigkeit haben / besitzen – in der Lage sein • Jede/r ist in der Lage, etwas Neues zu lernen.
möchten	Wunsch, Lust	Lust haben – den Wunsch haben • Ich habe schon lange den Wunsch, gut Geige zu spielen.
wollen	eigener Wille, Absicht	die Absicht haben – beabsichtigen – vorhaben • Viele Menschen haben vor, ein Instrument zu lernen.
müssen	Notwendigkeit	es ist notwendig – es ist erforderlich – verpflichtet sein • Ohne Talent ist es notwendig, fleißig zu lernen und zu üben.
sollen	Forderung	den Auftrag / die Aufgabe haben – erwarten • Man erwartet von Profisportlern, dass sie regelmäßig trainieren.

MERKE: **es** ist notwendig = **man** muss   **es** ist verboten = **man** darf nicht
            es ist erlaubt = **man** darf   **es** ist möglich = **man** kann

3 UNTERWEGS

1

a Arbeiten Sie zu zweit. Beschreiben Sie abwechselnd die Fotos. Um welches Foto geht es? Ihr Partner / Ihre Partnerin rät.

b Lieblingsorte – Lesen Sie die Texte. Welcher Text passt zu welchem Bild? Ordnen Sie zu.

c Wohin würden Sie gern reisen? Welchen Ort auf den Fotos finden Sie am interessantesten oder am schönsten? Warum? Erzählen Sie.

KÖLN, NORDRHEIN-WESTFALEN

Vielleicht ist Köln nicht unbedingt die schönste Stadt, aber wie fast alle Kölner liebe ich meine Stadt, und zwar alle Seiten. Köln ist wie ein Gefühl und die Menschen hier sind lebenslustig und vor allem tolerant. Und wenn ich eine Weile weg bin und dann auf der Rückfahrt den Dom zum ersten Mal wiedersehe, weiß ich: Ich bin zu Hause.

LEILA M., 28

SÄCHSISCHE SCHWEIZ, SACHSEN

Der Nationalpark Sächsische Schweiz ist einzigartig. Die Landschaft mit den bizarren Felsen sieht aus wie in einem Märchen. Und so fühle ich mich dort auch, weit weg von der Wirklichkeit. Am liebsten gehe ich dort wandern, da kann ich meinen Gedanken nachhängen und neue Energie tanken.

NEBIL M., 38

LÜBECK, SCHLESWIG-HOLSTEIN

Ich war gerade aus Süddeutschland in den hohen Norden gezogen und hatte wahnsinniges Heimweh. Dann entdeckte ich bei einem meiner Spaziergänge diese süßen Häuser in der Altstadt von Lübeck. Da ist mir zum ersten Mal bewusst geworden, wie schön diese Stadt ist und dass ich hier vielleicht doch eine neue Heimat finde.

MARLA K., 25

AMRUM, NORDSEE

Ich bin schon mit meinen Eltern im Sommer immer nach Amrum gefahren. Ich liebe diese Insel. Wenn ich durch die Dünen zum Strand gehe, fällt alles von mir ab. Alle Alltagssorgen sind vergessen und ich fühle mich frei und unbeschwert. Und das funktioniert bei jedem Wetter.

FELIX K., 34

D

2 Ihr Lieblingsort – Wo sind Sie gerne? Welchen Ort mögen Sie besonders? Zeigen Sie ein Foto und erzählen Sie. ‹oder› Wohin möchten Sie gerne einmal reisen?

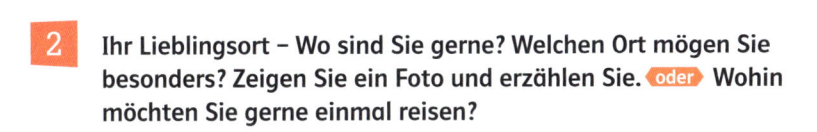

› Mein Lieblingsort ist ein kleiner See in …
› Ich möchte gerne einmal …

Ü1–4

LERNZIELE

MODUL 1 über Reisen sprechen, einen Text zur Geschichte des Reisens verstehen

MODUL 2 wichtige Informationen zum Thema *Reisen und Umwelt* verstehen und diskutieren

MODUL 3 Erfahrungsberichte verstehen, Informationen weitergeben und die eigene Meinung äußern

MODUL 4 eine Diskussion über Reisepläne verstehen, diskutieren, sich einigen und Informationen weitergeben

ALLTAG UND BERUF
Verbindungen im Nahverkehr beschreiben und Informationen erfragen

GRAMMATIK
MODUL 1 Plural der Nomen
MODUL 3 trennbare und untrennbare Verben

SCHON IMMER AUF REISEN …

1 a Welche Wörter zum Thema *Reisen* kennen Sie? Sammeln Sie in Gruppen und erstellen Sie eine Mindmap.

Verkehrsmittel – Reisen – Reisearten – Campingurlaub

[STRATEGIE]

Wortschatz in Mindmaps ordnen
Sammeln Sie Ideen und passende Wörter zu einem Thema. Ordnen Sie dann nach Ober- und Unterbegriffen.
Mit Mindmaps aktivieren Sie Ihren Wortschatz und können neuen Wortschatz leichter lernen.

b Warum reisen Menschen? Sammeln Sie im Kurs.

> Viele Menschen reisen, wenn sie Urlaub haben.

> Manche Leute müssen reisen, weil sie …

2 a Reisen früher und heute – Was ist anders, was ist gleich? Sprechen Sie im Kurs.

b Die Geschichte des Reisens – Lesen Sie den Text und ordnen Sie die Überschriften den Abschnitten zu.
oder Formulieren Sie Überschriften für die Abschnitte A bis D.

- Gefährliches Reisen
- Reisen für alle
- Fernreisen – Luxus für Wenige
- Reisen, um zu lernen

Die Geschichte des Reisens

Schon immer waren die Menschen unterwegs. Heute nehmen sie das Flugzeug oder ihr Auto, um ihre Ziele zu erreichen. Früher saß man in einer Kutsche oder ritt auf einem Pferd. Oder die Wege wurden ganz einfach zu Fuß zurückgelegt. Vor vielen Jahrhunderten machten sich die Menschen aus anderen Gründen auf den Weg als heute.

A Vor mehr als 500 Jahren reiste man eher selten. Reisen war hart und gefährlich. Wenn, dann waren vor allem Männer unterwegs. Einerseits waren es oft Kaufleute, die zum Verkauf ihrer Waren andere Orte besuchen mussten. Andererseits reisten Menschen aus religiösen Gründen. Die Wege waren schlecht und man kam nur mühsam vorwärts. Außerdem musste man eine gute Orientierung haben, denn Schilder oder Wegweiser gab es nicht. Kaufleute nahmen meist bekannte Wege wie die *viae regiae*, die Königswege. Sie verbanden Städte wie z.B. Hamburg, Kiel und Flensburg. Aber auch auf diesen Wegen musste man Glück haben, denn bei Regen stand man im Matsch und ohne persönlichen Schutz wurde man oft von Räubern überfallen. Tiere wie Bären, Wölfe oder Wildschweine konnten ebenfalls eine tödliche Gefahr sein.

B Lange Zeit änderte sich nicht viel an den Gründen für das Reisen. Erst im 18. Jahrhundert entdeckten Adelige und Reiche die Bildungsreise. Den Anfang machten die Engländer. Sie wollten das Leben und die Kulturen auf dem europäischen Festland genauer kennenlernen. Besonders beliebte Orte waren z.B. Venedig, Florenz, Wien, Paris oder andere Hauptstädte der europäischen Kultur. Einer der bekanntesten Deutschen auf Bildungsreisen war Johann Wolfgang von Goethe, der 1786 nach Italien reiste. Eigentlich wollte er nur ein paar Monate dort bleiben, am Ende waren es zwei Jahre. Er war mit einer eigenen Kutsche unterwegs und nahm sogar sein eigenes Bett mit.

C Es dauerte noch einige Zeit, bis die ersten Reisen unternommen wurden, um sich zu erholen oder um etwas zu erleben. Diese Reisen konnten sich nur Leute mit viel Geld leisten. Sie waren auf der Suche nach etwas ganz Neuem. Sie wollten das Besondere, das Exotische und fuhren mit dem Orient-Express nach Istanbul oder mit dem Schiff auf dem Nil. Für die elegante Kleidung, Hüte und Schuhe der Damen und Herren gab es sogar spezielle Schrankkoffer. Auf Ihrer Suche nach dem Abenteuer zog es diese exklusive Gesellschaft in fremde Länder, ohne auf den Luxus in ihrem Alltag zu verzichten.

D Ab 1900 begannen zwar in Deutschland die Reisen zu den Badeorten von Nord- und Ostsee, aber auch solche Urlaube konnten sich erst mal nur reiche Menschen leisten. Erst ab Mitte der 50er-Jahre wurden Reisen für viele Deutsche möglich. Das „Sehnsuchtsland", das viele mit ihren ersten Pkws besuchten, war Italien. Die Menschen waren begeistert vom Gardasee oder von Capri. In den 70er-Jahren folgten andere Länder wie Spanien oder Griechenland. Von diesen Zielen in westlichen Ländern konnten die Bürgerinnen und Büger der DDR bis zum Mauerfall nur träumen, da Reisen nur beschränkt möglich war. Hier waren die Ostsee und Länder wie Ungarn oder Bulgarien für den Urlaub sehr beliebt. Heute ist das Reisen praktisch in alle Länder möglich. Abenteuer, Exotik, Wellness oder Sprachenlernen - das Angebot ist riesig und die Deutschen sind immer noch große Reisefans. Erholung und Meer sind für die meisten dabei am wichtigsten. Nach Hause wollen sie nur schöne Erinnerungen mitnehmen.

c Lesen Sie den Text noch einmal und ergänzen Sie die Sätze. Vergleichen Sie dann zu zweit.

1. Im Mittelalter war Reisen unbeliebt, da …
2. Vor 500 Jahren reisten Menschen, die …
3. Wer eine Bildungsreise machte, der wollte …
4. Im Orient-Express fuhren Gäste mit, die …
5. Reiche leisteten sich Reisen, die …
6. Ab den 1950er-Jahren konnten …
7. DDR-Bürger machten gerne Ferien …
8. Wer heute reisen möchte, kann …

3 a Sehen Sie die Tabelle zu zweit an. Bilden Sie den Plural zu den Nomen. Der Text in 2b hilft. Ordnen Sie dann gemeinsam die Nomen in die Tabelle.

der Grund • der Fan • das Flugzeug • die Ware • die Erinnerung • der Mensch • das Schild • der Räuber • das Land • der Koffer • der Bär

TIPP
Bei Nomen lernt man den Plural am besten gleich mit. Es gibt verschiedene Formen, aber es gibt auch ein paar Orientierungshilfen für die Bildung des Plurals.

GRAMMATIK

Plural der Nomen

		Pluralendung	
1.	• maskuline und neutrale Nomen auf -en/-er/-el • neutrale Nomen auf -chen	(¨)-	
2.	• fast alle femininen Nomen (ca. 96 %), auch Nomen auf -ung, -heit, -keit • maskuline Nomen auf -or • maskuline Nomen der n-Deklination	-(e)n	
3.	• die meisten maskulinen (ca. 70 %) und einige neutrale Nomen	(¨)-e	der Grund – die Gründe
4.	• viele einsilbige neutrale Nomen	(¨)-er	
5.	• viele Wörter aus anderen Sprachen • Abkürzungen (PC, Lkw, …) • Nomen mit -a/-i/-o/-u (Auto, Pulli, …)	-s	

b Notieren Sie die Nomen im Plural. Ergänzen Sie den Singular mit Artikel. Zu welcher Regel in Aufgabe 3a passen die Nomen?

PÄSSEGRENZENPILOTENSTRÄNDEBUSSEKARTENTAXISERFAHRUNGENZIMMERZIELEMÄDCHENPKWSHÄUSER

4 Schreiben Sie zehn Nomen aus Kapitel 1 und 2 auf Karten. Tauschen Sie die Karten mit einem Partner / einer Partnerin. Lernen Sie die Nomen und fragen Sie sich gegenseitig ab.

die Reise
die Reisen

AB IN DEN URLAUB ...

1 a Reisen – Lesen Sie die Wörter 1 bis 12. Arbeiten Sie zu zweit und ordnen Sie die passenden Umschreibungen oder Synonyme zu.

1. das Reiseziel
2. das Fernweh
3. nachhaltig
4. das Kohlendioxid
5. die Strecke
6. umweltbewusst
7. die Alternative
8. die Kreuzfahrt
9. die Tourismusbranche
10. der Energieverbrauch
11. exotisch
12. der Klimawandel

dauerhafte Änderung von Wetter und Temperatur • Schiffsreise zu verschiedenen Orten • CO_2 • andere Möglichkeit • wie viel Öl, Gas, … man braucht • Ort, an den man reisen möchte • fremd, schön und interessant • die Reiseanbieter • starker Wunsch, weit zu reisen • umweltfreundlich • für Mensch und Natur langfristig positiv • der Weg von A nach B

Ü1

b Sie möchten von Berlin aus eine Reise machen. Fahren Sie mit dem Auto für 14 Tage an die Ostsee (Norddeutschland)? Fliegen Sie für zwei Wochen nach Mallorca (spanische Insel)? Oder machen Sie lieber eine einwöchige Kreuzfahrt im Mittelmeer? Arbeiten Sie zu dritt. Jede/r wählt eine Reise. Begründen Sie Ihre Wahl.

> Ich würde gern an die Ostsee fahren, weil ich kühles windiges Wetter mag.

c Wählen Sie jetzt die passende Grafik zu Ihrer Reise und vergleichen Sie mit den anderen in der Gruppe: Wie viel CO_2 wird auf Ihren Reisen ausgestoßen? Welche Reise produziert am meisten Kohlendioxid? In welchen Bereichen entsteht viel CO_2 (Aktivitäten, Verpflegung, Anreise, …)?

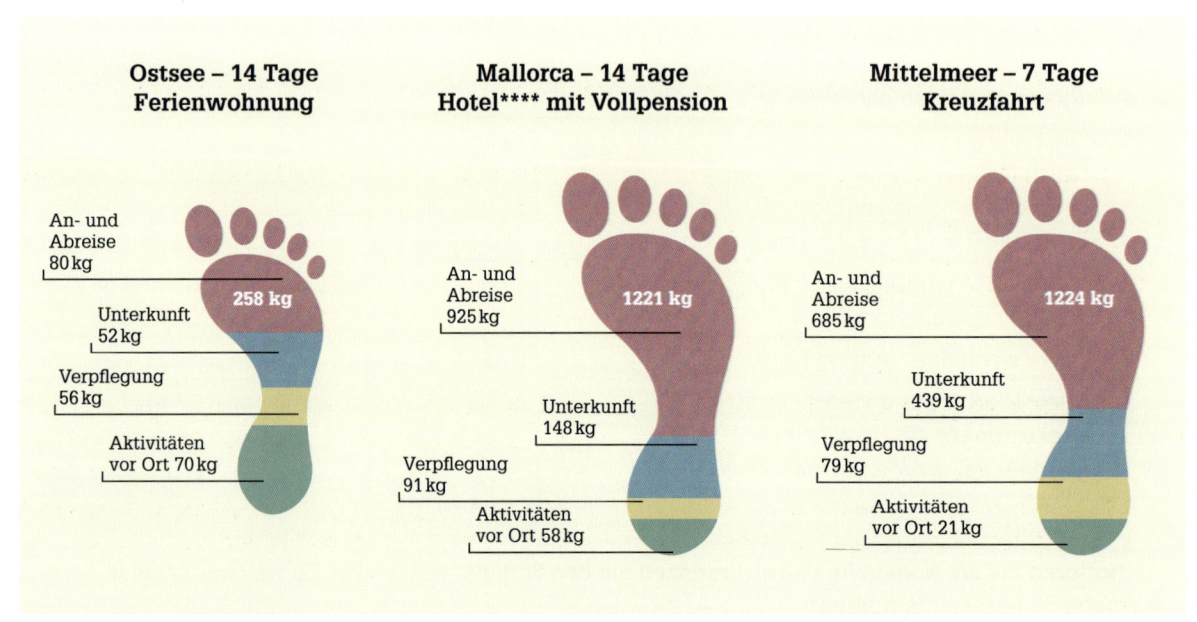

Ostsee – 14 Tage Ferienwohnung
- An- und Abreise 80 kg
- Unterkunft 52 kg
- Verpflegung 56 kg
- Aktivitäten vor Ort 70 kg
- **258 kg**

Mallorca – 14 Tage Hotel** mit Vollpension**
- An- und Abreise 925 kg
- Unterkunft 148 kg
- Verpflegung 91 kg
- Aktivitäten vor Ort 58 kg
- **1221 kg**

Mittelmeer – 7 Tage Kreuzfahrt
- An- und Abreise 685 kg
- Unterkunft 439 kg
- Verpflegung 79 kg
- Aktivitäten vor Ort 21 kg
- **1224 kg**

* kg beziehen sich auf CO_2

Ü2–3 **d** Was hat Sie überrascht? Was ist neu für Sie? Diskutieren Sie in Ihrer Gruppe.

MODUL 2

2 a Reisen und Klima – Wie kann man umweltfreundlich(er) reisen? Sammeln Sie Ideen im Kurs.

b Sie hören nun eine Diskussion. Hören Sie die Diskussion zweimal. Dazu lösen Sie acht Aufgaben. Ordnen Sie die Aussagen zu: Wer sagt was? Lesen Sie jetzt die Aussagen 1–8. Dazu haben Sie 60 Sekunden Zeit.

Der Moderator der Radiosendung diskutiert zum Thema „Haben Flugreisen noch eine Zukunft?" mit Matthias Wegener, Professor für Tourismusmanagement, und Frau Marika Kühn, Expertin für Tourismus von der Aktion „Fairer Reisen".

M. Wegener   Moderator   M. Kühn

1. Im Tourismus hatte man schon länger Sorgen, dass weniger Flüge gebucht werden.
2. Es gibt die Tendenz, mehrere Male pro Jahr zu fliegen.
3. Wegen der momentanen Flugsteuer werden nur wenige auf Fernreisen verzichten.
4. Es wird neue Technologie genutzt, um weniger Energie zu verbrauchen.
5. Schadstoffe kann man aber nicht verhindern.
6. Man könnte auch zu Hause bleiben und virtuell reisen.
7. Die Menschen möchten weiter an die Urlaubsorte reisen und alles selbst erleben.
8. In der Zukunft wird es immer mehr Diskussionen über den Klimaschutz geben.

c Hören Sie noch einmal und kontrollieren Sie Ihre Lösungen. Vergleichen Sie dann zu zweit.

3 a Diskussion – Lesen Sie die Aussagen A, B und C. Stimmen Sie zu oder nicht? Sprechen Sie in Gruppen.

A   Eine Fernreise pro Jahr muss für alle möglich sein.
B   Es wäre gut, wenn wir im Urlaub aufs Auto verzichten würden.
C   Klimaschutz ist wichtiger als Urlaub im Ausland.

zustimmen
- Das sehe ich genauso.
- Ja, es ist richtig, dass …
- Ich glaube auch, dass …
- Ich bin auch der Meinung, dass …
- Der Ansicht, dass …, kann ich zustimmen.

nachfragen
- Wie meinen Sie / meinst du das genau?
- Ich würde gerne wissen, was / ob Sie / du …?
- Können Sie / Kannst du das genauer erklären?
- Können Sie / Kannst du dafür ein Beispiel nennen?
- Was meinen Sie / meinst du mit …?

widersprechen
- Das finde ich nicht, weil …
- Der Meinung bin ich nicht, denn …
- Da bin ich ganz anderer Meinung. Ich …

auf Nachfragen reagieren
- Also – ich sehe das so: …
- Tja, ich denke …
- Ein Beispiel ist / wäre: …

b Wählen Sie eine Aussage aus 3a. Schreiben Sie Ihre Meinung. Nennen Sie mindestens zwei Gründe.

3

Erfahrungsberichte verstehen und Informationen weitergeben · die eigene Meinung äußern

IMMER UNTERWEGS

1 a Sind Sie gern unterwegs? Wann vermissen Sie Ihr Zuhause? Sprechen Sie in Gruppen.

b Arbeiten Sie zu dritt. Jede/r liest einen Text und notiert Informationen zu den Fragen.

1. Wie lebt die Person?
2. Warum lebt sie so?
3. Was gefällt der Person an dieser Art zu leben? Was nicht?

1.24

SPRACHE IM ALLTAG

Reisen
Er kommt viel herum.
Ihr seid richtige Weltenbummler.
Sie lebt aus dem Koffer.
Ich möchte etwas von der Welt sehen.

„Meine Wohnung ist der Zug"

Nach dem Abitur wollte ich unbedingt in München studieren und habe tatsächlich einen Studienplatz dort bekommen. Nur leider habe ich dann kein Zimmer gefunden. Aber das Semester hat angefangen und irgendwo musste ich ja übernachten. Also habe ich mich entschieden, erst mal im Zug zu wohnen. Ich habe mir eine Bahncard 100 besorgt. Die kostet im Jahr ca. 4000 Euro und man kann damit in jeden Zug einsteigen. Ich fahre am Abend nach der Uni Richtung Norden, steige dann um und fahre wieder zurück nach München, sodass ich morgens dort ankomme und rechtzeitig an den Vorlesungen in der Uni teilnehmen kann. Am Wochenende besuche ich oft meine Eltern. Da kann ich mich dann mal ausruhen. Insgesamt gefällt mir mein Leben im Zug ganz gut, ich lerne viele Leute kennen und am Wochenende besichtige ich auch mal die eine oder andere Stadt. Aber ich hoffe trotzdem, dass ich bald ein Zimmer in München finde. Ich brauche ein richtiges Zuhause. Immer unterwegs zu sein ist auf Dauer auch wirklich anstrengend. *Laura N., 19*

„Überall zu Hause"

Ich bin jetzt seit 9 Jahren auf Reisen. Ursprünglich wollte ich mir nach meiner Ausbildung nur für ein Jahr eine Auszeit nehmen und ein bisschen was von der Welt sehen. Aber dann konnte ich mich nicht entschließen, die Reise abzubrechen und nach Hause zurückzukehren. Ich bin einfach immer weitergefahren. Mittlerweile war ich in 86 Ländern. Zwischendurch bleibe ich auch mal etwas länger an einem Ort und jobbe, um mir die Weiterreise zu finanzieren. Ich kann mir immer noch nicht vorstellen zurückzufahren. Ich bin gerne unterwegs und überall zu Hause. Oder auch nirgends ... Heimweh hatte ich am Anfang manchmal, aber das ist jetzt eigentlich vorbei. Meine Familie vermisse ich natürlich, aber wir treffen uns einmal im Jahr irgendwo und haben uns immer viel zu erzählen. Zu alten Freunden habe ich natürlich nicht mehr so viel Kontakt, aber dafür begegne ich so vielen anderen Menschen. Mal sehen, wohin ich noch komme. *Ben K., 28*

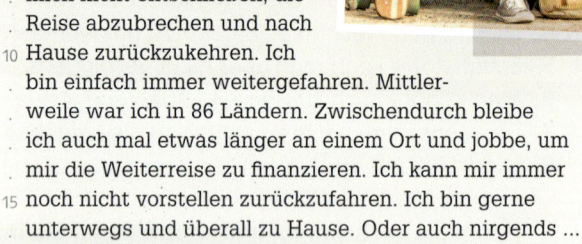

„Beruflich unterwegs"

Ich bin Pilotin und wegen meines Berufs wenig zu Hause. Ich liebe meine Arbeit und finde es super, in einem internationalen Umfeld zu arbeiten. Ich war schon in so vielen Ländern, von so einem Job habe ich immer geträumt. Das Fliegen begeistert mich immer noch und es wird nie langweilig. Aber manchmal empfinde ich es auch als Belastung, immer unterwegs zu sein. Gerade bei Langstreckenflügen bin ich ja ein paar Tage am Stück weg. Klar ist es toll, mal in Singapur oder Rio de Janeiro einzukaufen, aber meistens sehe ich außer dem Hotel und dem Flughafen nicht sonderlich viel von den Städten. Außerdem fliegen wir meistens in wechselnden Besetzungen, d.h. ich arbeite immer wieder mit anderen Leuten zusammen. Da kann man sich schon mal allein fühlen, wenn man abends im Hotel sitzt. Gleichzeitig verpasse ich viel zu Hause. Wenn sich Freunde und Familie verabreden, bin ich oft nicht dabei. Auf der anderen Seite genieße ich es auch, so ein abwechslungsreiches Leben zu führen. *Eliza P., 36*

MODUL 3

c [MEDIATION] Informieren Sie Ihre Partner / Partnerinnen über Ihren Text mithilfe Ihrer Notizen aus 1b.

d Können Sie sich vorstellen, so zu leben? Was gefällt Ihnen an der Lebensweise? Was nicht? Sprechen Sie in Gruppen.

Ü1-2

2 a Trennbar oder untrennbar? – Arbeiten Sie zu zweit. Markieren Sie in den Texten die trennbaren und untrennbaren Verben in verschiedenen Farben und erstellen Sie eine Tabelle. Vergleichen Sie im Kurs.

trennbare Verben	untrennbare Verben
anfangen	bekommen

TIPP
Diese Präfixe können nicht allein stehen, haben keine eigene Bedeutung (außer *miss-*) und sind immer untrennbar: *be-, emp-, ent-, er-, ge-, miss-, ver-, zer-*

b Welche anderen trennbaren und untrennbaren Verben kennen Sie? Ergänzen Sie in Ihrer Tabelle in 2a jeweils fünf weitere Verben.

1.25 c Ergänzen Sie die Sätze und hören Sie zur Kontrolle. Lesen Sie dann zu zweit die Sätze abwechselnd vor.

G 01

GRAMMATIK

	trennbare Verben (*separable*) Beispiel *einkaufen*	untrennbare Verben (*unseparable*) Beispiel *erzählen*
Aussage	Ich kaufe oft in anderen Städten ein.	Ich **erzähle** dir gern von meiner Reise.
Imperativ	**Kauf** bitte alles **ein**!	Erzähl doch mal!
zu + Infinitiv	Vergiss nicht, einzukaufen!	Hast du Zeit, mir alles zu **erzählen**?
Nebensatz	Denk daran, dass du die Sachen **kaufst ein**.	Du hast versprochen, dass du uns alles erzählst.
Perfekt	Hast du **eingekauft**?	Ich habe von der Reise **erzählt**.
Präteritum	Früher **kaufte** er immer am Flughafen **ein**.	Sie erzählte von ihrem Heimweh.

d Arbeiten Sie zu zweit. Wählen Sie ein trennbares und untrennbares Verb aus 2a oder 2b und bilden Sie Sätze wie in 2c. Sprechen Sie zuerst und schreiben Sie dann die Sätze auf.

TIPP
Wortakzent
Bei den trennbaren Verben betont man das Präfix. Bei den untrennbaren Verben ist das Präfix nicht betont, sondern der Wortstamm.

3 Flüssig sprechen – Arbeiten Sie zu zweit, hören Sie und üben Sie wie im Beispiel.

1.26

trennbare Verben	untrennbare Verben
einkaufen • anrufen • abholen • an-/ausmachen • aufräumen • einladen	bezahlen • besuchen • sich erkundigen (nach + D) • verkaufen • erzählen • sich entschuldigen (bei + D, für + A)

Hast du gestern eingekauft?

Nein, ich hatte keine Zeit einzukaufen.

Dann kauf jetzt ein!

Ü3

B1.1+ › 45   45

3

eine Diskussion verstehen · über Reisen diskutieren · sich einigen · Informationen weitergeben

WOHIN SOLL'S GEHEN?

1 a Sehen Sie die Bilder an. Wo und wie machen die Leute Urlaub? Sprechen Sie.

A B C

b Arbeiten Sie zu zweit. Welche Wörter und Ausdrücke passen zu welchem Bild? Ordnen Sie zu und begründen Sie. Es gibt mehrere Möglichkeiten.

sich um nichts kümmern müssen • dem Alltag entfliehen • etwas über Land und Leute erfahren • Abenteuer erleben • den Horizont erweitern • Neues entdecken • faulenzen • Geld sparen • nichts packen / schleppen müssen • abschalten • schönes Wetter haben und die Sonne genießen • neue Leute kennenlernen

Ü1

2 a Drei Freunde planen zusammen einen Urlaub – Hören Sie die Diskussion. Zu wem passt welches Bild aus Aufgabe 1a?

1.27

Mona: Bild ………   Lanh: Bild ………   Tarik: Bild ………

1.27 **b** Hören Sie noch einmal. Welche Argumente nennen die Freunde? Notieren Sie und vergleichen Sie im Kurs.

Urlaub in der eigenen Stadt	Hotelurlaub am Strand	Rucksackurlaub
⊕	⊕	⊕
	schönes Wetter	
⊖	⊖	⊖
Alltag wie immer: Haushalt, Dinge erledigen		

1.28 **c** Hören Sie das Ende der Diskussion. Worauf einigen sich die Freunde? Wie finden Sie den Kompromiss? Sprechen Sie im Kurs.

MODUL 4

3 [MEDIATION] Sie wollen mit Ihren Freunden in Urlaub fahren, aber jeder will etwas anderes machen. Sie müssen sich also einigen. Bearbeiten Sie die Schritte a bis d.

a Sich einigen – Lesen Sie die Redemittel. Welche Überschrift passt wo? Ergänzen Sie.

einen Kompromiss finden • Gegenvorschläge machen • um Erklärung bitten • Vorschläge machen

A ....
- Wir könnten vielleicht …
- Wie findet ihr es, wenn wir …?
- Ich würde vorschlagen, dass …
- Was haltet ihr davon, wenn …?
- Ich bin dafür, dass …

B ....
- Wollen wir nicht lieber …?
- Ich hätte noch eine andere Idee.
- Ich würde gern etwas anderes vorschlagen: …
- Lasst uns lieber …
- Wir könnten doch stattdessen …

C ....
- Kannst du noch mal genauer erklären, warum …?
- Warum ist es dir so wichtig, dass …?
- Habe ich richtig verstanden, dass …?
- Was verstehst du unter …?
- Was meinst du mit …?

D ....
- Wir finden sicher eine Lösung.
- Wie wäre es mit einem Kompromiss? …
- Wärt ihr einverstanden, wenn …?
- Wir könnten uns vielleicht auf Folgendes einigen: …
- Können alle damit leben, wenn …?

b [STRATEGIE] Redemittel erarbeiten und üben – Markieren Sie in jeder Rubrik in 3a zwei Redemittel, die Sie selten oder nie verwenden.

c Arbeiten Sie zu dritt. Jede/r wählt eine Rollenkarte. Notieren Sie sich Argumente für Ihre Rolle.

ROLLE A
- viel Stress im Alltag
- Meer oder See ☺
- Sport ☺
- Ferienhäuser sind super
- kurze Anfahrt

ROLLE B
- Stadturlaub ☺
- Übernachten bei Verwandten
- Museen und Restaurants
- Abwechslung und etwas erleben

ROLLE C
- offen für alles
- Natur ☺
- Berge oder Meer
- nicht so viel Geld ausgeben

d Spielen Sie die Diskussion. Machen Sie Vorschläge und Gegenvorschläge, bitten Sie um Erklärungen und finden Sie einen Kompromiss. Verwenden Sie die markierten Redemittel aus 3b.

4 [MEDIATION] Ein Freund / Eine Freundin möchte sich Ihrer Gruppe anschließen. Fassen Sie kurz die wichtigsten Punkte und das Ergebnis Ihrer Diskussion mündlich zusammen.

3 Verbindungen im Nahverkehr beschreiben und Informationen erfragen

KOMMUNIKATION IN ALLTAG UND BERUF

1 a Sehen Sie die beiden Fahrpläne an und hören Sie das Gespräch. Für welche Verbindung entscheidet sich Frau Costic?

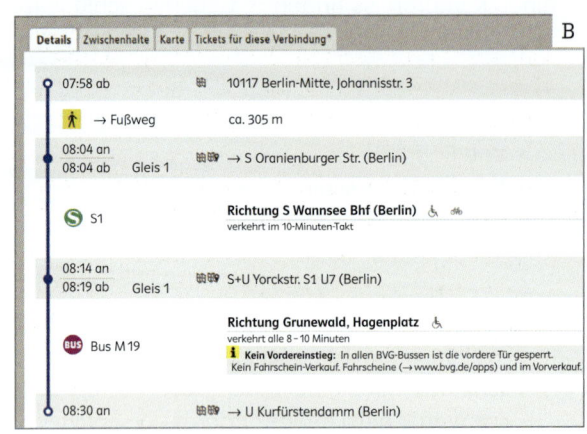

1.29

A

07:57 ab		10117 Berlin-Mitte, Johannisstr. 3
→ Fußweg		ca. 255 m
08:02 an / 08:02 ab		→ U Oranienburger Tor (Berlin)
U6		Richtung U Alt-Mariendorf (Berlin) verkehrt im 10-Minuten-Takt U6: Mehr Fahrten in den Hauptverkehrszeiten: Zwischen 6 und 9 Uhr sowie zwischen 15 und 18 Uhr.
08:09 an / 08:16 ab		→ U Hallesches Tor (Berlin)
U1		Richtung U Uhlandstr. (Berlin) verkehrt im 10-Minuten-Takt
08:27 an		→ U Kurfürstendamm (Berlin)

B

07:58 ab		10117 Berlin-Mitte, Johannisstr. 3
→ Fußweg		ca. 305 m
08:04 an / 08:04 ab Gleis 1		→ S Oranienburger Str. (Berlin)
S1		Richtung S Wannsee Bhf (Berlin) verkehrt im 10-Minuten-Takt
08:14 an / 08:19 ab Gleis 1		S+U Yorckstr. S1 U7 (Berlin)
Bus M19		Richtung Grunewald, Hagenplatz verkehrt alle 8 - 10 Minuten Kein Vordereinstieg: In allen BVG-Bussen ist die vordere Tür gesperrt. Kein Fahrschein-Verkauf. Fahrscheine (→ www.bvg.de/apps) und im Vorverkauf.
08:30 an		→ U Kurfürstendamm (Berlin)

1.29 **b** Hören Sie noch einmal und ergänzen Sie den Dialog.

umsteigen • Gespräch • helfen • Richtung • weiterfahren • Internet • Stelle • aussteigen

● Uhland GmbH, guten Tag, Sie sprechen mit Thorsten Flinck.

○ Guten Tag, Herr Flinck. Hier spricht Maria Costic. Ich habe noch eine Frage zu unserem Treffen morgen.

● Gerne. Wie kann ich Ihnen .... ?

○ Ich habe im .... mehrere Verbindungen gefunden, wie ich vom Hotel zu Ihrer Firma komme, und wollte fragen, welche am besten ist.

● Bei welcher Verbindung müssen Sie denn .... ?

○ Bei beiden. Ich kann zum Beispiel mit der U6 bis zum Halleschen Tor fahren und steige dort in die U1 in .... Uhlandstraße um.

● Ah ja, die U1 ist gut. Die hält direkt am Kurfürstendamm.

○ Genau. Oder ich fahre mit der S1 bis zur Yorckstraße. Da würde ich .... und könnte fünf Minuten später mit dem Bus M19 in Richtung Grunewald ....

● An Ihrer .... würde ich mit der U-Bahn fahren. Da funktioniert das Umsteigen meistens am besten.

○ Gut. Dann nehme ich die U-Bahn. Vielen Dank, Herr Flinck. Ich freue mich auf unser .... morgen um 09.00 Uhr.

● Gerne. Bis morgen, Frau Costic.

2 Spielen Sie das Telefongespräch zu zweit. Spielen Sie mit unterschiedlichen Rollen und Wegen. Ergänzen Sie die grauen Stellen mit passenden Namen und Informationen.

PORTRÄT

HELFER IN DER NOT

Vor 125 Jahren eröffnete in Berlin die erste Bahnhofsmission der Welt. Seitdem beweisen die Stationen immer wieder ein Gespür dafür, wer sie gerade besonders braucht.

Heute, 125 Jahre nach der Gründung, helfen die ehren- und hauptamtlichen Mitarbeiter und Mitarbeiterinnen an mehr als 100 Bahnhöfen beim Umsteigen, sie betreuen alleinreisende Kinder, versorgen Wohnungslose mit Zahnpasta und Kaffee oder führen Gespräche. Auf rund vier Millionen gute Taten kommen die Helfer und Helferinnen in den blauen Westen jährlich. Vor allem in den Großstädten suchen heute immer mehr Wohnungslose und sozial Benachteiligte ihre Hilfe. Die Missionen müssen schnell reagieren und sich anpassen. „Jede Bahnhofsmission ist einzigartig, jede von ihnen setzt besondere Akzente", sagt Gisela Sauter-Ackermann, Bundesgeschäftsführerin des Dachverbandes der Bahnhofsmissionen. So sorgt die Düsseldorfer Mission mit Spaziergängen für den Austausch zwischen ihren Schützlingen und Anwohnern. In Neumünster liegt ein Fokus auf der Betreuung von Schulkindern, die mit dem Zug pendeln. In Oldenburg können junge Erwachsene ohne Wohnung ihre Post an die Bahnhofsmission schicken lassen. Denn wer staatliche Unterstützung beantragen will, braucht eine Adresse. „Manche von ihnen fühlen sich seit langer Zeit wieder ernst genommen", so Sauter-Ackermann.

Deutschlandweit engagieren sich fast 2000 Ehrenamtliche in den Einrichtungen, die Deutsche Bahn stellt die Räume in den Bahnhöfen mietfrei zur Verfügung.

Heute gehört es auch dazu, dass die Missionen digitaler werden. In mehr als 20 von ihnen nutzen Helfer und Helferinnen inzwischen einen Dolmetscherservice. Auf Tablets können sie Übersetzer anrufen, die per Video in mehr als 50 Sprachen weiterhelfen. Die Mitarbeiter verstehen so die Probleme ihrer Gäste besser und vermitteln sie bei Bedarf an Hilfssysteme, sagt Tobias Geiger, Geschäftsführer der Deutschen Bahn Stiftung. In 125 Jahren hat sich die Bahnhofsmission zu einem flexiblen sozialen System entwickelt, das wächst: In Dresden und Erfurt werden neue Missionen eröffnet.

1 a Lesen Sie den Text über die Bahnhofsmission und ergänzen Sie die Informationen zu den Zahlen.

125 ....
100 ....
2000 ....
20 ....
50 ....

b Welche Aufgaben hat die Bahnhofsmission?

c Gibt es in Ihrem Land auch eine ähnliche Organisation? Erzählen Sie.

2 Sammeln Sie Informationen über Institutionen und Persönlichkeiten aus dem In- und Ausland, die für das Thema *Unterwegs* interessant sind, und stellen Sie sie vor.

S03 Beispiele aus dem deutschsprachigen Bereich: Elly Beinhorn • Alexander von Humboldt • Tobias Streitferdt • GEO Reisen

3

UMWELTFREUNDLICH REISEN

1 Was haben die Fotos und die Ausdrücke mit dem Thema *Umweltfreundlich reisen* zu tun? Sprechen Sie im Kurs.

Entfernung des Urlaubsortes • Massentourismus • Wahl des Verkehrsmittels • Aktivitäten im Urlaub • Ökologie • Wirtschaft • Soziales • Politik • Respekt

2 a Professor Roland Conrady spricht im Film von drei Faktoren, die für umweltfreundliches Reisen besonders wichtig sind. Sehen Sie Szene 1 und notieren Sie Informationen zu den Faktoren. Vergleichen Sie dann im Kurs.

03.1

A Ökologie ....
B Soziales ....
C Wirtschaft ....

03.1 **b** Lesen Sie die Aussagen und entscheiden Sie: richtig oder falsch? Sehen Sie dann Szene 1 noch einmal zur Kontrolle. Korrigieren Sie die falschen Aussagen zu zweit.

1. Ein Auto stößt 25 % weniger CO_2 aus als ein Flugzeug.	richtig	falsch
2. Die Bahn hat einen höheren CO_2-Ausstoß als der Bus.	richtig	falsch
3. Wegen der modernen Technik sind Flüge übers Wochenende nach New York unproblematisch.	richtig	falsch
4. Venedig lebt schon lange gut mit dem Massentourismus.	richtig	falsch
5. Man sollte Urlaubsziele auswählen, die nicht überlaufen sind.	richtig	falsch

3 a Umweltfreundlich reisen – Wo und wie bekommt man Tipps und Informationen? Sehen Sie Szene 2 und sammeln Sie. Was war neu für Sie? Sprechen Sie zu zweit.

03.2

b Sehen Sie Szene 2 noch einmal. Was ist charakteristisch für ein Biohotel, was für ein Klimahotel? Wie unterscheiden sie sich? Arbeiten Sie zu zweit.

03.2

4 Wie ist es in Ihrem Land? – Sprechen Sie im Kurs über die folgenden Themen.

die aktuelle Situation der Reisebranche • Rolle von umweltfreundlichen Reisen • umweltfreundliche Reiseangebote • Reiseverhalten der Menschen

50   B1.1+ › 50

GRAMMATIK IM BLICK

Plural der Nomen

Nomen	Pluralendung	
1. • maskuline und neutrale Nomen auf -en/-er/-el • neutrale Nomen auf -chen	(¨)-	der Garten – die Gärten der Koffer – die Koffer das Mädchen – die Mädchen
2. • fast alle femininen Nomen (ca. 96 %), auch Nomen auf -ung, -heit, -keit • maskuline Nomen auf -or • maskuline Nomen der n-Deklination	-(e)n	die Ware – die Waren die Erinnerung – die Erinnerungen der Professor – die Professoren der Mensch – die Menschen
3. • die meisten maskulinen (ca. 70 %) und einige neutrale Nomen	(¨)-e	der Grund – die Gründe das Flugzeug – die Flugzeuge
4. • viele einsilbige neutrale Nomen	(¨)-er	das Schild – die Schilder das Land – die Länder
5. • viele Wörter aus anderen Sprachen • Abkürzungen (PC, Lkw, …) • Nomen mit -a/-i/-o/-u (Auto, Pulli, …)	-s	der Fan – die Fans der Pkw – die Pkws das Taxi – die Taxis

Trennbare und untrennbare Verben

G 01

Präfix	Beispiele	Wortakzent
trennbar ab-, an-, auf-, aus-, bei-, dar-, ein-, fest-, fort-, her-, herum-, hin-, los-, mit-, nach-, rein-, teil-, vor-, vorbei-, weg-, weiter-, zu-	**ab**holen, **an**rufen, **auf**räumen, sich **aus**ruhen, **bei**bringen, **dar**stellen, **ein**kaufen, **fest**stellen, **fort**setzen, **her**kommen, **herum**fahren, **hin**fallen, **los**fahren, **mit**nehmen, **nach**denken, **rein**kommen, **teil**nehmen, **vor**stellen, **vorbei**kommen, **weg**fahren, **weiter**fahren, **zu**hören	Das Präfix wird betont.
untrennbar be-, emp-, ent-, er-, ge-, miss-, ver-, zer-	**be**suchen, **emp**finden, sich **ent**scheiden, **er**zählen, **ge**fallen, **miss**fallen, **ver**missen, **zer**reißen	Das Präfix wird nicht betont, sondern der Wortstamm.

	trennbare Verben Beispiel *einkaufen*	untrennbare Verben Beispiel *erzählen*
Aussage	Ich **kaufe** oft in anderen Städten **ein**.	Ich **erzähle** dir gern von meiner Reise.
Imperativ	**Kauf** bitte alles **ein**!	**Erzähl** doch mal!
zu + Infinitiv	Vergiss nicht, **ein**zu**kaufen**!	Hast du Zeit, mir alles zu **erzählen**?
Nebensatz	Denk dran, dass du heute **einkaufst**.	Du hast versprochen, dass du uns alles **erzählst**.
Perfekt	Hast du **ein**ge**kauft**?	Ich habe von der Reise **erzählt**.
Präteritum	Früher **kaufte** sie immer am Flughafen **ein**.	Sie **erzählte** von ihrem Heimweh.

B1+ › 51

51

4 WIE WIR WOHNEN …

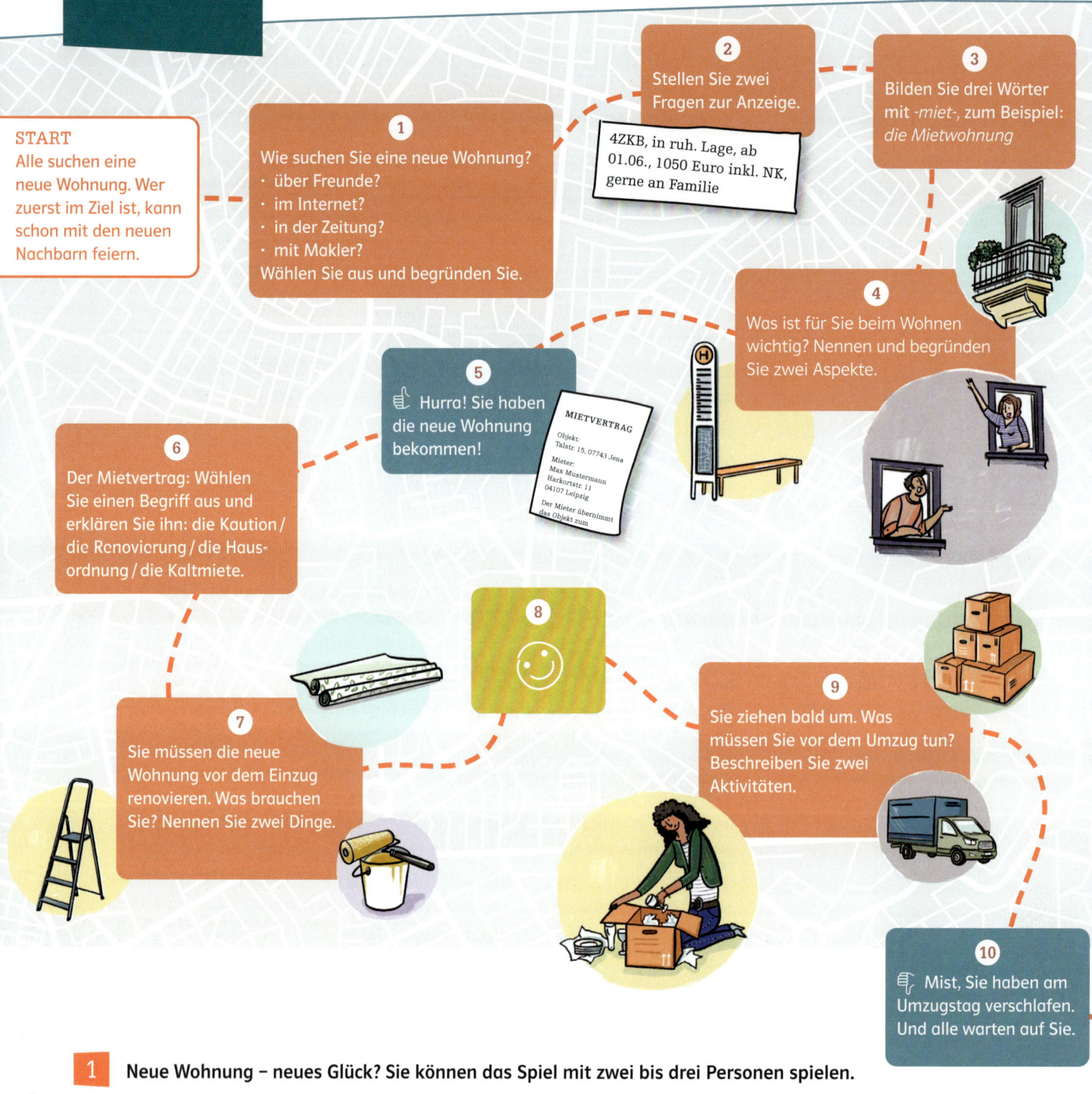

START
Alle suchen eine neue Wohnung. Wer zuerst im Ziel ist, kann schon mit den neuen Nachbarn feiern.

1 Wie suchen Sie eine neue Wohnung?
- über Freunde?
- im Internet?
- in der Zeitung?
- mit Makler?

Wählen Sie aus und begründen Sie.

2 Stellen Sie zwei Fragen zur Anzeige.

4ZKB, in ruh. Lage, ab 01.06., 1050 Euro inkl. NK, gerne an Familie

3 Bilden Sie drei Wörter mit -miet-, zum Beispiel: die Mietwohnung

4 Was ist für Sie beim Wohnen wichtig? Nennen und begründen Sie zwei Aspekte.

5 👍 Hurra! Sie haben die neue Wohnung bekommen!

MIETVERTRAG
Objekt: Talstr. 15, 07743 Jena
Mieter: Max Mustermann
Harkortstr. 11
04107 Leipzig
Der Mieter übernimmt das Objekt zum

6 Der Mietvertrag: Wählen Sie einen Begriff aus und erklären Sie ihn: die Kaution / die Renovierung / die Hausordnung / die Kaltmiete.

7 Sie müssen die neue Wohnung vor dem Einzug renovieren. Was brauchen Sie? Nennen Sie zwei Dinge.

8 🙂

9 Sie ziehen bald um. Was müssen Sie vor dem Umzug tun? Beschreiben Sie zwei Aktivitäten.

10 👎 Mist, Sie haben am Umzugstag verschlafen. Und alle warten auf Sie.

---

1 **Neue Wohnung – neues Glück?** Sie können das Spiel mit zwei bis drei Personen spielen.

📖 Anleitung
Sie brauchen einen Würfel und für jede Person eine Spielfigur (Münze, Radiergummi, …).
Es gibt drei verschiedene Spielfelder:

- 🟧 Hier gibt es Aufgaben, die Sie lösen. Die anderen Spielerinnen oder Spieler entscheiden, ob Ihre Lösung korrekt ist. Richtig = Sie bleiben auf dem Feld, falsch = Sie gehen ein Feld zurück.
- 🟨 Sie dürfen ein Feld weitergehen.
- 🟦 Hier gibt es positive und negative Ereignisse: positiv 👍 = Sie gehen 2 Felder weiter, negativ 👎 = Sie gehen 2 Felder zurück.

Ü1–4

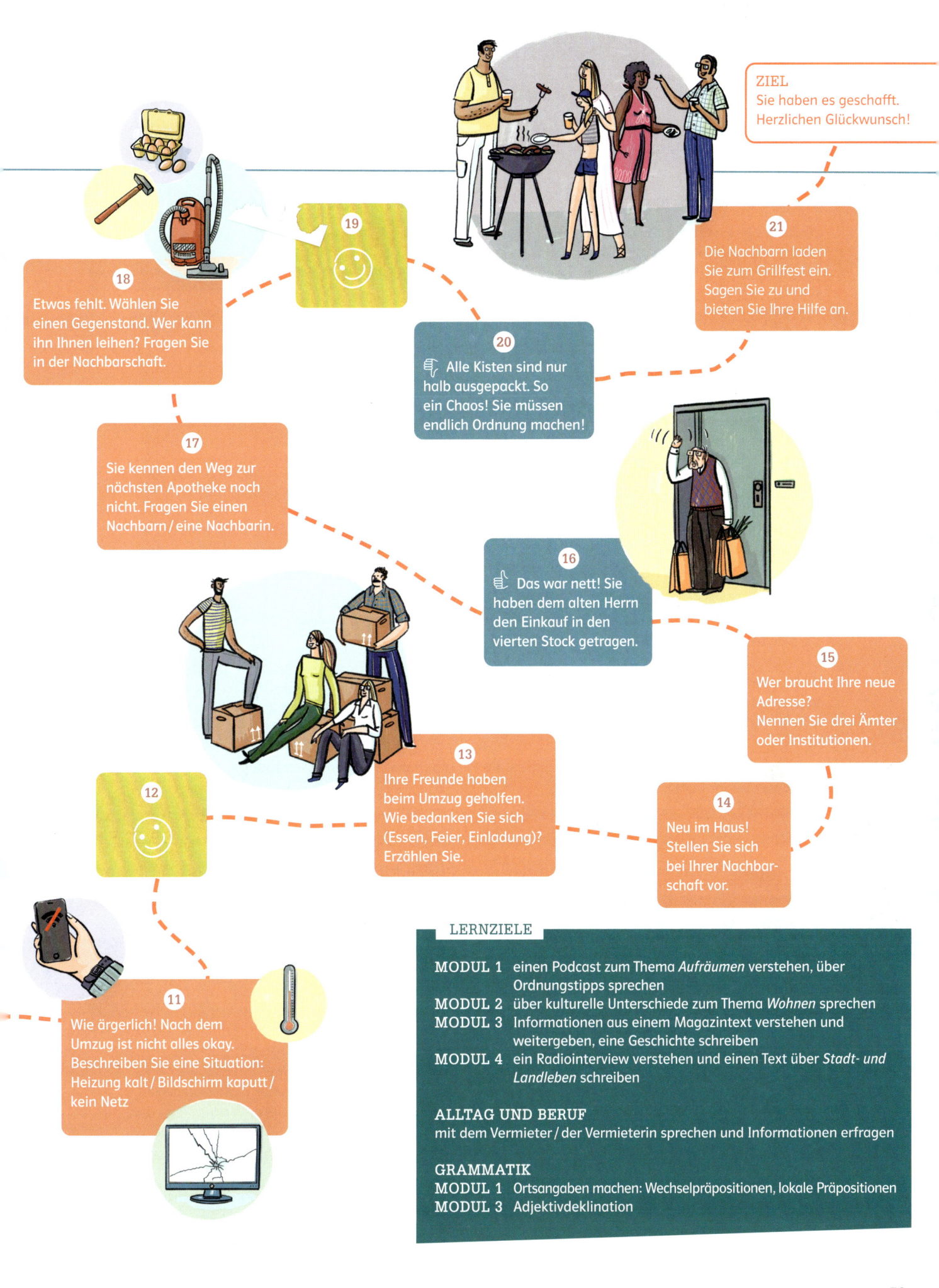

ZIEL
Sie haben es geschafft.
Herzlichen Glückwunsch!

21 Die Nachbarn laden Sie zum Grillfest ein. Sagen Sie zu und bieten Sie Ihre Hilfe an.

20 👎 Alle Kisten sind nur halb ausgepackt. So ein Chaos! Sie müssen endlich Ordnung machen!

19 🙂

18 Etwas fehlt. Wählen Sie einen Gegenstand. Wer kann ihn Ihnen leihen? Fragen Sie in der Nachbarschaft.

17 Sie kennen den Weg zur nächsten Apotheke noch nicht. Fragen Sie einen Nachbarn / eine Nachbarin.

16 👍 Das war nett! Sie haben dem alten Herrn den Einkauf in den vierten Stock getragen.

15 Wer braucht Ihre neue Adresse? Nennen Sie drei Ämter oder Institutionen.

14 Neu im Haus! Stellen Sie sich bei Ihrer Nachbarschaft vor.

13 Ihre Freunde haben beim Umzug geholfen. Wie bedanken Sie sich (Essen, Feier, Einladung)? Erzählen Sie.

12 🙂

11 Wie ärgerlich! Nach dem Umzug ist nicht alles okay. Beschreiben Sie eine Situation: Heizung kalt / Bildschirm kaputt / kein Netz

---

LERNZIELE

MODUL 1 einen Podcast zum Thema *Aufräumen* verstehen, über Ordnungstipps sprechen
MODUL 2 über kulturelle Unterschiede zum Thema *Wohnen* sprechen
MODUL 3 Informationen aus einem Magazintext verstehen und weitergeben, eine Geschichte schreiben
MODUL 4 ein Radiointerview verstehen und einen Text über *Stadt- und Landleben* schreiben

ALLTAG UND BERUF
mit dem Vermieter / der Vermieterin sprechen und Informationen erfragen

GRAMMATIK
MODUL 1 Ortsangaben machen: Wechselpräpositionen, lokale Präpositionen
MODUL 3 Adjektivdeklination

ORDNUNG IST DAS HALBE LEBEN

1 a Lesen Sie die Aussagen. Was bedeuten sie? Sprechen Sie im Kurs. Welcher Aussage stimmen Sie zu?

Ordnung ist das halbe Leben.
Ordnung machen ist nicht schwer, Ordnung halten aber sehr.
Ordnung braucht nur der Dumme, das Genie beherrscht das Chaos.
Wer Ordnung hält, ist nur zu faul zu suchen.

> **SPRACHE IM ALLTAG**
>
> **Unordnung**
> Was ist das für ein Tohuwabohu!
> Das sieht aus wie Kraut und Rüben.
> Hier sieht es aus wie bei Hempels unterm Sofa.
> So ein Kuddelmuddel!

b Sprechen Sie zu zweit über die folgenden Fragen.

1. Sind Sie ein ordentlicher Mensch?
2. Wie viel Zeit brauchen Sie, um Ordnung zu schaffen?
3. Wann haben Sie zuletzt Sachen aussortiert, die Sie nicht mehr brauchen?

2 a Hören Sie den ersten Teil des Podcasts zum Thema *Aufräumen*. Ergänzen Sie die Sätze und vergleichen Sie im Kurs.

1. Vera ist … von Beruf.
2. Sie ist zu diesem Beruf gekommen, weil …
3. Die zwei wichtigsten Gründe für unordentliche Wohnungen sind: a) … oder … und b) …

b Hören Sie den zweiten Teil. Welche sechs Tipps zum Aufräumen gibt Vera? Machen Sie Notizen. Vergleichen Sie Ihre Ergebnisse zu dritt. Welche Tipps finden Sie gut?

c Denken Sie an Ihr Zimmer oder Ihre Wohnung. Was würden Sie aussortieren, was nicht? Begründen Sie.

> Ich habe noch alle meine Bücher aus der Schule, die ich nicht mehr brauche …

3 a Lesen Sie die Forumsbeiträge. Wie fanden die Personen den Podcast? Was fanden sie gut, was nicht? Sprechen Sie im Kurs.

Für mich war der Podcast eine große Hilfe. Ich fand den Tipp, mit den größeren Sachen anzufangen, richtig gut. Bei uns im Wohnzimmer waren das die Spielsachen der Kinder, die überall herumlagen: unter dem Teppich, vor dem Schrank, unter dem Sessel, auf der Couch zwischen den Kissen, überall. Dazu kamen Dinge, die wir am Vorabend nach dem Fernsehen nicht weggeräumt haben, z.B. Gläser oder auch Essensreste. All diese Dinge habe ich als Erstes an ihren richtigen Platz geräumt und schon sah die Wohnung ganz anders aus. *Sara, 38*

Die Sendung war auf alle Fälle interessant. Besonders den Tipp mit dem Drei-Kisten-System fand ich nützlich. Allerdings hat etwas Wichtiges gefehlt. Bei den Tipps zum Aufräumen sollte es auch um Ordnung außerhalb der Wohnung gehen. Viele Menschen sortieren Dinge aus, tragen die Kartons aus ihrer Wohnung zu den Mülltonnen und stellen sie dort einfach ab. Das geht natürlich überhaupt nicht. Wir machen bei uns im Wohnhaus zweimal im Jahr eine große Aufräumaktion. Da gehen wir auch mal um das Haus und die Gehwege entlang und säubern alles. Auch beim Gang durch den Innenhof sind wir überrascht, was da so alles abgestellt wird. Wenn dann alles sauber ist, ist der Blick von den Balkonen umso schöner. *Tobias, 28*

MODUL 1

G 02   **b Ortsangaben machen: Wechselpräpositionen – Ergänzen Sie die Regel und die fehlenden Wechselpräpositionen im Grammatikkasten. Der erste Beitrag in 3a hilft.**

GRAMMATIK

Wechselpräpositionen

Wohin?
Präposition
+ ....

Wo
Präposition
+ ....

Sie legt die Sachen **in den** Schrank.

Die Sachen liegen **im** Schrank.

Die lokalen Präpositionen *hinter, neben, über,* ....
werden mit Dativ oder Akkusativ verwendet. Man nennt sie Wechselpräpositionen.

2.04   **c Flüssig sprechen – Aufräumen. Hören Sie das Beispiel und spielen Sie Dialoge. Beginnen Sie abwechselnd.**

1. die Gläser • hast gestellt • Schrank
2. das Kissen • hast gelegt • Sofa
3. die Blumen • hast gestellt • Fenster
4. die Spielsachen • hast gebracht • Kinderzimmer
5. die Bücher • hast gestellt • Regal

Ü3   6. die alten Zeitungen • hast geworfen • Papiertonne

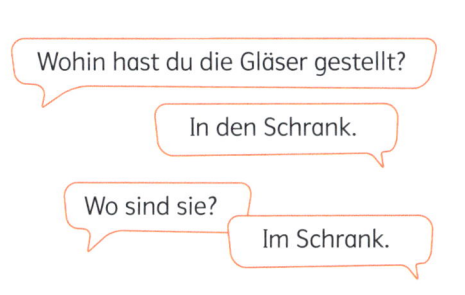

Wohin hast du die Gläser gestellt?
In den Schrank.
Wo sind sie?
Im Schrank.

4 a Ortsangaben machen: lokale Präpositionen mit festem Kasus – Ordnen Sie die markierten Präpositionen aus dem zweiten Beitrag in Aufgabe 3a in die Tabelle.

GRAMMATIK

Lokale Präpositionen mit festem Kasus

mit Akkusativ	bis, gegen, um … herum, ... *
mit Dativ	ab, gegenüber (von), nach, von … aus, ...
mit Genitiv	innerhalb, ...

* *entlang*: meistens nach dem Nomen und mit Akkusativ

b Würfelspiel – Arbeiten Sie zu zweit. Person A würfelt eine Zahl und formuliert einen Satz wie im Beispiel. Dann würfelt B.

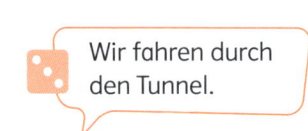

Wir fahren durch den Tunnel.

Person A:
- ⚀ aus (kommen)
- ⚁ gegenüber (stehen)
- ⚂ zu (gehen)
- ⚃ um (…herum) (laufen)
- ⚄ durch (fahren)
- ⚅ außerhalb (sich befinden)

Person B:
- ⚀ nach (fliegen)
- ⚁ innerhalb (sich befinden)
- ⚂ bei (wohnen)
- ⚃ gegen (fahren)
- ⚄ um (gehen)
- ⚅ von (…aus) (sehen)

Ü 4 – 5

4 über kulturelle Unterschiede zum Thema Wohnen sprechen

HEREINSPAZIERT!

1 a Sprechen Sie im Kurs über folgende Fragen: Wie haben Sie oder Freunde eine Wohnung gefunden? Was machen Sie gerne bei sich zu Hause? Welche Dinge sind Ihnen in einer Wohnung besonders wichtig?

b Arbeiten Sie zu zweit. Lesen Sie die Texte und sehen Sie die Grafik an. Notieren Sie gemeinsam fünf Informationen, die Sie am wichtigsten finden.

Wie wohnen die Deutschen?

Die meisten Deutschen wohnen in Mehrfamilienhäusern. Etwa ein Viertel wohnt in größeren Wohnblocks oder Hochhäusern, ein Drittel in Einfamilienhäusern. Im Durchschnitt lebt jeder Einwohner auf 44,6 Quadratmeter Wohnraum. Auffallend ist, dass 54 % der Menschen zur Miete wohnen und nur 46 % ein eigenes Haus oder eine eigene Wohnung besitzen. Im europäischen Vergleich wohnen in Deutschland die meisten Mieterinnen und Mieter. Die Mietkosten betragen je nach Region ein Viertel bis ein Drittel des monatlichen Einkommens – Tendenz steigend. In beliebten Städten wie Hamburg, München oder Frankfurt sind die Preise um ein Vielfaches höher als in abgelegenen Regionen.

DEUTSCHE SIND HEIMWERKER

Deutschland ist das Land der Heimwerker. Dies zeigt eine Online-Umfrage, nach der ein Drittel der Deutschen häufig handwerklich tätig ist. Die Motivation ist unterschiedlich: Kostenersparnis (68 %), handwerkliches Geschick (50 %) oder Entspannung und Hobby (33 %). Die Fertigstellung von Projekten scheitert allerdings oft am unterschätzten Zeitaufwand (48 %) und an zu hohen Materialkosten (21 %). Die meisten unvollendeten Projekte kann man in Deutschlands Gärten und auf Terrassen oder Balkonen finden.

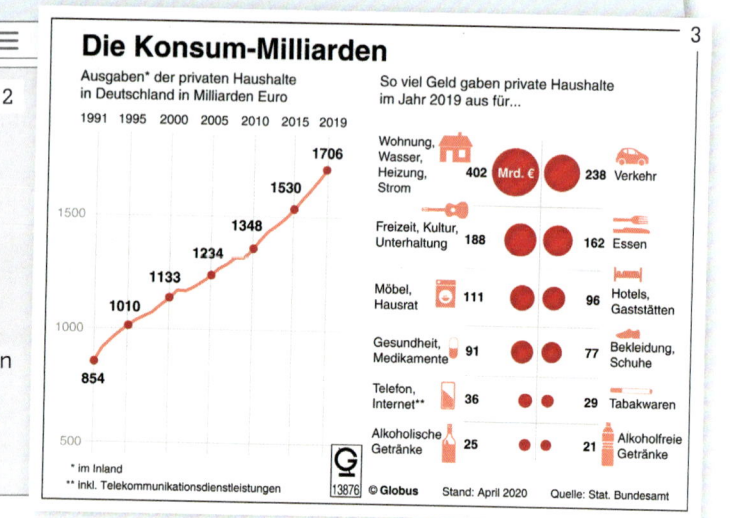

Die Konsum-Milliarden

Ausgaben* der privaten Haushalte in Deutschland in Milliarden Euro
1991: 854
1995: 1010
2000: 1133
2005: 1234
2010: 1348
2015: 1530
2019: 1706

So viel Geld gaben private Haushalte im Jahr 2019 aus für...
- Wohnung, Wasser, Heizung, Strom: 402 Mrd. €
- Verkehr: 238
- Freizeit, Kultur, Unterhaltung: 188
- Essen: 162
- Möbel, Hausrat: 111
- Hotels, Gaststätten: 96
- Gesundheit, Medikamente: 91
- Bekleidung, Schuhe: 77
- Telefon, Internet**: 36
- Tabakwaren: 29
- Alkoholische Getränke: 25
- Alkoholfreie Getränke: 21

* im Inland
** inkl. Telekommunikationsdienstleistungen
© Globus 13876 Stand: April 2020 Quelle: Stat. Bundesamt

c Arbeiten Sie weiter zu zweit. Sehen Sie die beiden Anzeigen an und beantworten Sie die Fragen.

1. An wen richten sich die Anzeigen und warum?
2. Welche Informationen zu den Themen *Wohnungssuche* und *Wohnungseinrichtung* können Sie erschließen?

WO IST UNSERE NEUE WOHNUNG?

Hallo, ich soll endlich eine neue Wohnung für uns finden. Wir, das sind eine junge Tierärztin und ein IT-Spezialist, beide in festen Arbeitsverhältnissen, ein Baby und natürlich ich, ein gut erzogener und braver Vierbeiner. Wir suchen dringend eine 3-4-Zimmerwohnung in ruhiger, aber zentraler Lage, gerne mit Balkon oder Garten.

Haben Sie den Schlüssel für unser neues Zuhause? Rufen Sie uns bitte an! 0151 / 1234567

DER FRÜHLING IST DA!
Lassen Sie sich von unserer aktuellen Auswahl an passenden Dekorationsartikeln für Ihr Zuhause bezaubern.

d Sprechen Sie mit einem anderen Paar. Haben Sie in den Texten in 1b und c ähnliche oder ganz andere Informationen gefunden als in Ihrem Gespräch in 1a?

Ü1–2

MODUL 2

A B C D

2 a Sehen Sie die Bilder an. Was fällt Ihnen auf? Was finden Sie normal, was überrascht Sie? Notieren Sie: Was ist bei Ihnen ähnlich, was ist anders?

b [MEDIATION] Arbeiten Sie in Gruppen. Sprechen Sie über Ähnlichkeiten und Unterschiede.

Ähnlichkeiten beschreiben	auf Unterschiede eingehen	auf Aussagen reagieren und nachfragen
• … ist für mich / bei uns ganz normal.	• Ich bin überrascht, dass …	• Das ist ja interessant. Bei uns ist das ähnlich/anders.
• Bei uns haben / sind auch viele …	• Für mich ist neu, dass …	• Ist es bei euch auch so, dass …?
• Das kenne ich auch, dass …	• Bei uns ist es nicht üblich, dass …	• Habe ich das richtig verstanden, dass …?
• Ich bin / Wir sind es auch gewohnt, …	• Ich wundere mich darüber, dass …	• Wie kann ich mir das genau vorstellen?
• Für uns / Für mich ist es auch normal, wenn/dass …	• Ich würde wahrscheinlich nicht / nie …	• Kannst du ein Beispiel nennen?
	• Das ist ganz anders als bei uns.	

Ü 3

3 [MEDIATION] Sie besuchen zum ersten Mal Bekannte in Deutschland. Bearbeiten Sie die Schritte a bis b.

a Welche Situationen können Sie einfach thematisieren, bei welchen sind Sie unsicher? Warum? Sprechen Sie zu zweit.

- Sie wissen nicht, ob Sie die Schuhe ausziehen sollen.
- Sie haben Angst vor dem Hund.
- Sie müssen auf die Toilette.
- Sie möchten gerne die Wohnung ansehen.

R 02 **b** Arbeiten Sie weiter zu zweit. Wählen Sie passende Ausdrücke und spielen Sie Dialoge zu den Situationen in 3a.

Schuhe ausziehen / anlassen • die Wohnung zeigen / ansehen • sich nicht mit Hunden auskennen / den Hund bitte wegnehmen / brav sein • auf die Toilette gehen

Ist es in Ordnung, wenn ich …?

Ich wollte fragen, ob …

Ich würde gerne …

Könnten Sie / Könnte ich …?

[STRATEGIE]

über (kulturelle) Unterschiede sprechen
Sie wissen nicht, was erwartet wird?
→ Fragen Sie, was Sie tun sollen.
Sie finden etwas irritierend oder seltsam?
→ Fragen Sie nach, ob Sie es richtig verstanden haben. Erzählen Sie auch, wie es bei Ihnen ist.

Ü 4

B1.1+ ▸ 57

57

4 Informationen in einem Magazintext verstehen und weitergeben · eine Geschichte schreiben

WENN ALLE SCHLAFEN …

1 a Wann waren Sie zum letzten Mal mitten in der Nacht in der Stadt unterwegs? Wo waren Sie? Welchen Berufen sind Sie begegnet? Erzählen und sammeln Sie in Gruppen.

> Am Wochenende waren wir auf einer Party. Um 2 Uhr …

> Ich jobbe als Taxifahrer. Darum bin ich oft …

> Meine Freundin hatte hohes Fieber. Deshalb bin ich zur Apotheke …

2.05

SPRACHE IM ALLTAG

Nacht
Nachts sind alle Katzen grau.
Du machst die Nacht zum Tag.
Das ist ein Unterschied wie Tag und Nacht.
Er ist bei Nacht und Nebel verschwunden.

b Nachtaktiv – Lesen Sie die Texte in einem Magazin und ergänzen Sie die Tabelle.

Wer?	Was?	Wozu?	Wie findet die Person die Arbeit?
S. Schöne	kontrolliert …		

Ü1

Nachtaktiv für ein sicheres Zuhause

In der Nacht scheint die ganze Stadt zu schlafen. In den dunklen Straßen wird es ruhig, in den Wohnungen gehen die Lichter aus. Zeit, um sich in ein gemütliches Bett zu kuscheln. Aber die Stadt schläft nie. Überall arbeiten Menschen, die uns sicher durch die Nacht bringen.

Saskia Schöne beginnt bei den Stadtwerken um 21.30 Uhr. Sie sitzt vor verschiedenen Monitoren und kontrolliert, ob der Strom auch richtig fließt. Manchmal hat eine von den vielen Leitungen in einem Stadtteil einen Schaden. Dann schaltet Saskia Schöne schnell auf ein neues Netz. Wir zu Hause merken das gar nicht. Die notwendigen Änderungen im Netz dauern weniger als eine Sekunde. Nur selten gibt es eine große Störung, bei der eine Straße für lange Zeit keinen Strom hat und die Menschen im Dunkeln sitzen müssen. „Ich finde, dass ich einen spannenden Job habe", sagt Saskia Schöne. „Die Arbeit in der Nacht ist für mich ab und zu okay. Meistens habe ich aber ganz normale Arbeitszeiten."

Saskia Schöne, Elektroingenieurin

Lukas Roth, Busfahrer

Wer nicht in der Stadt wohnt und trotzdem lange feiern möchte, der ist bei Lukas Roth richtig. Er fährt den beliebten Bus N40, den es erst seit kurzer Zeit gibt und der zwischen 1.00 Uhr und 6.30 Uhr die müden Fahrgäste aus dem Zentrum an den Stadtrand bringt. Und wie findet Herr Roth das neue Angebot? „So kann man auch einmal sein Auto zu Hause stehen lassen. Viele Kunden sind froh über die neuen Nachtbusse. Den Nachtbus nutzen eigentlich alle Leute, Jugendliche, aber auch alte Menschen. In meinem Bus haben die Gäste meistens gute Laune und reden und lachen gerne. Ich habe bisher nur positive Erfahrungen gemacht."

Und schon wieder klingelt das Telefon bei Stefan Kampmann. Jemand hat den Notruf 112 bei der Feuerwehr gewählt. Bei Notfällen schickt Kampmann sofort Hilfe. Krankenwagen und Feuerwehr haben 24 Stunden Dienst. Wenn es aber dunkel ist, dann melden sich andere Menschen als am Tag, sagt Kampmann: „In der Nacht rufen sogar ab und zu Personen an, die keinen echten Notfall melden wollen. Das sind manchmal verzweifelte oder einsame Menschen. Die brauchen eine kompetente Person, die ihnen weiterhilft und sich auch kleine Sorgen anhört. Wenn es möglich ist, leite ich sie an die Telefonseelsorge weiter." Oder es rufen Personen an, die eine offene Apotheke oder einen Handwerker mit Notdienst suchen. Hierfür hat Stefan Kampmann kein Verständnis, denn die Leitung muss auch mitten in der Nacht frei bleiben. Wer die 112 mit unwichtigen Fragen blockiert, kann sich sogar strafbar machen.

Stefan Kampmann, Feuerwehrmann

MODUL 3

c [MEDIATION] Schließen Sie die Bücher. Arbeiten Sie zu dritt und wählen Sie je eine Person aus 1b. Fassen Sie mithilfe Ihrer Notizen die wichtigsten Informationen zu Ihrer Person zusammen. Die anderen in der Gruppe vergleichen mit ihren eigenen Notizen und ergänzen.

d Welche Berufe finden Sie am wichtigsten, damit eine Stadt auch nachts funktioniert? Sprechen Sie in Ihrer Gruppe und begründen Sie.

2 a Deklination der Adjektive – Arbeiten Sie weiter zu dritt. Lesen Sie Ihren Text aus 1b noch einmal und markieren Sie alle Nomen mit Adjektiven.

b Ordnen Sie alle markierten Adjektive mit Nomen in eine Tabelle.

GRAMMATIK

Adjektivdeklination
Adjektive müssen dekliniert werden, wenn sie vor einem Nomen stehen. Für die Deklination sind Genus (maskulin, neutrum, feminin), Kasus (Nom., Akk., Dat., Gen.) und Singular / Plural wichtig.
Es gibt diese drei Typen:

	Typ I: mit bestimmtem Artikel	Typ II: mit unbestimmtem Artikel	Typ III: ohne Artikel
Singular	die ganz**e** Stadt	ein sicher**es** Zuhause ein gemütlich**es** Bett	gut**e** Laune
Plural	den dunkl**en** Straßen	positiv**e** Erfahrungen	

c Erstellen Sie in drei Gruppen Lernplakate mit den Adjektivendungen. Jede Gruppe stellt einen Typ im Singular und Plural vor.

[STRATEGIE]

mit Lernplakaten lernen
Mit Zeichen, Farben und Symbolen kann man komplexe Themen vereinfachen und hervorheben. Hängen Sie Lernplakate gut sichtbar auf. Das hilft beim korrekten Sprechen und Schreiben.

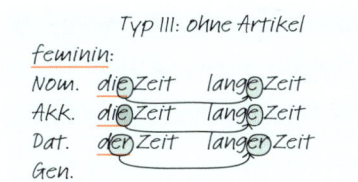

d Hören Sie die Sätze und sprechen Sie nach.

1. … Arzt. • … guter Arzt. • … ein guter Arzt. •
   … ist ein guter Arzt. • Mein Freund ist ein guter Arzt.
2. Frau Müller hat wieder einen langen Nachtdienst.
3. Nach Mitternacht habe ich oft Lust auf ein warmes Essen.
4. Die Nummer 112 bietet schnelle Hilfe an.

Typ III: ohne Artikel
feminin:
Nom. die Zeit   lange Zeit
Akk. die Zeit   lange Zeit
Dat. der Zeit   langer Zeit
Gen.

e Flüssig sprechen – Mit welchen Berufen hatten Sie in letzter Zeit Kontakt? Wie waren diese Menschen? Sprechen Sie wie im Beispiel.

fahren mit + Dat. • bedienen + Akk. •
untersuchen + Akk. • sprechen mit + Dat. •
treffen + Akk. • schimpfen über + Akk. •

freundlich • streng •
aufmerksam • müde •
gelangweilt • lustig •
gestresst • …

Busfahrerin • Taxifahrer •
Kellner • Ärztin •
Krankenpfleger • Polizistin •
Apothekerin • Verkäufer • …

Ich bin mit einem freundlichen Taxifahrer gefahren.

Mit einem freundlichen Taxifahrer? Glück gehabt! Gestern …

3 Wenn alle schlafen … – Was würde passieren, wenn nachts niemand mehr arbeiten würde? Lesen Sie den Anfang und schreiben Sie die Geschichte weiter. Vergleichen Sie Ihre Ideen im Kurs.

Es ist Nacht. Niemand arbeitet, wirklich niemand. …

AUF DEM LAND

1 Wie und wo möchten Sie leben? Was ist für Sie wichtig? Sprechen Sie in Gruppen.

die Nachbarschaft   das Kulturangebot   der Platz
die Betreuungsmöglichkeiten für Kinder   die Arbeitsmöglichkeiten
die Vereine   die Anonymität
die Einkaufsmöglichkeiten   die Ruhe
das Sportangebot   die Natur   das Bildungsangebot
die Infrastruktur

Alpenvorland

Frankfurt am Main

2 a Was bedeuten die Ausdrücke? Ordnen Sie zu.

1. ein Comeback erleben
2. sich etwas leisten können
3. händeringend suchen
4. einen Ort einfach erreichen
5. ausgestorben und verlassen
6. lebendig

A voller Leben
B ohne Leben
C genug Geld haben, um etwas zu bezahlen
D wieder modern / beliebt werden
E verzweifelt suchen
F leicht irgendwohin kommen

2.08 **b** Hören Sie ein Interview. In welcher Reihenfolge werden die Themen angesprochen? Nummerieren Sie.

☐ Öffentlicher Verkehr
☐ Medizinische Versorgung
☐ Stadt oder Land – Wo leben die Deutschen?
☐ Lebendige Dörfer
☐ Kosten für Wohnraum
☐ Arbeiten auf dem Land

2.08 **c** [MEDIATION] Arbeiten Sie zu zweit. Jeder wählt drei Themen aus 2b. Hören Sie dann noch einmal und machen Sie Notizen zu Ihren Themen. Berichten Sie sich dann gegenseitig die wichtigsten Informationen.

d Arbeiten Sie weiter zu zweit. Vergleichen Sie Ihre Notizen und formulieren Sie gemeinsam Sätze mit den Informationen aus dem Interview. Vergleichen Sie anschließend im Kurs.

3 a Initiativen auf dem Land – Lesen Sie die beiden Texte und formulieren Sie zu jedem Text drei Fragen. Tauschen Sie mit einem Partner / einer Partnerin und antworten Sie.

DORFLADEN MARIENSEE In vielen Dörfern gibt es keine Geschäfte mehr. Die Bewohnerinnen und Bewohner müssen mit dem Auto weit fahren, um Lebensmittel oder anderes zu kaufen. So war es auch in Mariensee, einem Dorf in der Nähe von Hannover, bis drei Frauen mit viel Engagement den Dorfladen gründeten. Finanziert wurde der Laden durch öffentliche Gelder und durch die Leute aus dem Dorf. Auch beim Bau des Geschäftshauses half das ganze Dorf mit. Heute kann man in dem Laden alles kaufen, was das Herz begehrt. Auch ein Café gibt es neben dem Laden, wo viele Dorfbewohner gern ihre Mittagspause verbringen. So sind Laden und Café zu einem festen Treffpunkt im Dorf geworden. Hier begegnet man sich und tauscht sich aus. Und das ist enorm wichtig für ein lebendiges Dorf.

SCHROTTGALERIE FRIEDEL IN GLONN Glonn ist ein kleiner Ort in Bayern mit ca. 5300 Einwohnern. Seit 1990 existiert die Schrottgalerie Friedel in einer ehemaligen Scheune. Der Gründer der Galerie macht Kunst aus Schrott, also Metallabfall. Die Schrottgalerie war ursprünglich nur eine Galerie, wurde aber schnell zu einem kulturellen Veranstaltungsort. Zweimal pro Woche, jeden Freitag und Samstag geben Musiker und Musikerinnen Konzerte in Glonn. Das Besondere: Der Eintritt ist frei. Für die Musiker wird nach dem Konzert Geld gesammelt. Außerdem veranstaltet die Schrottgalerie viermal pro Jahr Ausstellungen mit den unterschiedlichsten Künstlerinnen und Künstlern. So bietet die Schrottgalerie ein abwechslungsreiches kulturelles Angebot für die Menschen in der Region und ist ein Treffpunkt für Jung und Alt.

b Kennen Sie ähnliche Initiativen? Recherchieren Sie und stellen Sie vor.

4 a Stadt oder Land – Arbeiten Sie zu zweit und bilden Sie zu jedem Redemittel abwechselnd einen Satz, der zum Thema passt. Korrigieren Sie sich gegenseitig.

Vor- und Nachteile nennen
- Ein Vorteil / Nachteil ist …
- Ein weiterer Vorteil / Nachteil ist …
- Positiv / Negativ ist …
- Für / Gegen … spricht …
- Ich finde es wichtig / gut / …, dass

etwas vergleichen / abwägen
- Im Vergleich zu …
- Im Gegensatz zu …
- Einerseits …, andererseits …
- Auf der einen Seite …, auf der anderen Seite ….
- … ist zwar …, aber …
- Außerdem / Trotzdem …

Ü2

b Wählen Sie Thema A *oder* B und schreiben Sie.

A Leben in der Stadt oder auf dem Land? – Beschreiben Sie in einem Text die Vor- und Nachteile.

B Wie ist die Situation bei Ihnen? Wohnen die Leute eher in der Stadt oder auf dem Land? Warum? Was muss sich ändern, damit die Stadt oder das Land attraktiver wird? Schreiben Sie einen Text.

[STRATEGIE]

einen Text sinnvoll aufbauen
- Einleitung: Thema nennen, Wichtigkeit des Themas ausdrücken
- Hauptteil: Argumente, Vor- und Nachteile, Beispiele, die eigene Meinung nennen
- Schluss: zusammenfassender Satz, Fazit, evtl. Ausblick

Ü3

4 mit dem Vermieter/der Vermieterin sprechen und Informationen erfragen

KOMMUNIKATION IN ALLTAG UND BERUF

1 a Hören Sie die Telefongespräche. Welches Gespräch passt zu welcher Anzeige?

Gemütliches **Zimmer** (18 qm) in 4er-WG ab Juni frei – 350 Euro warm, Nähe Uni
Tobi 0177 02927583 **A**

Schönes und **möbliertes Zimmer** im Zentrum zu vermieten! Eigenes Bad! Ab 1.5., Miete: 310 Euro
Nina Kowalski 0758 97532353 **B**

b Was passt wo? Ergänzen Sie und hören Sie das erste Telefongespräch noch einmal zur Kontrolle. Spielen Sie dann den Dialog zu zweit.

Vielen Dank und auf Wiederhören • Wie ist denn die genaue Adresse? • Ist das Zimmer noch frei? • Wie hoch sind die Nebenkosten? • Ist die Miete warm oder kalt? • Wie groß ist das Zimmer? • Wann könnte ich das Zimmer besichtigen? • Wie hoch ist die Kaution?

Guten Tag, mein Name ist Dana Holzmann. Ich rufe wegen Ihrer Anzeige an. (1) ....

> Hallo. Ja, das Zimmer ist noch zu haben.

(2) ....

> 22 Quadratmeter. Es ist ein sehr schönes Zimmer, ruhig und hell. Und die Lage ist wirklich gut. Und die Möbel sind fast neu.

(3) Das klingt gut. ....

> Kalt. Die Nebenkosten kommen noch dazu.

(4) Aha. ....

> 120 Euro.

(5) Okay. Ich hätte noch eine Frage: Muss ich auch eine Kaution zahlen und wenn ja: ....

> Ja, die Kaution beträgt zwei Monatsmieten. Den Betrag bekommen Sie dann zurück, wenn Sie ausziehen.

(6) Alles klar. ....

> Haben Sie heute Nachmittag Zeit? Dann können Sie gern vorbeikommen. 15 Uhr?

(7) Das passt sehr gut. ....

> Viktoriastraße 24. Einfach bei Kowalski klingeln. Dann bis heute Nachmittag.

(8) Ja, bis heute Nachmittag. ....

> Auf Wiederhören.

2 a Arbeiten Sie zu zweit. Schreiben Sie Telefongespräche zu den Anzeigen A, C oder D.

Zimmer in Bestlage zu vermieten
280 Euro – ab 1.9.
Nur an Studierende!
Armin Riedl 0134 29522523 **C**

Günstige **1-Zimmer-Wohnung** am Stadtrand
410 Euro + NK, frei ab 1.7.
Keine Haustiere, nur an Nichtraucher!
Eva Hoffmann 0158-5625385 **D**

b Spielen Sie Ihr Gespräch. Üben Sie so lange, bis Sie den Dialog frei sprechen können.

PORTRÄT

DAS KANN MAN NOCH BRAUCHEN

KULTURSCHIFF VORAUS!

Auf einer alten Eisenbahnbrücke kann man in München seit ein paar Jahren an Bord eines Schiffes gehen und sich dort vergnügen. Seit Sommer 2018 gibt es auf der „Alten Utting" Musik, Drinks, kulinarische Angebote und ein wechselndes Kulturprogramm.

Früher fuhr der alte Raddampfer auf dem Ammersee – heute finden hier 600 Leute Platz, um Essen und Trinken zu genießen und Konzerten im ehemaligen Maschinenraum des Schiffes zu lauschen. Im Anschluss kann man an der Bar im ehemaligen Kapitänsstand etwas trinken und den Blick auf die Stadt genießen. Im Jahr 2017 wurde das 144 Tonnen schwere Schiff nach München transportiert. Es hat 18 Monate gedauert, bis der Dampfer fertig umgebaut war und alle Genehmigungen vorlagen.

EIN HAUS AUS „MÜLL"

Schloss Tempelhof ist ein kleines Dorf in Baden-Württemberg, in dem rund 150 Menschen seit Jahren gemeinsam ökologisch und solidarisch zusammenleben. Im Zentrum dieses Dorfes steht ein Gemeinschaftshaus der besonderen Art, an dem viele Dorfbewohner mitgebaut haben: ein sogenanntes Earthship. Hier gibt es eine Küche und ein gemeinsames Wohn- und Esszimmer. Das Besondere an diesem Haus ist, dass es aus Materialien gebaut ist, die niemand mehr gebraucht hat – also aus Müll, wie zum Beispiel alten Autoreifen von Altreifenhändlern und Werkstätten, Altglas aus Hotels und Restaurants sowie Fliesen aus Abbruchhäusern.

Eine weitere Besonderheit ist, dass das Haus fast autark ist. Geheizt wird es durch Sonnenenergie, die von den Autoreifen in den Wänden gespeichert wird, sodass das Haus keine klassische Heizung braucht. Solaranlagen erzeugen den benötigten Strom und ein Teil des Hauses ist ein Gewächshaus aus Glas, in dem Obst und Gemüse wächst. Außerdem wird z. B. das Regenwasser für die Toilettenspülungen und die Pflanzen im Gewächshaus genutzt.

1 a Lesen Sie die Texte. Welche Dinge werden wieder oder anders verwendet als ursprünglich?

b Kennen Sie ähnliche Beispiele? Erzählen Sie.

2 Sammeln Sie Informationen über besondere Projekte, Einrichtungen oder Gebäude aus dem In- und Ausland, die für das Thema *Wohnen* interessant sind, und stellen Sie sie vor.

Beispiele aus dem deutschsprachigen Bereich: Krämerbrücke in Erfurt • Fuggerei Augsburg • Living Room in Gelnhausen • Höhlenwohnung im Krauchthal • Zollhäuser auf der Nydeggbrücke in Bern • Hundertwasserhaus in Wien • Wohnpark Alterlaa • HoHo Wien • Elwe Kassel • Prympark Düren

4 ALTERNATIVES WOHNEN AUF DEM WAGENPLATZ

1 a Alternativ wohnen – Sehen Sie Szene 1 ohne Ton. Wie ist das Leben auf einem Wagenplatz? Wer wohnt dort? Was machen die Personen? Was sehen Sie? Sprechen Sie in Gruppen.

04.1

b Sehen Sie Szene 1 noch einmal mit Ton. Welche Informationen bekommen Sie? Waren Ihre Vermutungen in 1a richtig?

04.1

2 Lesen Sie die Fragen und sehen Sie Szene 2. Machen Sie Notizen zu Mattis und Kerstin. Vergleichen Sie dann zu zweit.

04.2

Wie sind sie zum Wagenplatz gekommen?

Was gefällt ihnen besonders gut am Leben dort?

Woher haben sie ihre Wagen?

Was sind Besonderheiten ihrer Wagen?

3 Sehen Sie Szene 3 und ergänzen Sie die Satzanfänge. Vergleichen Sie dann zu zweit.

04.3

1. Es gibt Gemeinschaftswagen für …
2. Im Plenum besprechen sie …
3. Schwierige Entscheidungen treffen …
4. Wenn die Bewohner und Bewohnerinnen einmal für ein Problem keine Lösung finden, dann …
5. Alle sind begeistert von …

4 a Wohnen auf dem Wagenplatz? – Arbeiten Sie in zwei Gruppen. Gruppe A sammelt Argumente für das Wohnen auf dem Wagenplatz, Gruppe B dagegen.

b Wer überzeugt wen? Bilden Sie Paare aus Gruppe A und B. Versuchen Sie sich gegenseitig zu überzeugen, (nicht) auf dem Wagenplatz zu wohnen.

GRAMMATIK IM BLICK

Ortsangaben machen: lokale Präpositionen

Wechselpräpositionen an, auf, hinter, in, neben, über, unter, vor, zwischen

Wohin? Präposition + Akkusativ **Wo? Präposition + Dativ**
Sie legt die Sachen **in den** Schrank. Die Sachen liegen **im** Schrank.
Die lokalen Präpositionen *an, auf, hinter, in, neben, über, unter, vor* und *zwischen* werden mit Dativ oder Akkusativ verwendet. Man nennt sie Wechselpräpositionen.

Lokale Präpositionen mit festem Kasus

mit Akkusativ	bis, durch, entlang*, gegen, um, um … herum
mit Dativ	ab, aus, bei, gegenüber (von), nach, von, von … aus, zu
mit Genitiv	außerhalb, entlang*, innerhalb

* Wir laufen **die** Gehwege entlang.   nachgestellt mit **Akkusativ**
  Wir laufen entlang **des** Flusses.   vorangestellt mit **Genitiv**

Adjektivdeklination

Typ I: mit bestimmtem Artikel

	der Bus	das Angebot	die Straße	die Busse (Pl.)
N	der neu**e** Bus	das aktuell**e** Angebot	die dunkl**e** Straße	die neu**en** Busse
A	den neu**en** Bus	das aktuell**e** Angebot	die dunkl**e** Straße	die neu**en** Busse
D	dem neu**en** Bus	dem aktuell**en** Angebot	der dunkl**en** Straße	den neu**en** Busse**n**
G	des neu**en** Bus**ses**	des aktuell**en** Angebot**s**	der dunkl**en** Straße	der neu**en** Busse

auch nach Fragewörtern: *welcher, welches, welche*; nach Demonstrativartikeln: *dieser, dieses, diese; jener, jenes, jene*; nach Indefinitartikeln: *jeder, jedes, jede; alle* (Pl.);
nach Negationsartikeln und Possessivartikeln im Plural: *keine* (Pl.), *meine* (Pl.)

Typ II: mit unbestimmtem Artikel

	der Bus	das Angebot	die Straße	die Busse (Pl.)
N	ein neu**er** Bus	ein aktuell**es** Angebot	eine dunkl**e** Straße	neu**e** Busse
A	einen neu**en** Bus	ein aktuell**es** Angebot	eine dunkl**e** Straße	neu**e** Busse
D	einem neu**en** Bus	einem aktuell**en** Angebot	einer dunkl**en** Straße	neu**en** Busse**n**
G	eines neu**en** Bus**ses**	eines aktuell**en** Angebot**s**	einer dunkl**en** Straße	neu**er** Busse

auch nach Negationsartikeln: *kein, kein, keine* (Sg.); nach Possessivartikeln: *mein, mein, meine* (Sg.)

Typ III: ohne Artikel

	der Notfall	das Angebot	die Laune	die Notfälle (Pl.)
N	echt**er** Notfall	aktuell**es** Angebot	gut**e** Laune	echt**e** Notfälle
A	echt**en** Notfall	aktuell**es** Angebot	gut**e** Laune	echt**e** Notfälle
D	echt**em** Notfall	aktuell**em** Angebot	gut**er** Laune	echt**en** Notfälle**n**
G	echt**en** Notfall**s**	aktuell**en** Angebot**s**	gut**er** Laune	echt**er** Notfälle

auch nach Zahlen: *zwei, drei, vier …*; nach Indefinitartikeln im Plural: *viele, einige, wenige, andere*

5 RUND UM DIE ARBEIT

1

DIE PFLICHT RUFT!

ICH RUF GLEICH ZURÜCK!

2

KOMMT JÜRGEN GAR NICHT RAUS?

NE, DER MACHT HEUT HOMEOFFICE.

3

Change Management

Nun war Robert klar, was er zu tun hatte...

1 **a** Sehen Sie die Cartoons an. Welcher gefällt Ihnen am besten? Stimmen Sie im Kurs ab.

b Welche Themen passen zu welchem Cartoon? Manchmal passen mehrere Themen.

die Arbeitszeiten • der Arbeitsort • die Fortbildung • die Arbeitsweise • die Kolleginnen und Kollegen • der Chef / die Chefin • die Bewerbung

c Arbeiten Sie in Gruppen. Sammeln Sie Wörter zu den Begriffen in 1b.

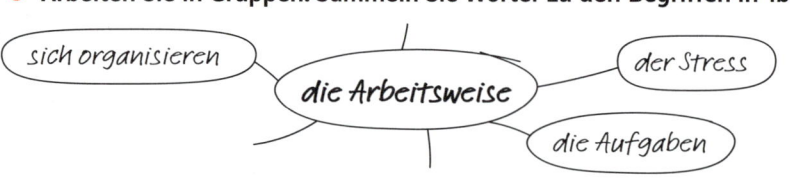

sich organisieren — die Arbeitsweise — der Stress — die Aufgaben

der Arbeitsort — Homeoffice

2 [MEDIATION] Bringen Sie einen Cartoon zum Thema *Arbeit* mit. Was sagen die Personen im Cartoon auf Deutsch? **oder** Erzählen Sie auf Deutsch einen Witz zum Thema *Arbeit*.

Ü 1–4

LERNZIELE

MODUL 1 berufliche Entwicklungen verstehen und vorstellen, über Berufe sprechen
MODUL 2 Tipps zur Bewerbung verstehen und ein Bewerbungsanschreiben formulieren
MODUL 3 Meinungen zum Thema *Leben ohne Arbeit* verstehen und ausdrücken
MODUL 4 Informationen über den Umgang mit Konflikten hören und notieren, Konflikte ansprechen

ALLTAG UND BERUF
Small-Talk-Gespräche führen

GRAMMATIK
MODUL 1 Genitiv und Präpositionen mit Genitiv
MODUL 3 Sätze verbinden: Kausal-, Konzessiv- und Konsekutivsätze

WAS MACHEN SIE SO BERUFLICH?

1 Welchen Berufswunsch hatten oder haben Sie? Welche Kriterien sind Ihnen wichtig bei der Wahl eines Berufs? Sammeln Sie im Kurs.

> Ich wollte schon immer einen Beruf, in dem ich mit Menschen zusammenarbeite.

> Ich will Techniker werden, weil …

> Als Kind wollte ich …

2 a Arbeiten Sie zu zweit. Jede/r liest einen Text. Welche Berufe werden genannt? Sammeln Sie im Kurs.

Ninia Binias hat Kunstgeschichte und Germanistik in Göttingen studiert. Danach hat sie als Managerin gearbeitet, aber inzwischen ist sie seit mehreren Jahren selbstständig. Was aber macht die 1983 in Hannover Geborene beruflich nun genau? Als Moderatorin leitet sie – vor der Kamera und auf Bühnen – Diskussionen und Veranstaltungen und produziert regelmäßig Podcasts. Bereits in ihrem Kinderzimmer hat sie Radiosendungen entwickelt und aufgenommen. Ein wichtiges Thema dabei war schon immer Mode. Zusammen mit ihrer Schwester hat sie früh alle Kleidungsstile ausprobiert. „Als kleinwüchsiger Mensch falle ich eh auf und werde angestarrt. Warum soll ich als 1,40 Meter große Frau nicht genauso viel Spaß haben an der Mode wie eine 1,80 Meter große Frau?" Als Autorin schreibt sie für Zeitungen, Magazine und Online-Portale. Auch zwei Bücher mit Erzählungen sind inzwischen von ihr erschienen. Darin schreibt sie, was sie im Alltag wegen ihrer Körpergröße erlebt oder erleben muss. Außerdem bloggt sie als „Ninia LaGrande" über die Themen, die ihr wichtig sind: Inklusion, also die Gleichberechtigung und Akzeptanz aller Menschen, Feminismus, Politik und Mode. Und all diese Themen bringt sie auch als Slam-Poetin auf die Bühne. Nebenbei ist sie Geschäftsführerin eines Kulturbüros und organisierte bereits eine deutschsprachige Poetry-Slam-Meisterschaft. Ehrenamtlich – als Vertreterin für Menschen mit Behinderung – war sie auch im Beirat zur Bewerbung Hannovers als Kulturhauptstadt Europas 2025 aktiv. Fragt man sie, was sie antreibt und wie sie das alles schafft, antwortet sie, dass sie die Abwechslung liebt und es ihr wichtig ist, ihre Werte zu vermitteln. Das gibt ihr die nötige Energie. Gleichzeitig sorgt sie gerne dafür, „dass Menschen abschalten können und sich unterhalten lassen. Wenn mein Publikum fröhlich nach Hause geht, habe ich alles richtig gemacht."

Patrick Schuhmann wuchs in einfachen Verhältnissen in Berlin auf. Er besuchte die Hauptschule und zusammen mit einem Nachbarsjungen ging er eines Nachmittags zu einem Mitmachzirkus für Kinder. Und dieser Besuch hatte Folgen. „Der Zirkus hat mich von der Straße geholt", sagt Patrick. Heute ist er Artist beim weltbekannten Cirque du Soleil. Bereits mit vier Jahren zeigte sich beim Kunstturnen seine Begabung. Nach dem Besuch beim Kinderzirkus stand sein Entschluss fest: Er wollte Artist werden – und dabei ist er geblieben. In der Schule war er nicht besonders gut, das „Lernenmüssen" fiel ihm schwer und seine Lehrer hatten ihn schon aufgegeben. Aber sein Wille war stark: Mit 16 bewarb er sich mit einem Video bei einer bekannten Zirkusschule in Kanada und wurde aufgenommen. Trotz ihres geringen Einkommens als Krankenpflegerin unterstützte ihn seine Mutter und bezahlte die Schule. Nach anfänglichen Schwierigkeiten, den Lernstoff zu bewältigen, wiederholte er das erste Jahr und schaffte dann alle Prüfungen. Schon bald wurde der Cirque du Soleil auf ihn aufmerksam … Patrick trainiert heute jeden Tag und pro Woche tritt er in acht bis zehn Shows mit seiner Luftakrobatik-Nummer auf. Er ist angekommen, hat seinen Traumberuf gefunden und unterstützt inzwischen seine Mutter. „Uns geht es heute richtig gut.", sagt er. Finanziell ist er abgesichert. Das ist wichtig, denn mit 30 Jahren ist die Karriere der meisten Akrobaten zu Ende. Dann möchte er als Immobilienmakler in Berlin arbeiten.

b Notieren Sie Informationen zu Ihrer Person (Kindheit, Schule / Ausbildung, Gründe für die Berufswahl).

c [MEDIATION] Informieren Sie sich gegenseitig. Stellen Sie Ihre Person vor. Was finden Sie an der Person außergewöhnlich?

MODUL 1

d Welchen der Berufe, die in den Texten genannt werden, finden Sie am interessantesten? Welchen Beruf würden Sie gerne ausüben? Welchen nicht? Warum? Beziehen Sie sich auch auf Ihre Aussagen in 1.

Ü 2–3

3 a Lesen Sie die Sätze. Zu welcher Person aus Aufgabe 2 passen sie?

1. Die Vielfalt der Berufe gefällt der Person. *Ninia: 1, ...*
2. Der Sohn eines Nachbarn war dabei, als der Berufswunsch entstand. – *Patrick*
3. Trotz der Schwierigkeiten in der Schulzeit ist die Person beruflich erfolgreich. – *Patrick*
4. Aufgrund ihrer unterschiedlichen beruflichen Erfahrungen kann die Person viel erzählen. – *Ninia, Patrick*
5. Schon während der Ausbildung wurde das Talent erkannt. – *Ninia*
6. Dank der Erfahrungen im Alltag konnte die Person schon zwei Bücher schreiben. – *Ninia*
7. Schon innerhalb kurzer Zeit wurde der heutige Arbeitgeber auf die Person aufmerksam. – *Patrick*
8. Infolge der Belastung für den Körper kann man diesen Beruf nicht bis ins hohe Alter ausüben. – *Patrick*
9. Wegen ihres Aussehens muss die Person ab und zu unangenehme Erfahrungen machen. – *Ninia*

b Genitiv – Markieren Sie in 3a die Nomen im Genitiv mit Artikel. Ergänzen Sie die Regel.

GRAMMATIK

Genitiv
Verwendung
1. Mit dem Genitiv kann man Zugehörigkeit oder Besitz ausdrücken:
   die Vielfalt von den Berufen → die Vielfalt der Berufe
2. Nach manchen Präpositionen folgt der Genitiv: trotz des schlechten Wetters

Artikelwörter
- der/das → *des*_____, die/die → *der*_____
- unbestimmter Artikel + Possessivartikel
  mask./neutr. → ein *es*, ihr *es*
  fem./Pl. → einer/meiner

Formen
- mask. + neutr. Nomen: Genitiv-Endung *es*_____
- fem. Nomen + Plural: keine Genitiv-Endung
- Nomen der n-Deklination: Genitiv-Endung *en*_____

Ü 4

c Bilden Sie Sätze mit Genitiv.

1. in der Zeit • meine Ausbildung • viel gelernt
2. der Beruf • mein Onkel • interessant sein
3. die Unterstützung • meine Eltern • wichtig sein
4. die Arbeit • meine Freundin • mich • inspirieren

d Nach welchen Präpositionen steht der Genitiv? Ergänzen Sie die Präpositionen aus 3a.

GRAMMATIK

Präpositionen mit Genitiv

Grund/Folge	Gegengrund	Zeit	Ort
		außerhalb,	außerhalb, innerhalb

Ü 5

e Sprechen Sie zu zweit und formulieren Sie zu jeder Präposition aus 3d einen Satz. Notieren Sie dann.

die gute Ausbildung • wenige Wochen •
der große Stress • mein netter Kollege •
die regulären Arbeitszeiten •
das hohe/schlechte Gehalt • ...

gerne zur Arbeit gehen • oft müde sein •
den Beruf (nicht) wechseln wollen • viel erreichen •
einen Job finden • (nicht) oft mit Kollegen sprechen •
...

Wegen ihrer guten Ausbildung hat sie schnell einen Job gefunden.

B1.1+ › 69

5
Tipps zur Bewerbung verstehen · ein Bewerbungsanschreiben formulieren

EIN NEUER JOB

1 a Welche Möglichkeiten gibt es, eine Arbeitsstelle zu finden? Sammeln Sie im Kurs.

2.11 **b** Noah Georgi sucht eine neue Stelle und geht deshalb zur Berufsberatung. Hören Sie Teil 1 des Gesprächs. Welche Möglichkeiten bei der Jobsuche nennt die Berufsberaterin? Kreuzen Sie an. Welche der aufgelisteten Möglichkeiten haben Sie schon genutzt? Sprechen Sie zu zweit.

- ☐ Stellenanzeigen in der Zeitung
- ☐ Webseiten der Firmen
- ☐ Stellenanzeigen auf Internet-Jobbörsen
- ☐ Kontakte knüpfen auf Messen
- ☐ Online-Profil und digitalen Lebenslauf hochladen
- ☐ Initiativbewerbungen
- ☐ Agentur für Arbeit
- ☐ durch ein Praktikum
- ☐ durch ein persönliches Netzwerk

2.12 **c** Hören Sie Teil 2 des Gesprächs und ergänzen Sie Herrn Georgis Notizen. Vergleichen Sie im Kurs.

Bewerbung
- Anschreiben, ... + ...!

Anschreiben
- nicht .... an mehrere Unternehmen!
- kurze Vorstellung
- Gründe, warum ich zu der Stelle passe: bisherige .... + berufliche und persönliche ....
- Länge: eine ....
- ....: klar + übersichtlich, keine Grammatik- oder Rechtschreib.................................
- Anschreiben von anderen lesen lassen → .... Was kann ich besser machen?

Lebenslauf
Beginn: Kontaktdaten + persönliche Angaben: ...., Geburtsort, Staatsangehörigkeit, Familienstand
dann:
dann: Informationen zu Ausbildung, Studium, ...
Sprach- + Computerkenntnisse auch angeben, evtl. auch Hobbys
Foto: nicht obligatorisch!

2.13 **d** Hören Sie Teil 3 des Gesprächs und ergänzen Sie. Vergleichen Sie im Kurs.

Vorstellungsgespräch
Vorbereitung: .... über das Unternehmen, am besten auf der ....
Fragen nach .... + ... sind Standard
→ Vorstellungsgespräch üben!
Außerdem achten auf:
- korrekte ....
- .... vor Ort, immer höflich + ... bleiben
- Notizen machen → zeigt .... + strukturierte ....

Ü1

MODUL 2

2 Was ist bei der Jobsuche, der Bewerbung oder dem Lebenslauf in Ihrem Land gleich oder ganz anders? Erzählen Sie.

3 a Lesen Sie das Anschreiben und ordnen Sie die Bezeichnungen den Teilen im Anschreiben zu.

A Betreff • B Unterschrift • C Grußformel • D Anrede • E Vorstellung der eigenen Person •
F Adresse • G Schlusssatz • H Ort und Datum • I Absender • J Einleitung

1 I Noah Georgi
     Hohenzollernstr. 134
     80801 München

2 F Firma Holzmann
     Frau Moretti
     Hansastr. 5
     81373 München   München, 12.05.20…   3 H

4 A Bewerbung als Bürokaufmann
     Ihr Stellenangebot auf mynewJob.de

5 D Sehr geehrte Frau Moretti,

6 J in Ihrer Stellenanzeige habe ich gesehen, dass Sie eine erfahrene Bürokraft suchen.
     Als ausgebildeter Bürokaufmann kann ich umfangreiche Erfahrungen im Bereich
     allgemeiner Bürotätigkeiten vorweisen. Ich habe lange in der Kundenbetreuung
     und -beratung gearbeitet und bin mit Auftragsabwicklung, Datenpflege und
7 E Projektassistenz bestens vertraut.
     In Ihre Firma kann ich verschiedene Stärken einbringen. So bin ich zuverlässig,
     verantwortungsbewusst und arbeite sehr genau. Sie können sich auch auf meine
     Flexibilität und Lernbereitschaft verlassen. Des Weiteren schätzen mich Kollegen
     und Kolleginnen als sehr teamfähig ein.
     Die Ausrichtung Ihrer Firma gefällt mir sehr gut. Besonders der internationale
     Kundenkontakt ist interessant für mich, da ich über sehr gute Englisch-Kenntnisse
     verfüge.
8 G Gern möchte ich Sie in einem persönlichen Gespräch von meinen Fähigkeiten
     überzeugen und freue mich über eine Einladung von Ihnen.

9 C Mit freundlichen Grüßen
10 B *Noah Georgi*

     Anlagen:
     Lebenslauf
     Zeugnisse

b Lesen Sie noch einmal. Auf was für eine Stelle bewirbt sich Noah Georgi? Was für eine Ausbildung hat er gemacht? Welche Berufserfahrungen hat er? Was sind seine Stärken? Sprechen Sie im Kurs.

c Suchen Sie eine interessante Stellenanzeige und formulieren Sie ein Anschreiben. Verwenden Sie das Muster aus 3a und ersetzen Sie alle grauen Textstellen.

B1.1+ ▸ 71

5

Forumsbeiträge und ein Interview verstehen · die eigene Meinung sagen und schreiben

NIE WIEDER ARBEIT?!

1 a Was würden Sie machen, wenn Sie nicht arbeiten müssten? Sprechen Sie in Gruppen.

b Lesen Sie die Forumsbeiträge. Welcher Aussage können Sie am meisten zustimmen? Warum?

Nie wieder arbeiten – Traum oder Albtraum?
Die meisten Menschen wünschen sich mehr Zeit und die Vorstellung, nicht mehr arbeiten zu müssen, klingt verlockend. Aber wie wäre das wirklich in der Realität? Wir haben dazu ein paar Stimmen eingefangen.

Nicht mehr ins Büro gehen? Super! Da ich im Moment so viel arbeite, komme ich selten dazu, Freunde und Familie zu sehen. Nach den ganzen Telkos im Büro bin ich abends meistens zu kaputt, um mich zu verabreden. Endlich mal richtig viel Zeit zu haben, stelle ich mir toll vor, denn ich hätte dann auch Zeit für meine Hobbys. Früher habe ich in einer Band gespielt. Das habe ich aus Zeitgründen aufgegeben. Aber es fehlt mir sehr. *Darja M.*

Das klingt erst mal gut. Trotzdem kann ich mir das nicht so richtig vorstellen. Ich denke, ich würde mich ziemlich langweilen. Ich wüsste gar nicht, was ich den ganzen Tag machen sollte. Man kann ja nicht nur Sport machen oder im Café sitzen. Ich finde es eigentlich ganz gut, einen festen Tagesablauf zu haben. Außerdem arbeiten ja auch alle meine Freunde. Deshalb wäre ich dann meistens allein. *Anton L.*

Ich arbeite gerne und brauche auch die Anerkennung, die ich in meinem Beruf bekomme. Auch der Kontakt mit Kollegen und Kunden ist wichtig für mich. Deswegen könnte ich nicht auf meine Arbeit verzichten. Und einfach so in den Tag hineinzuleben, das wäre gar nichts für mich. Ich brauche eine feste Struktur und einen Grund, morgens aufzustehen. Aber weniger zu arbeiten, das wäre toll! *Mila K.*

Obwohl ich eigentlich ganz gerne arbeite, könnte ich sofort damit aufhören. Ich würde dann etwas Sinnvolles machen, mich regelmäßig ehrenamtlich engagieren. Ansonsten würde ich jeden Tag auf mich zukommen lassen und spontan entscheiden, was ich mache. Auf jeden Fall würde ich immer ausschlafen. Das ist Freiheit! *Paul A.*

Ü1

2 a Lesen Sie die Fragen. Was denken Sie? Sprechen Sie in Gruppen.

1. Wie viele Stunden Freizeit pro Tag sind ideal?
2. Macht viel Freizeit glücklich? Warum? Warum nicht?
3. Welche Vorteile hat das Berufsleben?
4. Wann sind wir mit unserem Arbeitsalltag zufrieden?

2.14

SPRACHE IM ALLTAG

Abkürzungen im Büroalltag
die Information = die Info
die Organisation = die Orga
die Telefonkonferenz = die Telko
die Kapazität = die Kapa

2.15 **b** Hören Sie das Interview mit einem Arbeitspsychologen und notieren Sie Stichpunkte zu den Fragen in 2a.

c Vergleichen Sie Ihre Notizen zum Interview mit Ihren Antworten aus 2a. Was ist gleich? Was ist anders?

Ü2

MODUL 3

3 a Lesen Sie die Sätze und markieren Sie die Konnektoren. Wo stehen Verb und Subjekt? Unterstreichen Sie.

1. Viele Menschen sind so gestresst, dass sie sich ein Leben ohne Arbeit wünschen.
2. Zu viel Freizeit ist nicht ideal, weil sich Menschen schnell langweilen.
3. Menschen brauchen Abwechslung, deswegen ist zu viel eintönige Routine im Job nicht gut.
4. Viele Menschen gehen gern zur Arbeit, denn der Kontakt zu den Kollegen ist für sie wichtig.
5. Obwohl sie viel verdienen, sind viele Menschen mit ihrem Job nicht zufrieden.
6. Geld ist nicht das Entscheidende. Trotzdem ist ein faires Gehalt wichtig.

TIPP

denn steht wie *und, oder, aber, sondern* auf Position 0. *deshalb* steht auf Position 2.

b Ergänzen Sie den Grammatikkasten mit den Konnektoren aus 3a.

GRAMMATIK

Sätze verbinden: Kausal-, Konzessiv- und Konsekutivsätze

	Gründe (kausal)	Gegengründe / Widersprüchliches (konzessiv)	Folgen (konsekutiv)
Hauptsatz + Nebensatz	da,	obwohl	sodass,
Hauptsatz + Hauptsatz	denn	dennoch,	deshalb, darum, daher,

c Ergänzen Sie die Sätze zu zweit. Sprechen Sie zuerst und schreiben Sie die Sätze dann auf.

1. Meine Nachbarin arbeitet bis spät abends, deshalb …   2. Da sich mein Freund gut mit seinen Kollegen versteht, …   3. Meine Freundin findet ihren Job anstrengend, trotzdem …   4. Obwohl viele Leute genug verdienen, …   5. Nur wenige Menschen haben so viel Freizeit, dass …   6. Mein Kollege sucht eine neue Stelle, denn …

d Flüssig sprechen – Hören Sie das Beispiel. Sprechen Sie zu zweit. Ergänzen Sie die Sätze. Ihr Partner / Ihre Partnerin reagiert. Wechseln Sie sich ab.

1. Ich brauche mehr Freizeit, weil …
2. Ich habe wenig Zeit, sodass …
3. Ich mag meine Arbeit, obwohl …
4. Meine Arbeit macht Spaß, denn …
5. Ich mag meine Kollegen, deswegen …
6. Ich hatte gerade eine Woche frei, trotzdem …

> Ich brauche mehr Freizeit, weil ich mehr Sport machen will.
> Aha, du brauchst mehr Freizeit, weil du mehr Sport machen willst.

e Arbeiten Sie zu zweit. Schreiben Sie zu jedem Bild drei Sätze (Grund, Gegengrund, Folge).

A: Der Mann ist total gestresst, weil … Obwohl er …

4 Ein Leben ohne Arbeit? Ja oder nein? – Schreiben Sie einen kurzen Text wie in Aufgabe 1b. Sammeln Sie alle Texte. Wie viele Personen können sich ein Leben ohne Arbeit gut vorstellen?

WIE SAG ICH'S NUR?

1 a Machen Sie ein kurzes Spiel. Alle gehen durch den Kursraum. Zählen Sie laut von 1 bis 20. Aber Achtung: Es darf immer nur eine Person sprechen und dann eine andere. Sie dürfen nur die Zahlen von 1 bis 20 sagen, nichts anderes. Wenn zwei oder mehr Personen gleichzeitig sprechen, müssen Sie wieder bei 1 beginnen.

b Wie war das Spiel? Wie lange hat es gedauert? Welche Probleme gab es? Wie haben Sie die Probleme gelöst? Sprechen Sie im Kurs.

2 a Lesen Sie die beiden Ankündigungen zu einem Radiobeitrag und markieren Sie die Unterschiede. Hören Sie dann den Beitrag im Radio. Welche Ankündigung passt?

2.17

Sendereihe „Stress im Job – was tun?"
Thema: Umgang mit Konflikten

Wie können wir im Job – und auch sonst – Konflikte sachlich ansprechen, Vorwürfe vermeiden und zu einem Kompromiss finden? Der Beitrag gibt fünf praktische Tipps.   A

SENDEREIHE „STRESS IM JOB – WAS TUN?"
Thema: Konflikte erfolgreich vermeiden

Wie können wir im Job – und auch sonst – Konflikte und Vorwürfe vermeiden, schneller Lösungen finden und die Arbeitsqualität steigern? Der Beitrag gibt vier praktische Tipps.   B

2.17 **b** Hören Sie noch einmal. Welche Tipps hören Sie im Beitrag? Machen Sie Notizen.

c Ergänzen Sie die folgenden Tipps mithilfe Ihrer Notizen. Vergleichen Sie dann im Kurs.

1. Sprechen Sie Konflikte …
2. Bleiben Sie …
3. Sagen Sie, was Sie persönlich …
4. Vermeiden Sie Wörter wie …
5. Hören Sie …

d Welche Tipps waren für Sie neu oder hilfreich? Sprechen Sie im Kurs.

e Was ist mit dem Zitat gemeint? Erklären Sie es in Gruppen.

Man kann nicht nicht kommunizieren!
Paul Watzlawick

3 a [STRATEGIE] Kritik höflich formulieren – Arbeiten Sie zu zweit. Lesen Sie die Aussagen und überlegen Sie: Welche Variante ist höflich formuliert? Beachten Sie dazu die Tipps in Aufgabe 2c und kreuzen Sie an.

höflich

1. a. Ach, Herr Müller, Sie haben gestern Ihr Fenster wieder nicht zugemacht. Sie wissen doch, dass die Fenster abends alle geschlossen werden müssen.
   b. Ach, Herr Müller, ich hätte da eine Bitte. Heute Morgen waren die Fenster offen. Könnten Sie bitte am Abend darauf achten, dass alle Fenster geschlossen sind?
2. a. Kann es sein, dass du vergessen hast, mich bei der Mail an den Kunden mit in den Verteiler zu nehmen? Oder ist die Mail noch gar nicht verschickt?
   b. Warum war ich bei deiner Mail an den Kunden wieder nicht im Verteiler?
3. a. Schön, dass Sie jetzt da sind. Ich habe das Gefühl, dass wir die Besprechung das nächste Mal lieber später anfangen sollten.
   b. Da sind Sie ja endlich. Warum kommen Sie eigentlich immer zu spät zu unseren Besprechungen?
4. a. Könntest du die Dateien vielleicht auch einmal im richtigen Ordner ablegen?
   b. Sag mal, wo hast du denn die Datei von gestern abgespeichert? Ich finde sie nicht und es ist etwas kompliziert für mich, wenn ich so lange suchen muss.

b Wodurch sind die Aussagen in 3a höflich? Markieren und vergleichen Sie.

c Hören Sie die höflichen Formulierungen aus 3a und sprechen Sie nach.

4 [MEDIATION] Wenn Menschen zusammenarbeiten, gibt es auch Konflikte. Wie geht man konstruktiv damit um? Wie spricht man sie am besten an? Bearbeiten Sie die Schritte a bis d.

a Arbeiten Sie zu viert. Sehen Sie die Fotos an. Welche Probleme gibt es hier?

b Bilden Sie nun Paare. Jedes Paar wählt zwei Situationen aus 4a. Überlegen Sie, wie Sie den Konflikt ansprechen können. Ergänzen Sie die Aussagen im Kasten und finden Sie dann eine Einigung.

einen Konflikt ansprechen
- Ich habe das Gefühl, dass …
- Für mich ist es etwas unangenehm / kompliziert, wenn …
- Ich hätte da eine Bitte, könnten Sie …
- Kann es sein, dass …?

reagieren / sich entschuldigen
- Ach so, das wusste ich nicht.
- Tut mir leid, aber ich muss jetzt (leider) in eine Besprechung / sofort los / …
- Oh, Entschuldigung. Das mache ich sofort / gleich / …
- Entschuldigung, ich hatte ein Problem mit …

Missverständnisse vermeiden
- Ich habe verstanden, dass du …
- Könnten Sie mir noch mal erklären, warum …?
- Habe ich das richtig verstanden, dass …?
- Du meinst also, dass …

etwas vereinbaren
- Können wir uns auf einen Kompromiss einigen?
- Wir einigen uns also darauf, dass …
- Wärst du einverstanden, wenn wir …?
- In Zukunft versuchen wir …
- Können wir es also so machen, dass jeder …?

c Paar A spielt seine Situationen, Paar B macht Notizen: Wie wurde die Kritik formuliert? Wurden Missverständnisse vermieden? Was war gut, was könnte man besser machen? Welche Lösungen wurden wie gefunden? Dann spielt Paar B seine Situationen und Paar A macht Notizen.

d Besprechen Sie Ihre Beobachtungen und Notizen im Kurs.

5 Small-Talk-Gespräche führen

KOMMUNIKATION IN ALLTAG UND BERUF

1 a Sehen Sie die Situationen an. Worüber sprechen die Personen? Vermuten Sie.

A – *über Arbeit,* ~~die Chefin, Sie~~
B – *über Klatsch, Arbeit, Familie und Freunde*
C – *das Geschäft, Ideen für die Firma*

b Wann waren Sie zuletzt in einer Situation, in der Sie Small Talk geführt haben? Mit wem haben Sie gesprochen und worüber?

2 a Small Talk – Über welche Themen spricht man beim Small Talk nicht? Streichen Sie durch.

Aktivitäten am Wochenende • Politik • Wetter • Urlaub • Religion • Essen • Restaurants/Cafés • schwere Krankheiten • Filme/Serien • Beruf • Familie • Gehalt • Sport

b (2.19–21) Hören Sie die drei Gespräche. Um welche Themen geht es? Markieren Sie in 2a.

c (2.21) Hören Sie das letzte Gespräch noch einmal. Welche Formulierungen verwenden die Personen? Kreuzen Sie an.

ein Gespräch beginnen (Beispiele)
- Ach, schon wieder Montag! Wie war denn Ihr Wochenende?
- So ein schlechtes Wetter, da möchte man am liebsten gleich in den Urlaub, oder?
- Ich war gestern im Café … Kennen Sie das?
- Wie fanden Sie denn den Vortrag? Der war interessant, oder?
- Ich habe gestern Abend einen interessanten Film gesehen, und zwar …
- Oh, das schmeckt aber gut. Das muss ich auch mal kochen. Kochen Sie gern?
- Wie lange sind Sie eigentlich schon in der Firma?
- Sind Sie auch mit dem Auto gekommen? Heute war ja so viel Verkehr.

reagieren
- Das klingt spannend/interessant/gut.
- Wirklich? Wann/wo/… war das?
- Ach so!
- Das hört sich spannend/gut/interessant an.
- Das habe ich auch schon gehört.
- Ah ja, das kenne ich auch.

das Thema wechseln
- Ach, da fällt mir ein: …
- Übrigens …

ein Gespräch beenden
- Es war schön, mit Ihnen zu sprechen.
- Nett, Sie kennenzulernen.
- Entschuldigen Sie, ich muss kurz mit … sprechen.
- Schönen Tag noch!

d Stellen Sie sich vor, Sie sind auf einer großen beruflichen Fortbildung und es ist gerade Pause. Gehen Sie durch den Kursraum und führen Sie Small-Talk-Gespräche. Sprechen Sie jeweils ca. drei Minuten und wechseln Sie dann den Partner/die Partnerin.

TIPPS FÜR DEN SMALL TALK
- Lächeln Sie und sehen Sie Ihren Gesprächspartner/Ihre Gesprächspartnerin an.
- Wählen Sie einfache Themen (Wetter, Essen, Urlaub, …).
- Zeigen Sie Interesse.
- Üben Sie bei jeder Gelegenheit Small Talk.

PORTRÄT

Interessante Start-ups

BLINK LABS **Lesehäppchen für Wissbegierige**

BLINKIST bietet Auszüge aus aktuellen Sachbüchern, die man in circa zwei Minuten lesen oder hören kann. Die wichtigsten Aussagen eines kompletten Buches passen im Durchschnitt in acht Blinks. Nutzer brauchen also nur rund 15 Minuten, um die wichtigsten Ideen eines Buches zu lesen. Von allen Texten gibt es auch Hörversionen, aufgenommen mit professionellen Sprecherinnen und Sprechern. So haben auch Menschen mit wenig Zeit Zugang zu neuem Wissen. Alle verfügbaren Blinks sind selbst produziert und auf Deutsch und Englisch erhältlich.

KUCHENTRATSCH **Kuchen von Oma**

Das Münchner Social-Start-up Kuchentratsch verkauft Kuchen an Privatpersonen, Geschäftskunden und Cafés in München. Aber auch online kann man den Kuchen ordern und sich in ganz Deutschland liefern lassen. Das Besondere an Kuchentratsch: Senioren und Seniorinnen im Rentenalter backen nach ihren eigenen Rezepten gemeinsam rund 50 Kuchen pro Tag. Auf die Idee kam die 29-jährige Katharina Mayer. Das Unternehmen soll dabei nicht nur ein Arbeitsplatz sein, sondern auch ein Ort, an dem sich die Menschen wohlfühlen. Die Rentner und Rentnerinnen können sich etwas dazuverdienen und Kontakte knüpfen, statt allein zu Hause zu sitzen. Und die Kuchen schmecken fantastisch.

ETEPETETE **gerettetes Gemüse**

11 Millionen Tonnen Lebensmittel landen in Deutschland jedes Jahr im Abfall. Ein großer Teil davon kommt erst gar nicht in unsere Küche. Obst und Gemüse, das zu groß, zu klein, zu krumm ist und nicht perfekt aussieht, wird von den Supermärkten oft nicht verkauft und vernichtet. Das Start-up Etepetete kämpft gegen diese Verschwendung. Auf der Webseite des Start-ups kann man unperfektes Obst und Gemüse aus biologischem Anbau bestellen. Wie oft eine Box mit Obst und Gemüse geliefert wird, kann der Kunde selbst bestimmen. Das Verpackungsmaterial ist zudem zu 100% recyclebar.

1 a Lesen Sie die Texte. Welches Start-up finden Sie am besten? Warum? Sprechen Sie zu zweit.

b Kennen Sie andere gute Geschäftsideen? Erzählen Sie.

2 Sammeln Sie Informationen über Institutionen, Firmen und Persönlichkeiten aus dem In- und Ausland, die für das Thema *Rund um die Arbeit* interessant sind, und stellen Sie sie vor.

S03 Beispiele aus dem deutschsprachigen Bereich: VAUDE • Freitag Taschen • Adidas • Swarovski • Rossmann

5

IM EIGENEN RHYTHMUS ZUM BERUF

1 Im Film mit dem Titel „Im eigenen Rhythmus zum Beruf" spielen diese Wörter eine wichtige Rolle. Worum könnte es in dem Film gehen? Sprechen Sie in Gruppen.

die Bühne   Gefühle ausdrücken   die Musik
die Leidenschaft   Entscheidungen treffen
die Freiheit   der Beruf   glücklich sein   das Studium
das Hobby   üben
den eigenen Weg gehen   die Professionalität
der Rhythmus   Geld verdienen   ausprobieren

> Ich denke, der Film handelt von Menschen, die …

> Vielleicht geht es um Musiker, die …

2   **a** Sehen Sie Szene 1 und beantworten Sie folgende Fragen.

5.01
- Was und wo studiert Lisa?
- „Für mich gab es nie einen Plan B."
  Was bedeutet der Satz? Wie erklärt sie ihn?

5.01   **b** Sehen Sie Szene 1 noch einmal. Was erfahren Sie noch über Lisa? Machen Sie Notizen zu den Themen A bis D und vergleichen Sie im Kurs.

A Gründe für die Wahl des Studiums   B Üben   C Fächer   D Freunde, Familie, Freizeit

3 Lisa und ihr Dozent Eckhard Stromer sprechen darüber, welche Rolle Leidenschaft in ihrem Beruf spielt. Lesen Sie die Fragen. Sehen Sie Szene 2 und notieren Sie Informationen zu den Fragen. Vergleichen Sie
5.02   dann zu zweit.

1. Was müssen junge Musiker und Musikerinnen laut Eckhard Stromer lernen?
2. Wofür benutzt Lisa Wilhelm ihr Schlagzeug?
3. Welche Ähnlichkeit haben für Lisa Schlagzeug üben und Sprachen lernen?
4. Was sind für Lisa besondere Momente?

4 Die Leidenschaft zum Beruf machen oder Geld verdienen? – Lesen Sie die Aussagen und diskutieren Sie in Gruppen.

- Wenn man einen Plan A hat, braucht man keinen Plan B.
- Man sollte immer einen Plan B haben, denn man weiß nie, was passiert.
- Man sollte seine Leidenschaft zum Beruf machen, nicht zum Hobby.
- Eine Leidenschaft zum Beruf zu machen, kann viele Probleme mit sich bringen.
- (Viel) Geld verdienen ist wichtiger als Leidenschaft und Spaß bei der Arbeit.

GRAMMATIK IM BLICK

Genitiv

Verwendung
1. Mit dem Genitiv kann man Zugehörigkeit oder Besitz ausdrücken:
   die Vielfalt von den Berufen → die Vielfalt der Berufe
2. Nach manchen Präpositionen folgt der Genitiv:
   trotz des schlechten Wetters

Formen

maskuline und neutrale Nomen:	Genitiv-Endung **-s** oder **-es**	die Begabung des Künstler**s**
Nomen mit Endung -nis:	Genitiv-Endung **-ses**	die Schönheit des Ereignis**ses**
Nomen der n-Deklination:	Genitiv-Endung **-en**	die Ausbildung des Student**en**
feminine Nomen und Plural:	keine Genitiv-Endung	die Unterstützung der Mutter

Artikelwörter im Genitiv
der / das → **des**
die / die → **der**
unbestimmter Artikel und Possessivartikel   maskulin / neutrum → ein**es** / mein**es**
                                              feminin / Plural →   ein**er** / mein**er**

Präpositionen mit Genitiv

Grund / Folge	Gegengrund / Widersprüchliches	Zeit	Ort
wegen, aufgrund, infolge, dank*	trotz	während, außerhalb, innerhalb	außerhalb, innerhalb

*Die Präposition *dank* steht vor positiven Aussagen:
 Dank seiner Begabung wurde er an der Artistenschule aufgenommen.

G 03 Sätze verbinden: Kausal-, Konzessiv- und Konsekutivsätze

Hauptsatz + Nebensatz
Zu viel Freizeit ist nicht ideal, **weil** sich Menschen schnell langweilen.

Hauptsatz + Hauptsatz
Zu viel Routine im Job ist eintönig, **deswegen** brauchen Menschen Abwechslung.
Viele Menschen gehen gern ins Büro, **denn** der Kontakt zu den Kollegen ist für sie wichtig.

	Gründe (kausal)	Gegengründe / Widersprüchliches (konzessiv)	Folgen (konsekutiv)
Hauptsatz + Nebensatz	da, weil	obwohl	sodass, so …, dass
Hauptsatz + Hauptsatz	denn	trotzdem, dennoch	deshalb, darum, daher, deswegen

ACHTUNG: *denn* steht wie *und, oder, aber, sondern* auf Position 0. Das Verb steht auf Position 2.

6 VOM GLÜCK

WELCHER GLÜCKSTYP SIND SIE?

1 Sie haben 2000 Euro gespart. Wofür wären Sie bereit, 300 Euro auszugeben?

A (2 Punkte)   B (3 Punkte)   C (1 Punkt)

2 Ihre Firma plant für den nächsten Betriebsausflug eine Abenteuer-Tour. Können Sie sich auf neue Erlebnisse und Erfahrungen gut einlassen?

experience

A Ich erlebe lieber Dinge, die ich schon kenne, und möchte wissen, was mich erwartet. (1 Punkt)
B Zusammen mit netten Leuten lasse ich mich gern auf Neues ein. (2 Punkte)
C Klar, es ist wichtig, immer offen für Neues zu sein. (3 Punkte)

3 Sie träumen von einer tollen Reise. Welche Reise würden Sie gern machen?

A (1 Punkt)   B (2 Punkte)   C (3 Punkte)

1   a Machen Sie den Test. Markieren Sie pro Frage immer nur eine Antwort.

b Zählen Sie die Punkte zusammen, die bei Ihren Antworten stehen. Lesen Sie dann die Auswertung auf Seite 178. Welcher Glückstyp sind Sie? Passt die Beschreibung zu Ihnen? Warum bzw. warum nicht?

Ich bin Nummer 3. Ich weiß nicht, ob das richtig ist. Ich bin nicht abenteuerlich.

4 Sie haben Geburtstag. Über welches Geschenk freuen Sie sich am meisten?

A (3 Punkte)   B (2 Punkte)   C (1 Punkt)

5 Sie gewinnen eine Million Euro. Was machen Sie mit diesem Geld?
A Neben meiner Familie und meinen Freunden bekommen auch Hilfsorganisationen etwas Geld. (1 Punkt)
B Ich höre sofort auf zu arbeiten und tue das, was ich schon immer wollte. (3 Punkte)
C Ich lasse das Geld auf der Bank und überlege in Ruhe, was ich damit mache. (2 Punkte)

6 Sie haben eine neue Aufgabe in Ihrer Firma. Eine Kollegin unterstützte Sie anfangs dabei sehr. Sie wollen sich bei ihr bedanken. Was schenken Sie ihr?

None of these are good options

A (3 Punkte)   B (1 Punkt)   C (2 Punkte)

7 Was gehört für Sie zu einem glücklichen Tag?
A Ganz viel Sonne, Freunde, blauer Himmel und alles ist perfekt. (1 Punkt)
B Wenn ich Zeit habe und machen kann, was ich will. (2 Punkte)
C Wenn ich etwas Aufregendes erlebe und dabei neue Erfahrungen sammle. (3 Punkte)

2 Wie finden Sie solche Tests? Machen Sie solche Tests oft? Sprechen Sie im Kurs.
Ü1–5

LERNZIELE

MODUL 1 ein Interview über das Thema *Freundschaft* verstehen und einen Text schreiben
MODUL 2 eine Straßenumfrage und einen literarischen Text über *Glück oder Pech* verstehen, eine Geschichte schreiben
MODUL 3 Informationen aus einem Feature zum Thema *Emotionen* verstehen und zusammenfassen
MODUL 4 die Entwicklung einer Person beschreiben und bewerten, eine Geschichte zu Ende schreiben, Zeitungsmeldungen verstehen

ALLTAG UND BERUF
Mails positiv formulieren

GRAMMATIK
MODUL 1 reflexive Verben
MODUL 3 Vergleiche anstellen: Komparativ und Superlativ

UNTER FREUNDEN

ein Interview über das Thema Freundschaft verstehen · einen Text schreiben

Gruppe
Ehrlichkeit
Mitmachen
Einigkeit
Interesse
Neugierde
Spaß
Abenteuer
Motiviert

1 a Lesen Sie das Wortgedicht zum Thema *Gemeinsam*. Für welche Buchstaben fallen Ihnen andere Wörter ein?

b Arbeiten Sie zu dritt. Schreiben Sie ein Wortgedicht zum Thema *Freundschaft* auf ein Plakat. Vergleichen Sie die Gedichte dann im Kurs.

c Lesen Sie die Adjektive und klären Sie unbekannte Wörter im Kurs. Unterstreichen Sie fünf Eigenschaften, die ein guter Freund / eine gute Freundin unbedingt haben sollte. Ergänzen Sie auch eigene Wörter. Begründen Sie Ihre Auswahl.

aufrichtig • lustig • ehrlich • witzig • stark • erfolgreich • hübsch • offen • attraktiv • modisch • hilfsbereit • klug • sportlich • zuverlässig • interessant • vertrauenswürdig • bescheiden • hilfsbereit • humorvoll • gesprächig • …

2 a Arbeiten Sie zu zweit. Lesen Sie die Antworten aus einem Interview mit dem Psychologen Dr. Emil Krüger zum Thema *Freundschaften*. Unterstreichen Sie zuerst in jeder Antwort die Hauptinformationen. Vergleichen Sie dann mit Ihrem Partner / Ihrer Partnerin.

1
Meist sind das Menschen, die mit uns viele Übereinstimmungen haben. Bei meinen Untersuchungen wundere ich mich immer wieder über diese Gemeinsamkeiten, wie ähnlich Freunde denken und fühlen. Oft interessieren sie sich auch für dieselben Dinge, haben gleiche oder ähnliche Hobbys und verhalten sich ähnlich. Selbst die genetischen Strukturen weisen nach den amerikanischen Wissenschaftlern James Fowler und Nicholas Christakis Ähnlichkeiten auf. Allerdings streitet man heute in der Wissenschaft noch darüber, wie wir diese Menschen in der Masse erkennen, also wie wir uns Freunde aussuchen. Ich kann mir vorstellen, dass dabei die Stimme, der Geruch und das Gesicht durchaus eine wichtige Rolle spielen.

2
Ganz einfach, weil es gesund ist. Australische Forscher haben herausgefunden, dass freundschaftliche Kontakte das Immunsystem stärken. Das Risiko für Herz-Kreislauf-Erkrankungen und Depressionen sinkt. Dagegen hat ein Leben ohne Freunde ähnlich negative Auswirkungen auf unseren Körper wie tägliches Rauchen oder Übergewicht. Allerdings brauchen wir nicht alle die gleiche Dosis an Freundschaft. Es gibt auch Menschen, die sich allein nicht langweilen und die mit sich selbst am glücklichsten sind.

3
Das ist unterschiedlich. Die meisten Menschen sagen, wenn man sie fragt: Ich wünsche mir viele Freunde. Im Idealfall haben wir drei beste Freunde. Das sind Menschen, mit denen man sich regelmäßig trifft, mit denen man sich über alles unterhalten und auf die man sich immer verlassen kann. Daneben brauchen wir ungefähr zwölf Freunde, die wir zum Geburtstag einladen oder mit denen wir mal eine Radtour machen. Und ein soziales Netzwerk: Kollegen, Nachbarn, Bekannte, das heißt, Menschen, denen wir oft begegnen, aber über die wir uns manchmal auch ärgern oder aufregen.

4
In Familienbeziehungen sind wir zu bestimmten Dingen verpflichtet. Wir müssen unsere Verwandten treffen oder bei bestimmten Veranstaltungen dabei sein. Familiäre Traditionen sollte man pflegen. Das sind manchmal ganz kleine Dinge, z.B. dass ich mir bei Familienfesten etwas Schönes anziehe. Freundschaften hingegen kann man sich aussuchen. Manchmal versteht man sich mit einer Person aus dem Freundeskreis richtig gut. Man fühlt sich sehr eng verbunden, ähnlich, wie man sich mit Geschwistern oft gut versteht. Genau so ein Gefühl hat man manchmal bei seinem besten Freund oder bei seiner besten Freundin.

MODUL 1

b Arbeiten Sie zu zweit. Auf welche Fragen antwortet Dr. Krüger? Schreiben Sie Fragen über die Abschnitte in 2a.

c Arbeiten Sie weiter zu zweit. Überlegen Sie sich zwei weitere Fragen zum Thema Freundschaft. Tauschen Sie die Fragen mit einem anderen Paar. Recherchieren Sie dazu im Internet und stellen Sie Ihre Ergebnisse vor.

3 a Reflexive Verben – Markieren Sie alle reflexiven Verben in 2a.

b Lesen Sie die Regeln und ergänzen Sie die Beispielsätze. Die Interviewantworten in 2a helfen.

GRAMMATIK

Reflexive Verben

1. Manche Verben sind immer reflexiv und werden nur mit Reflexivpronomen benutzt.	Bei meinen Untersuchungen .... ich ___mich?___ immer wieder über diese Gemeinsamkeiten.
2. Manche Verben können reflexiv sein oder mit einer Akkusativergänzung stehen.	Manchmal ___relaxiert___ man ___sich___ mit einem Freund richtig gut. Ich verstehe meinen Freund gut.
3. Das Reflexivpronomen steht normalerweise im Akkusativ. Wenn es im Satz eine Akkusativergänzung gibt, steht das Reflexivpronomen im Dativ.	Ich ziehe mich an. Bei Familienfesten ___mache?___ ich ___mir___ etwas Schönes an.
4. Bei manchen Verben steht das Reflexivpronomen **immer** im Dativ. Diese Verben brauchen **immer** auch eine Akkusativergänzung.	Die meisten Menschen sagen: Ich ___habe mir___ viele Freunde.

c Welche anderen markierten Verben aus den Antworten von Dr. Krüger passen zu den Regeln? Erstellen Sie gemeinsam im Kurs eine Liste.

1. immer reflexiv: sich verhalten, ...
2. reflexiv oder mit Akkusativ: sich langweilen, ...
...

d Jeder schreibt ein reflexives Verb auf eine Karte. Gehen Sie dann durch den Kurs. Suchen Sie einen Partner / eine Partnerin und stellen Sie ihm / ihr eine Frage mit Ihrem Verb. Er / Sie beantwortet die Frage und stellt Ihnen dann seine / ihre Frage. Tauschen Sie dann Ihre Karten und suchen Sie einen neuen Partner / eine neue Partnerin.

sich anmelden

Hast du dich für den nächsten Kurs angemeldet?

Klar, ich habe mich gestern schon angemeldet.

4 a Schreiben Sie einen kurzen Text. Nutzen Sie auch reflexive Verben. Wählen Sie: Was bedeutet Freundschaft für Sie? **oder** Was bedeutet Familie für Sie?

sich verstehen mit (+ Dativ) • sich kennenlernen • sich anfreunden mit (+ Dativ) • sich vertrauen • sich etwas aussuchen • sich kennen • sich verlassen auf (+ Akkusativ) • sich versöhnen mit (+ Dativ) • sich ändern • sich ärgern über (+ Akkusativ) • …

b Arbeiten Sie zu zweit. Lesen Sie den Text Ihres Partners / Ihrer Partnerin und korrigieren Sie ihn. Orientieren Sie sich an der Strategie in Kapitel 1, Modul 4.

B1.1+ › 83   83

GLÜCKSPILZ ODER PECHVOGEL?

1 a Sehen Sie die Fotos an. Was haben sie mit Glück oder Pech zu tun? Vermuten Sie.

> Ich glaube, die Frau auf dem ersten Foto hat es eilig …

A B C D

2.22 **b** Hören Sie die Straßenumfrage zum Thema *Glück und Pech*. Ordnen Sie die Personen 1 bis 4 den Fotos A bis D zu.

Ü1 Person 1: ………. Person 2: ………. Person 3: ………. Person 4: ……….

c Vergleichen Sie Ihre Vermutungen aus 1a mit den Aussagen in der Straßenumfrage. Welche Gemeinsamkeiten und Unterschiede gibt es?

2 a Lesen Sie den Anfang der Kurzgeschichte „Glück und Unglück" von Christian Morgenstern. Was ist passiert? Was könnte der Bauer mit seiner Frage meinen?

Glück und Unglück

Eines Tages lief einem Bauern das einzige Pferd fort und kam nicht mehr zurück. Da hatten die Nachbarn Mitleid mit dem Bauern und sagten: „Du Ärmster! Dein Pferd ist weggelaufen – welch ein Unglück!"

5 Der Landmann antwortete: „Wer sagt denn, dass dies ein Unglück ist?"

MODUL 2

b Lesen Sie die Kurzgeschichte zu Ende. Was passiert dem Bauern noch und wie ist die Reaktion der Nachbarn? Wie finden Sie die Reaktionen?

– Und tatsächlich kehrte nach einigen Tagen das Pferd zurück und brachte ein Wildpferd mit.

Jetzt sagten die Nachbarn: „Erst läuft dir das Pferd weg – dann bringt es noch ein zweites
10 mit! Was hast du bloß für ein Glück!".

Der Bauer schüttelte den Kopf: „Wer weiß, ob das Glück bedeutet?". Das Wildpferd wurde vom ältesten Sohn des Bauern eingeritten; dabei stürzte er und brach sich ein Bein. Die Nachbarn eilten herbei und sagten: „Welch ein Unglück!".

Aber der Landmann gab zur Antwort: „Wer will wissen, ob das ein Unglück ist?" – Kurz
15 darauf kamen die Soldaten des Königs und zogen alle jungen Männer des Dorfes für den Kriegsdienst ein. Den ältesten Sohn des Bauern ließen sie zurück – mit seinem gebrochenen Bein.

Da riefen die Nachbarn: „Was für ein Glück! Dein Sohn wurde nicht eingezogen!".

Glück und Unglück wohnen eng beisammen, wer weiß schon immer sofort, ob ein Unglück
20 nicht doch ein Glück ist?

von Christian Morgenstern (1871 – 1914)

c Lesen Sie den letzten Satz der Geschichte noch einmal. Was ist damit gemeint „Glück und Unglück wohnen eng beisammen"?

> Das könnte bedeuten, dass …
>
> Vielleicht meint der Autor damit, dass …

Ü2

3 a Hören Sie eine zweite Variante der Personen zu Foto A und B aus Aufgabe 1. Was ist anders? Was hat das mit der Kurzgeschichte zu tun?

2.23 – 24

←Ü3 **b** Wählen Sie eine Geschichte zu einem Foto aus 1a und schreiben Sie eine Variante. **oder** Erfinden Sie eine Geschichte zum Thema *Glück oder Pech*.

eine Geschichte strukturieren
- Zuerst … / Am Anfang …
- Dann … / Danach … / Schließlich …
- Zuletzt … / Am Ende …

Spannung aufbauen
- Plötzlich … / Auf einmal …
- Was war das? / Was war hier los? /
- Warum war das so?

[STRATEGIE]

etwas spannend berichten
- Erklären Sie zuerst mit einem Satz den Hintergrund oder Kontext.
- Berichten Sie dann, was passiert ist.
- Verwenden Sie Adjektive und Vergleiche. (Ich wurde rot wie eine Tomate.)
- Achten Sie auf abwechslungsreichen Wortschatz. (Er flüsterte / brüllte / rief …)
- Beschreiben Sie dabei auch Ihre Gefühle. (Ich war so nervös, dass ich kaum sprechen konnte.)
- Beschreiben Sie am Schluss in einem Satz das Ende der Situation oder die Konsequenz und Ihr Gefühl.

c Bilden Sie Gruppen und lesen Sie sich gegenseitig Ihre Geschichten laut und deutlich vor. Achten Sie auf eine gute Betonung. Die anderen geben ein Feedback.

Super Geschichte! • Das war ja spannend! • Ist ja unglaublich! • Das war echt schön.

B1.1+ › 85   85

6 BESSER DRAUF …

Informationen aus einem Feature verstehen und zusammenfassen · etwas vergleichen

1 a Welche Personen haben Sie heute schon gesehen? Welche Emotionen haben Sie bemerkt? Kreuzen Sie an und erzählen Sie.

- fröhlich
- ärgerlich
- wütend
- glücklich
- genervt
- neidisch
- liebevoll
- ängstlich
- erleichtert
- gestresst

> Der Busfahrer heute Morgen war total genervt.

b Was bedeutet die Zeichnung? Sprechen Sie zu zweit und finden Sie einen Titel. (Ü1)

c Sehen Sie noch einmal Ihre Ergebnisse in 1a an. Haben Sie die negativen Emotionen stärker wahrgenommen als die positiven?

2 a Hören Sie den ersten Teil eines Radiofeatures zum Thema *Wahrnehmung von Emotionen*. Wie lauten die Aussagen? Ordnen Sie zu. (2.25)

1. Unsere Aufmerksamkeit ist bei Wut oder Angst stärker,
2. Negative Emotionen sind nicht häufiger als positive,
3. Die Suche nach den positiven Momenten ist nicht sinnvoll,
4. Fredrickson sagt über die Gefühle,
5. Angenehme Emotionen intensiver wahrzunehmen,

A dass sie wichtige Funktionen haben.
B kann laut Fredrickson eine positive Wirkung auf uns haben.
C aber wir nehmen sie intensiver wahr.
D denn sie macht uns nicht glücklicher.
E weil diese Emotionen eine warnende und schützende Funktion haben.

b Hören Sie den zweiten Teil und notieren Sie Informationen zu den drei Glücksübungen. Was soll man bei diesen Übungen tun? Hören Sie noch einmal und ergänzen Sie Ihre Notizen. (2.26) (Ü2)

Übung 1	Übung 2	Übung 3
– Wenn man am Abend …	– Wer hat etwas Gutes für mich gemacht?	– Man soll …

c Arbeiten Sie zu dritt. Jede/r wählt eine Übung aus 2b und berichtet, was man tun muss. Die anderen ergänzen.

d Welche Übung aus 2b gefällt Ihnen am besten? Warum? Sprechen Sie zu dritt.

e Recherchieren Sie weitere Ideen für Glücksübungen im Internet. Stellen Sie die besten Vorschläge im Kurs vor. (Ü3)

> Ich habe eine Übung gefunden, bei der Leute nette Wünsche auf Steine malen …

3 a Lesen Sie noch einmal Aussagen aus dem Feature und unterstreichen Sie die Adjektive.

1. Wut oder Angst sind stärker, härter und vor allem lauter als Glück und Freude.
2. Denken Sie am Abend an drei gute Dinge, die Sie am Tag erlebt haben. Was hat Ihnen heute am besten gefallen?
3. Denken Sie an eine nette Person, der Sie danken möchten.
4. Denken Sie sich verschiedene Aktivitäten aus, denn viele unterschiedliche Taten machen uns am glücklichsten.
5. Die Übungen auszuprobieren, ist die einfachste Methode, um sie zu testen.

MODUL 3

b **Vergleiche anstellen** – Ergänzen Sie den Grammatikkasten. Die Adjektive in 3a helfen.

GRAMMATIK

Dienstag  | Mittwoch  | Freitag

Grundform (Positiv) ohne Nomen
keine Endung:
Am Dienstag war Lena glücklich.

Komparativ ohne Nomen
Adjektiv + -............:
Am Mittwoch war Lena noch viel glücklich........ als am Dienstag.

Superlativ ohne Nomen
.... + Adjektiv + -sten:
Am Freitag war Lena .... glücklich............ .

vor einem Nomen
Adjektiv + Endung:
Das war ein schön........ Tag für Lena.

vor einem Nomen
Adjektiv + -............ + Endung:
Heute war für Lena ein schön............ Tag als gestern.

vor einem Nomen
Adjektiv + -(e)st + Endung:
Freitag war der schön............ Tag in Lenas Leben.

! einsilbige Adjektive oft mit Umlaut (stark – st**ä**rker)
! Adjektive auf -el und -er ohne -e (dunkel – dun**kl**er)

! immer mit bestimmtem Artikel oder Possessivartikel
! Adjektive auf -d, -t, -sch, -ß, -s mit -e (heiß – am heiß**e**sten / der heiß**e**ste Tag)

Ü4

2.27 c **Flüssig sprechen** – Hören Sie das Beispiel. Schreiben Sie dann drei Ich-Sätze mit Adjektiven auf Karten. Arbeiten Sie zu dritt. Mischen Sie alle Karten, ziehen Sie die erste Karte und sprechen Sie.

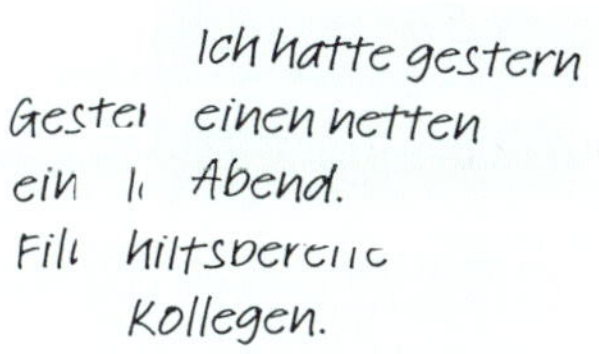

Ich hatte gestern einen netten Abend.
Gestern einen netten ein l Abend.
Fil hilfsbereite Kollegen.

Ich hatte gestern einen netten Abend.
Schön. Aber ich hatte einen netteren Abend als du.
Quatsch. Ich hatte den nettesten Abend. Ehrlich!

TIPP

Vergleiche mit *als* und *wie*
(genau)*so* + Grundform + *wie*
Sie ist **so** wütend **wie** ich.

Komparativ + *als*
Sie ist wütend**er** **als** ich.

d **Was alles glücklich machen kann** – Sprechen Sie zu zweit und ergänzen Sie abwechselnd die Sätze.

1. Ich habe gerade ein tolles Lied gehört. Das heißt …
2. In … habe ich meine allerschönsten Ferien verbracht.
3. Ein glücklicher Moment in meinem Leben war …
4. Ich finde, dass … am allerbesten schmeckt.
5. Die Filme mit … mag ich am liebsten.
6. Ein cooles Hobby ist …
7. Wenn ich … mache, bin ich richtig glücklich.

2.28

SPRACHE IM ALLTAG

Noch mehr Superlativ
Der Superlativ kann mit *aller-* noch stärker betont werden:
Das war mein **aller**schönstes Erlebnis.
Das ist das **aller**letzte Mal!

Ich habe gerade ein schreckliches Lied gehört. Das heißt …

e **Und was macht schlechte Laune?** Verändern Sie die Sätze in 3d wie im Beispiel.

Ü 5–7

B1.1+ › 87

6

Entwicklung einer Person beschreiben und bewerten · eine Geschichte zu Ende schreiben · Zeitungsmeldungen verstehen

WAS FÜR EIN TAG …

1 a Was ist ein Pessimist? Was ist ein Optimist? Sprechen Sie in Gruppen. Nennen Sie auch Beispiele.

> Ein Pessimist denkt immer …
>
> Wenn etwas Schlechtes passiert und man trotzdem …

b Arbeiten Sie zu zweit. Lesen Sie den Comic, beantworten Sie die Fragen und begründen Sie.

1. Warum hat Jan Moser schlechte Laune?
2. Welche Erwartungen hat er?
3. Ist Herr Moser ein Pessimist oder ein Optimist?
4. Wie fühlt er sich am Ende?

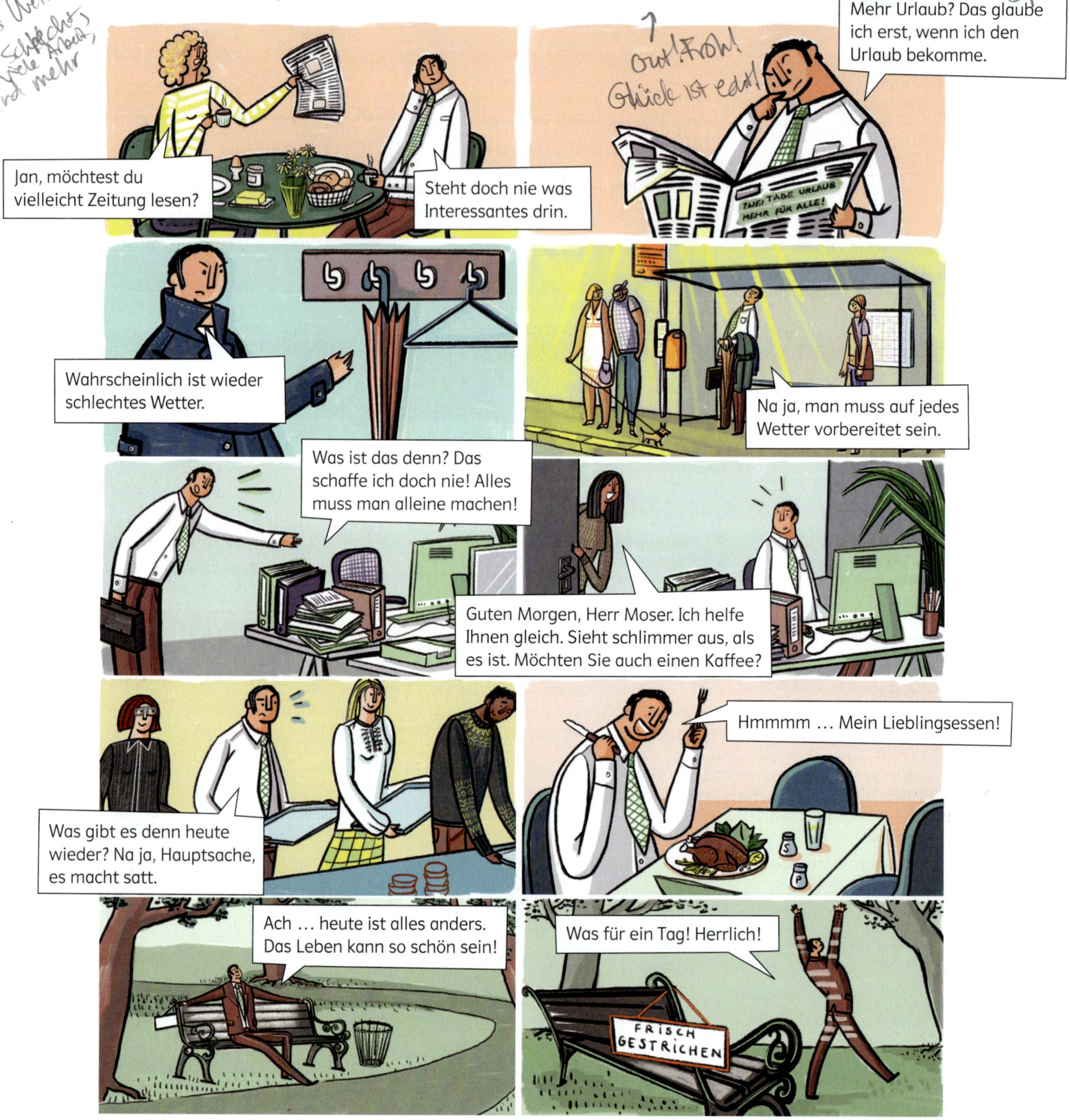

MODUL 4

2 [MEDIATION] Beschreiben Sie, wie sich Herr Moser im Lauf der Geschichte entwickelt (Emotionen, Meinungen, Handlungen, …). Bearbeiten Sie dafür die Schritte a bis c.

a Lesen Sie die Satzanfänge. Notieren Sie dann zu mindestens acht Satzanfängen passende Informationen aus der Geschichte.

1. Am Morgen / Zuerst …
2. Im Büro ist er zuerst …, weil …
3. In der Mittagspause erwartet er …
4. Nach dem Mittagessen geht er …
5. Am Ende findet er …
6. Im Lauf der Geschichte verändert sich …
7. Er stellt aber überrascht fest, dass …
8. Er hat nicht damit gerechnet, dass …
9. Er meint / findet / erwartet …
10. Deshalb reagiert er …
11. Er merkt, dass er / andere / es …
12. Doch dann …

b Arbeiten Sie zu zweit und beschreiben Sie sich gegenseitig, wie sich Herr Moser im Lauf der Geschichte verändert. Verwenden Sie die Satzanfänge und Notizen aus 2a. Welche Unterschiede und Gemeinsamkeiten gibt es in Ihren Beschreibungen?

c Wie geht die Geschichte weiter? Was passiert, wenn Herr Moser wieder ins Büro oder nach Hause zurückkommt? Schreiben Sie zu zweit ein Ende der Geschichte aus der Sicht der Kollegin **oder** der Ehefrau. Lesen Sie Ihre Geschichten dann in Gruppen vor. Welches Ende ist am lustigsten, kreativsten, realistischsten, …?

3 a Faktoren für Glück und gute Laune – Lesen Sie die Zeitungsmeldungen und unterstreichen Sie Aspekte, die uns positiv beeinflussen. Welche haben Sie gefunden? Vergleichen Sie zu zweit.

A *Sport hebt die Laune*

Wissenschaftler haben nachgewiesen, dass Sport glücklich macht. Wir fühlen uns nach körperlicher Aktivität nicht nur zufriedener, weil wir uns ausreichend bewegt haben. Vielmehr werden beim Sport Serotonin und Endorphin im Körper ausgeschüttet. Beide Stoffe können für eine positive Stimmung sorgen.

B *Teile und werde glücklicher*

Erstaunliche Ergebnisse konnte ein Forscherteam um Soyoung Park der Universität Kiel im Gehirn nachweisen. In einem Experiment mit 50 Probanden zeigte sich: Wer besonders großzügig war und vieles mit anderen teilte, fühlte sich glücklicher als Versuchspersonen, die weniger an andere abgaben.

C GELD ALLEIN MACHT NICHT GLÜCKLICH

Dieser Spruch scheint auch im Beruf wahr zu sein. Laut Studien des Harvard-Professors Howard Gardner, der regelmäßig Arbeitnehmerinnen und Arbeitnehmer zu ihrer Zufriedenheit in ihrem Beruf befragt, sind Menschen vor allem dann glücklich, wenn sie ihre Arbeit sinnvoll finden und wenn sie sich anerkannt fühlen. An den ersten Positionen stehen handwerkliche und soziale Berufe. Und obwohl diese Menschen viel weniger verdienen als Profifußballer oder Manager, sind sie glücklicher in ihrem Job.

D **Glück zum Essen**

Schokolade, Ananas und Bananen sind echte Glücklichmacher. Forscher vermuten als Ursache den hohen Gehalt an Zucker in diesen Lebensmitteln. Denn Zucker unterstützt die Produktion von Serotonin. Aber Achtung: Die Wirkung ist nicht 1:1. Also zwei Bananen machen nicht doppelt glücklich! Aber bei vielen Lebensmitteln ist es einfach nur der gute oder vertraute Geschmack, der unsere Laune verbessert.

E Gleichheit für alle

Dass Menschen glücklicher sind, wenn sie viel Kontakt zu ihren Mitmenschen haben, haben zahlreiche Studien gezeigt. Interessant ist jedoch, was Robb Rutledge vom University College London festgestellt hat: Es macht uns nicht glücklich, wenn wir deutlich mehr besitzen als unsere Mitmenschen. Wenn unsere Partner, Nachbarn oder Freunde mehr oder auch weniger haben als wir, fühlen wir uns unglücklicher. Oder anders gesagt: Gleich sein macht glücklich.

b Welche Aussagen aus den Texten können Sie bestätigen? Sprechen Sie in Gruppen und nennen Sie Beispiele.

> Ich finde auch, dass Teilen glücklich macht. Wenn man zum Beispiel etwas schenkt, dann …

c Welche weiteren Faktoren für Glück und gute Laune fallen Ihnen ein? Welche finden Sie am wichtigsten? Sammeln und begründen Sie im Kurs.

6 Mails positiv formulieren

KOMMUNIKATION IN ALLTAG UND BERUF

1 a Herr Kuhn denkt – Lesen Sie Herrn Kuhns Gedanken. Wie fühlt er sich? Welche Situation kennen Sie auch? Sprechen Sie zu zweit.

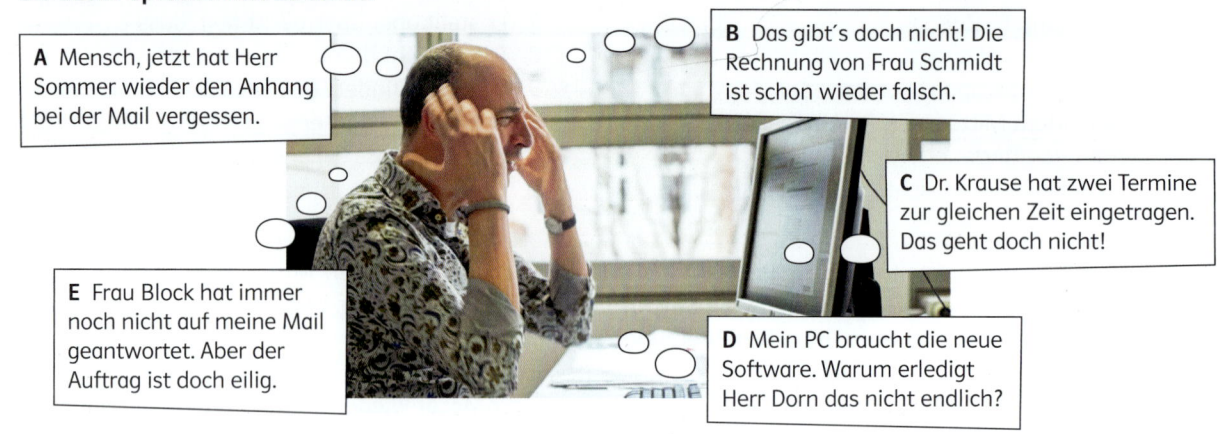

A Mensch, jetzt hat Herr Sommer wieder den Anhang bei der Mail vergessen.

B Das gibt's doch nicht! Die Rechnung von Frau Schmidt ist schon wieder falsch.

C Dr. Krause hat zwei Termine zur gleichen Zeit eingetragen. Das geht doch nicht!

D Mein PC braucht die neue Software. Warum erledigt Herr Dorn das nicht endlich?

E Frau Block hat immer noch nicht auf meine Mail geantwortet. Aber der Auftrag ist doch eilig.

b Herr Kuhn schreibt – Lesen Sie die Ausschnitte der Mails und ordnen Sie Herrn Kuhns Gedanken aus 1a zu.

1 Ich danke Ihnen für die Informationen zum Teamtreffen. Mir ist aufgefallen, dass wir zu dieser Zeit bereits eine andere Besprechung mit Ihnen geplant haben. Vielleicht könnten wir … **E**

2 Ich weiß, dass Sie viel zu tun haben. Da ich die aktuellen Programme aber ab Mittwoch brauche, möchte ich Sie noch einmal daran erinnern, dass Sie … **D**

3 Ich habe die Datei bekommen und geprüft. Leider komme ich zu einem anderen Ergebnis. Könnten Sie bitte noch einmal die Zahlen … **C**

5 Ich hoffe, dass Sie meine Nachricht letzte Woche bekommen haben. Kann ich Sie noch weiter unterstützen, um das Thema diese Woche … **B**

4 Vielen Dank für Ihre Mail. Leider konnte ich den Anhang nicht finden. Es wäre nett, wenn Sie mir die Datei … **A**

c Lesen Sie die Mails noch einmal. Markieren Sie Wörter oder Satzteile, die diese Mails freundlich und höflich machen. Markieren Sie dann in der Liste, was Sie gefunden haben, und sprechen Sie im Kurs.

- sich am Anfang bedanken
- im Konjunktiv II schreiben
- einen Fehler ansprechen
- Verständnis zeigen
- Unterstützung anbieten
- Wörter wie *leider, vielleicht*, … verwenden
- sich entschuldigen
- die Situation erklären

2 Wählen Sie zwei Ausschnitte aus 1b und schreiben Sie die kompletten Mails. Vergleichen Sie zu zweit. Sind die Mails freundlich formuliert und sagen sie trotzdem, was der Empfänger machen soll?

PORTRÄT

BRUTTONATIONAL-GLÜCK FÜR ALLE!

DAS MINISTERIUM FÜR GLÜCK

Das MINISTERIUM FÜR GLÜCK UND WOHLBEFINDEN (MfG) wurde als studentisches Projekt an der Mannheimer Fakultät für Gestaltung begründet, das die Themen Glück und Lebensfreude in die Gesellschaft bringen sollte – mit Spiel und Humor und mit dem Ziel, bei den Aktionen aktiv mitzumachen und neue Denkanstöße zu geben. Gina Schöler, die an der Gründung beteiligt war, hat das Projekt weitergeführt. Nach eigenen Angaben hat sie sich zur Aufgabe gemacht, Ideen- und Impulsgeberin für einen kulturellen Wandel zu sein, nach dem Vorbild des Landes Bhutan, in dem Glück zum Staatsziel erklärt wurde.

Hier lernen Sie Gina Schöler näher kennen:

„Ich bin Gina und leite als Glücksministerin die bundesweite Initiative „Ministerium für Glück und Wohlbefinden". Ich bin europaweit unterwegs, um dazu zu ermutigen, das Glück selbst in die Hand zu nehmen und gemeinsam das gute Leben zu erarbeiten und greifbar zu machen. Mit vielen bunten Aktionen und Angeboten wie Workshops, Vorträgen, Events und öffentlichen Installationen rufe ich dazu auf, das Bruttonationalglück zu steigern.

Alltagsnah, auf Augenhöhe und mit viel Spaß lade ich dazu ein, Teil dieser positiven Bewegung zu werden. Auf vielfältige und kreative Weise rege ich zum Umdenken und Handeln an: Wie wollen wir leben? Was zählt wirklich und was macht uns glücklich?
Als (…) leidenschaftliche Weltverbesserin habe ich mir meinen eigenen Beruf erfunden: Glücksministerin. Ich bin begeistert von der Glücksforschung und der *Positiven Psychologie* und möchte diese wichtigen Erkenntnisse erlebbar machen. Ich setze die Theorie in die Praxis um und jeder kann mitmachen, um so dem Glück ein Gesicht zu geben – sein ganz eigenes."

Das Ministerium für Glück und Wohlbefinden, das es in der deutschen Politik oder Regierung real gar nicht gibt, hat sich auf die Fahne geschrieben, Deutschland glücklicher zu machen. Es bietet zahlreiche Veranstaltungen zum Mitmachen an, zum Beispiel Vorträge mit Titeln wie „Frohes Schaffen – Warum Arbeit und Glück zusammengehören", kreative Workshops für Berufstätige wie den „Glückstreffer" für positive Impulse am Feierabend, aber auch Beratungen für die eigene Lebensgestaltung oder bei wichtigen Entscheidungen. Von großen Gruppen bei Kongressen bis zu Angeboten für einzelne Personen hat das Ministerium kreative Mitmachaktionen im Programm.

1 a Lesen Sie den Text und markieren Sie Informationen, die Sie interessant finden. Sprechen Sie dann zu zweit. Welche drei Informationen sind für Sie am interessantesten? Wie gefallen Ihnen die Aktionen und die Glücksministerin? Begründen Sie.

b Brauchen wir auch in Wirklichkeit ein Glücksministerium? Warum (nicht)? Welche Aufgaben sollte es haben?

2 Sammeln Sie Informationen über Institutionen und Persönlichkeiten aus dem In- und Ausland, die für das Thema *Freundschaft, Glück und Emotionen* interessant sind, und stellen Sie sie vor.

Beispiele aus dem deutschsprachigen Bereich: Deutsche Gesellschaft für Positive Psychologie • gluecksstifter.de • Ernst Fritz-Schubert • Daniel Tyradellis • Prof. Franz Neyer • Verena Kast

HINFALLEN, AUFSTEHEN, WEITERMACHEN

1 „Das größte Glück dieser Erde liegt auf dem Rücken der Pferde." Das sagt ein altes Sprichwort. Was macht Sie glücklich? Sprechen Sie in Gruppen.

2 a Sehen Sie Szene 1. Was hat der Film mit dem Sprichwort zu tun? Sprechen Sie in Gruppen.

b Sehen Sie die Szene noch einmal. Was gefällt Pascal, Björn und Christoph am Mountainbiken? Welche Argumente nennen die Freunde? Kreuzen Sie an.

- 1. sich auspowern können
- 2. Zeit ohne Handy
- 3. gutes Training
- 4. draußen in der Natur sein
- 5. den Kopf ausschalten
- 6. mit Freunden, mit Familie unterwegs sein
- 7. totales Glücksgefühl
- 8. sich konzentrieren

3 a Sehen Sie Szene 2. Wer spricht über welche Themen? Ordnen Sie zu.

1 Glückshormone • 2 der Flow • 3 der innere Schweinehund • 4 der Bürojob • 5 Glückspilze • 6 Grenzen • 7 glücklich sein • 8 der Kick • 9 das Risiko • 10 das Pech

Pascal  .... Christoph  .... Björn ....

b Arbeiten Sie zu dritt und sehen Sie Szene 2 noch einmal. Jede/r wählt eine Person. Machen Sie Notizen zu den Themen aus 3a. Sprechen Sie in Gruppen.

4 Ein Quiz zum Film – Arbeiten Sie in Gruppen. Notieren Sie fünf Fragen: Wer? Wie? Was? Warum? ... Tauschen Sie mit einer anderen Gruppe und antworten Sie.

5 Und Sie? Sprechen Sie in Gruppen über folgende Punkte.

1. Was machen Sie am Wochenende, wenn Sie den Stress der Woche vergessen wollen?
2. Bei welchem Hobby kommen Sie in einen Flow?
3. Für welche Aktivitäten müssen Sie Ihren inneren Schweinehund überwinden?
4. Welche Meinung haben Sie zu Risikosport?

GRAMMATIK IM BLICK

Reflexive Verben

Singular			Plural	
Personalpronomen	Reflexivpronomen im Akkusativ	im Dativ	Personalpronomen	
ich	mich	mir	wir	
du	dich	dir	ihr	
er / es / sie	sich		sie / Sie	sich

Immer reflexiv und mit Reflexivpronomen
sich entschließen zu, sich verhalten, sich beschweren über, sich wundern über …
- Bei meinen Untersuchungen wundere ich mich immer wieder über diese Gemeinsamkeiten.

Entweder reflexiv oder mit Akkusativergänzung
sich verstehen, sich ärgern, sich treffen, sich unterhalten …
- Manchmal versteht man sich mit einem Freund besonders gut.
- Ich verstehe meinen Freund gut.

Reflexivpronomen normalerweise im Akkusativ. Wenn Akkusativergänzung im Satz → Reflexivpronomen im Dativ
sich anziehen, sich waschen, sich kämmen …
- Ich ziehe mich an.
- Ich ziehe mir eine Jacke an.

Reflexivpronomen immer im Dativ und mit Akkusativergänzung
sich etwas wünschen, sich etwas merken, sich etwas vorstellen, sich etwas denken …
- Ich wünsche mir viele Freunde.

Eine Übersicht über reflexive Verben finden Sie im Internet unter www.klett-sprachen.de/kontext.

Vergleiche anstellen: Komparativ und Superlativ

Grundform (Positiv)
ohne Nomen
keine Endung:
Am Dienstag war Lena glücklich.

vor einem Nomen
Adjektiv + Endung:
Das war ein schön**er** Tag für Lena.

> **Vergleiche mit *als* und *wie***
> *(genau)so* + Grundform + *wie*
> Sie ist **so** wütend **wie** ich.
> Komparativ + *als*
> Sie ist wütend**er als** ich.

Komparativ
ohne Nomen
Adjektiv + *-er*
Am Mittwoch war Lena
glücklich**er** als am Dienstag.

vor einem Nomen
Adjektiv + *-er* + Endung:
Heute war für Lena ein
schön**erer** Tag als gestern.

! einsilbige Adjektive oft mit Umlaut (stark – st**ä**rker)
! Adjektive auf *-el* und *-er* ohne *-e* (dunkel – dun**kl**er)

Superlativ
ohne Nomen
am + Adjektiv + *-sten*
Am Freitag war Lena **am** glücklich**sten**.

vor einem Nomen
Adjektiv + *-(e)st* + Endung
Freitag war der schön**ste** Tag in Lenas Leben.

! immer mit bestimmtem Artikel oder Possessivartikel
! Adjektive auf *-d, -t, -sch, -ß, -s* mit *-e* (heiß – am heiß**e**sten / der heiß**e**ste Tag)

ACHTUNG

gut – besser – am besten	gern – lieber – am liebsten	viel – mehr* – am meisten
groß – größer – am größten	hoch – höher – am höchsten	nah – näher – am nächsten

*Die Komparative *mehr* und *weniger* werden ohne Adjektivendung verwendet: Ich will wieder mehr Freunde treffen.

7 WAS WIR BRAUCHEN …

1

Kein Wok zu kochen.
Aber Bock auf fett sparen bei deiner nächsten Bestellung.

lieferando
Hier wird Essen bestellt

2

Der **Schatz** der **Alpen**
Bad Reichenhaller

Unser AlpenSalz. Unsere Heimat. Unser Geschmack.

Alpen JodSalz · Alpen Salz

Jetzt Fan werden
www.bad-reichenhaller.de

3

Das wichtigste Wahrzeichen Berlins. Und der Fernsehturm.

BVG
WEIL WIR DICH LIEBEN.

Teile deine besonderen BVG-Momente auf:
#weilwirdichlieben

1 a Sehen Sie die Plakate an und hören Sie die Radiospots. Für welche Produkte werben sie und welche Themen sprechen sie an? Sammeln Sie im Kurs.

3.01

Umwelt • Gesundheit • Innovation • Mobilität • Natur • Fairness • Ernährung • Dienstleistung • Technik • Emotionen • Individualität • …

94

B1.2+ › 10

So stapelt man Glücksgefühle.

RITTER SPORT. IN 24 PRALL GEFÜLLTEN SORTEN.

FAIRTRADE

SCHENKT MIR ENERGIE. SCHENKT AUCH PERSPEKTIVEN.

Weil es mir wichtig ist:
Bessere Lebens- und Arbeitsbedingungen auf Plantagen.

WWW.FAIRTRADE.AT

4

www.ritter-sport.de

Ritter SPORT
DIE SCHOKOLADE
Quadratisch. Praktisch. Gut.

5

Ein Unternehmen der Stadtwerke München — **MVG**

DIE MOBILITÄTS-MACHER.

WIR HABEN DIE APPS,
SIE DAS SMARTPHONE.
PASST!

mvg.de/mobilitätsmacher

6

Sixt rent a car

Fährt E-wig!

**An alle Pioniere,
Idealisten, Öko-Helden und Weltretter:
Ihr müsst nicht mehr Fahrrad fahren.**

(Der Opel Ampera. Kompromisslose Elektromobilität – jetzt bei Sixt)

7

LERNZIELE

MODUL 1	Informationen über einen Trend verstehen, ein Konzept vorstellen
MODUL 2	einen Beitrag über zukünftige Entwicklungen verstehen und darüber sprechen, eine Grafik beschreiben
MODUL 3	einen Podcast zum Thema *Konsum* verstehen, einen Kommentar schreiben
MODUL 4	Begriffe erklären, Meldungen zum Thema *Marken* verstehen, eine Diskussion führen

ALLTAG UND BERUF
ein Reklamationsgespräch führen

GRAMMATIK
MODUL 1 Passiv
MODUL 3 Zeitangaben machen: temporale Präpositionen

b Welche Werbung gefällt Ihnen am besten oder gar nicht? Welche motiviert Sie, sich für das Produkt oder die Marke zu entscheiden? Sprechen Sie in Gruppen und nennen Sie Gründe.

> Mir gefällt die Werbung mit dem Auto am besten, weil der Text witzig ist.

> Echt? Da muss ich viel zu viel lesen. Mir gefällt der Radiospot …

2 Recherchieren Sie eine Werbung (Plakat, Fernsehspot, …), die Ihnen gut gefällt, und stellen Sie sie auf Deutsch im Kurs vor. Warum spricht Sie diese Werbung an? Wie gefällt sie den anderen im Kurs?

Ü 1–4

7 MEINS IST DEINS

Informationen über einen Trend verstehen · ein Konzept vorstellen

1 a Welche Dinge haben Sie schon (oft) ausgeliehen oder verliehen? Welche Vor- und Nachteile fallen Ihnen zum Thema *Dinge ausleihen* ein? Sammeln Sie im Kurs.

←Ü1a **b** Lesen Sie den Text und die Aussagen 1 bis 4. Welche stimmen mit dem Text überein? Kreuzen Sie an.

TAUSCHEN – TEILEN – LEIHEN
Was haben Carsharing, Kleidertauschringe und Couchsurfing gemeinsam? Richtig, hier werden Dinge gemeinschaftlich genutzt. Der geteilte Konsum wird bereits von Millionen Menschen weltweit praktiziert.
Das Konzept ist einfach: Kleider, Werkzeuge, Möbel und Autos werden geteilt, getauscht oder ge-
5 liehen. So werden Kosten und Platz für Dinge gespart, die man nur selten braucht. Aber nicht nur das: Wenn weniger Dinge neu gekauft werden, müssen langfristig auch weniger Waren produziert werden. So wird die Umwelt geschont, denn es werden weniger Ressourcen verschwendet.
In Deutschland sehr beliebt ist das Nachbarschaftsnetzwerk *nebenan.de*, das 2015 gegründet wurde. Über die App sieht man, wer in der Nachbarschaft Hilfe benötigt, etwas sucht, verkauft
10 oder verschenkt. So kann man sich z.B. von den Nachbarn Werkzeug für eine Reparatur leihen. Ein schöner Nebeneffekt ist, dass man sich besser kennenlernt.
Auch in anderen Bereichen wird ein Beitrag zum Umweltschutz geleistet: Über Apps wie z.B. *vinted* werden gebrauchte Kleider verkauft, getauscht oder verschenkt. Und beim Reisen gibt es z.B. mit der App *Couchsurfing* ein Sharing-Konzept. Die Idee ist in den USA entwickelt worden und
15 boomt mittlerweile auf der ganzen Welt. Die Mitglieder bieten in ihren Wohnungen kostenlose Schlafplätze an und können selbst umsonst bei anderen übernachten. Man reist also günstig und gleichzeitig lernt man Einheimische kennen. Und so soll auch der kulturelle Austausch gefördert werden. Sharing-Konzepte liegen voll im Trend!

1. Die Idee des geteilten Konsums kennen schon viele Menschen.
2. Geteilter Konsum ist auch gut für die Umwelt.
3. Über nebenan.de kann man Menschen aus anderen Städten kontaktieren.
4. Beim Couchsurfing vermieten die Mitglieder ihre Wohnungen an andere Mitglieder.

←Ü1b **c** [MEDIATION] Schreiben Sie einen kurzen Text und stellen Sie mit eigenen Worten das Konzept der Apps aus 1b vor. Tauschen und vergleichen Sie dann Ihre Texte mit einem Partner/einer Partnerin.

Konzepte vorstellen
- Die Idee von … ist …
- Das Ziel von … ist …
- Dabei geht es vor allem / in erster Linie darum, dass …
- Mit dem Konzept möchte man …
- Man möchte … nicht kaufen/bezahlen/…, sondern lieber …

2 a Aktiv und Passiv – Lesen Sie die Sätze. Welches Bild passt wo? Ergänzen Sie dann im Kasten die Begriffe *Aktion* und *Person*.

☐ Die Personen tauschen das Werkzeug.
☐ Das Werkzeug wird getauscht.

GRAMMATIK

Aktiv
Wichtig ist, **wer** etwas **macht**, also die handelnde ....

Passiv
Wichtig ist, **was passiert**, also der Vorgang oder die ....

96   B1.2+ › 12

MODUL 1

b Arbeiten Sie zu zweit. Sehen Sie die Sätze in 2a noch einmal an: Wie bildet man das Passiv Präsens? Formulieren Sie Passivsätze zu den Bildern. Sprechen Sie zuerst und schreiben Sie dann Ihre Sätze auf.

das Buch • das Geld • die Kleidung • der Staubsauger • sparen • reparieren • tauschen • verleihen

Ü2 *Der Staubsauger wird ...*

3

a Lesen Sie die Sätze aus dem Text in 1b und ergänzen Sie die Regel.

G 05

GRAMMATIK

Passiv Präsens
Gebrauchte Kleider **werden getauscht**.   *werden* im *Präsens* + Partizip II

Passiv Präteritum
Das Netzwerk **wurde** 2015 **gegründet**.   *werden* im .... + Partizip II

Passiv Perfekt
Die Idee **ist** in den USA **entwickelt worden**.   *sein* im Präsens + ... + ...

Ü3

TIPP
Wenn man im Passivsatz die handelnde Person nennen will, verwendet man meistens *von* + Dativ: Viele Dinge werden **von** allen Nachbarn genutzt.

b Spielen Sie zu zweit. Jede/r notiert auf drei Karten *Präsens*, *Präteritum* und *Perfekt*. Mischen Sie dann die Karten und würfeln Sie. Bilden Sie Passivsätze wie im Beispiel.

- Werkzeug leihen
- ein Fahrrad mieten
- Kleidung tauschen
- Energie sparen
- Ressourcen schonen
- eine App herunterladen

ein Fahrrad mieten

Das Fahrrad ist gemietet worden.

c Passiv mit Modalverb – Notieren Sie einen Beispielsatz aus dem Text in 1b.

Modalverb (im Präsens oder im Präteritum) + Partizip II + *werden* im Infinitiv

Ü4 ....

d Flüssig sprechen – Sprechen Sie zu zweit wie im Beispiel.

3.02

dürfen • können • müssen • sollen | geparkt werden • Eis gegessen werden • Kleider getauscht werden • Fotos gemacht werden • Eintritt bezahlt werden • Werkzeug geliehen werden

Können hier Kleider getauscht werden?

Nein! Hier können keine Kleider getauscht werden!

Darf hier ...?

4

Wählen Sie zu zweit ein Angebot für umweltfreundlichen Konsum und recherchieren Sie Informationen. Stellen Sie dann das Konzept kurz vor. Nutzen Sie auch die Redemittel aus 1c.

Ü5 Foodsharing • Carsharing • Pop-up-Stores • Tauschticket

7 HEUTE EIN MUSS – MORGEN VERGESSEN?

einen Beitrag über zukünftige Entwicklungen verstehen und darüber sprechen · eine Grafik beschreiben

1 a Sehen Sie die Fotos an. Kennen Sie das noch? Wozu hat man das gebraucht? Haben Sie oder Ihre Familie so etwas auch benutzt? Schlagen Sie unbekannte Wörter nach und sprechen Sie dann im Kurs.

1 die Telefonzelle
2 der Teppichklopfer
3 die Straßenkarte
4 das Lexikon
5 die Flotte Lotte
6 die Sense

b Arbeiten Sie zu dritt. Jede/r wählt zwei Dinge aus 1a und erklärt: Wodurch wurden die Dinge ersetzt?

über Veränderungen sprechen
- Heute gibt es … nicht mehr, weil …
- Anders als heute brauchte man früher …
- Früher brauchte/hatte man kein/e …, daher …
- Da inzwischen fast jeder … hat, braucht man … nicht mehr.
- Im Gegensatz zu früher hat/kann man heute …
- Inzwischen ist … überflüssig geworden, weil …
- Während man früher …

c Welche aktuellen Dinge wird es in Zukunft nicht mehr geben? Was denken Sie? Begründen Sie Ihre Meinung.

> Ich glaube, es wird keine Fernbedienungen mehr geben, weil …

2 a Talk nach acht – Hören Sie den ersten Teil des Radiobeitrags und machen Sie Notizen zu den zwei Fragen. Vergleichen Sie dann im Kurs.

3.03

Welche fünf Begriffe nennt der Moderator?

1: Zukunftsplanung
2: …

Welche Rolle spielen die Begriffe in Zukunft?

…

3.04 **b** Hören Sie den zweiten Teil. Was ist richtig? Kreuzen Sie an. Manchmal sind beide Aussagen richtig.

1. Zukunftsforscher und -forscherinnen
   a ziehen aus bisherigen Entwicklungen Schlüsse für die Zukunft.
   b können oft richtige Voraussagen für die Zukunft machen.
2. In Zusammenarbeit mit anderen Forschungsrichtungen kann die Zukunftsforschung
   a genaue Fahrpläne für U-Bahnen erarbeiten.
   b bessere Prognosen erstellen.
3. Die Expertin meint, dass es in Zukunft
   a weniger Autos geben wird.
   b umweltfreundlichere Autos geben wird.
4. Passwörter
   a werden nicht mehr nötig sein.
   b schützen auch in Zukunft unsere Daten.
5. Beim Bezahlen werden wir in Zukunft
   a fast nur noch unsere EC-Karte nutzen.
   b weder Bargeld noch Bankkarten benötigen.
6. Handys werden
   a an Bedeutung verlieren.
   b wir nicht mehr ständig mit uns herumtragen.

Ü1

3 [MEDIATION] Informationen aus einer Grafik zusammenfassen und weitergeben – Bearbeiten Sie die Schritte a und b.

a Arbeiten Sie zu zweit. Jede/r wählt eine Grafik zum Thema *Autos und Mobilität in Deutschland*. Markieren Sie Redemittel, die zu Ihrer Grafik passen. Sprechen Sie dann über Ihre Grafik.

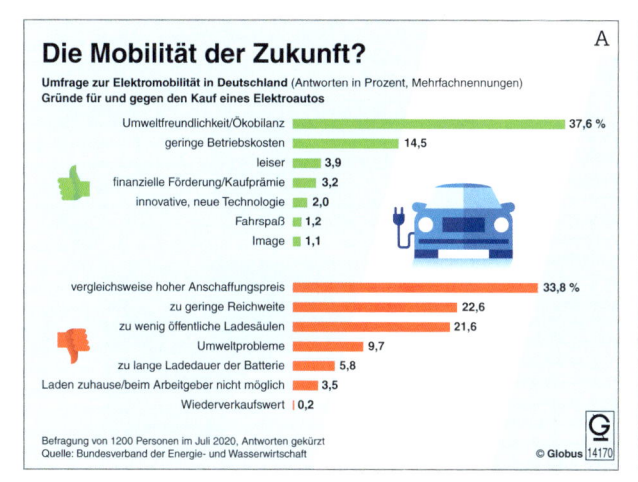

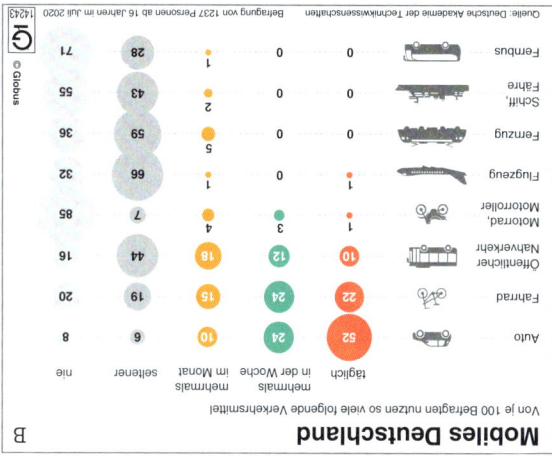

A

Die Mobilität der Zukunft?
Umfrage zur Elektromobilität in Deutschland (Antworten in Prozent, Mehrfachnennungen)
Gründe für und gegen den Kauf eines Elektroautos

- Umweltfreundlichkeit/Ökobilanz 37,6 %
- geringe Betriebskosten 14,5
- leiser 3,9
- finanzielle Förderung/Kaufprämie 3,2
- innovative, neue Technologie 2,0
- Fahrspaß 1,2
- Image 1,1

- vergleichsweise hoher Anschaffungspreis 33,8 %
- zu geringe Reichweite 22,6
- zu wenig öffentliche Ladesäulen 21,6
- Umweltprobleme 9,7
- zu lange Ladedauer der Batterie 5,8
- Laden zuhause/beim Arbeitgeber nicht möglich 3,5
- Wiederverkaufswert 0,2

Befragung von 1200 Personen im Juli 2020, Antworten gekürzt
Quelle: Bundesverband der Energie- und Wasserwirtschaft
© Globus 14170

B

Mobiles Deutschland
Von je 100 Befragten nutzen so viele folgende Verkehrsmittel

	täglich	mehrmals in der Woche	mehrmals im Monat	seltener	nie
Auto	52	24	10	6	8
Fahrrad	22	24	15	19	20
Öffentlicher Nahverkehr	10	12	18	44	16
Motorrad, Motorroller	1	4	3	7	85
Flugzeug	1	1	1	66	32
Fernzug	0	0	5	59	36
Schiff, Fähre	0	0	2	43	55
Fernbus	0	0	1	28	71

Befragung von 1237 Personen ab 16 Jahren im Juli 2020
Quelle: Deutsche Akademie der Technikwissenschaften
© Globus 14243

eine Grafik beschreiben

- In der Grafik … geht es um … / darum, dass …
- Die Grafik zeigt, dass / wie (oft) …
- In der Grafik werden die Gründe für oder gegen … / wird die Häufigkeit der Nutzung von … dargestellt.
- Die Grafik zeigt, wie oft … genutzt wird.
- Auf der linken Seite / In der oberen Hälfte / … informiert die Grafik über …
- Rechts / Links / Unten / Oben kann man sehen, welche / was / wie viele …

- Man kann an der Grafik gut erkennen, dass …
- Interessant ist, dass …
- Auffallend hoch / niedrig ist / sind …
- Besonders viele / wenige nutzen …
- Wie erwartet, kann man sehen, dass …
- Zusammenfassend kann man sagen, dass …
- Die angegebenen Daten / Zahlen lassen vermuten, dass in Zukunft …

b Fassen Sie nun die Informationen Ihrer Grafik schriftlich für andere zusammen.

Das Thema der Grafik ist „Mobiles Deutschland". Es geht um …

[STRATEGIE]

Informationen aus Grafiken weitergeben
Nennen Sie das Thema der Grafik. Gehen Sie auf die höchsten und niedrigsten Werte der Grafik ein. Überlegen Sie:
- Welche Informationen sind für Sie interessant? Das interessiert vermutlich auch andere.
- Welche Ihrer Erwartungen wurden bestätigt? Auch das ist für andere interessant.
- Was hat Sie überrascht oder ist neu für Sie?

Ü2

4 Werden Sie Zukunftsforscher/in. Diskutieren Sie in Gruppen: Welche Folgen kann es für die Zukunft haben, wenn der Online-Handel im Internet weiter zunimmt **oder** wenn die Menschen in Innenstädten auf private Autos verzichten?

Post- und Lieferservice
Bargeld
Innenstädte und Einkaufszentren
Arbeitsplätze
…

Umwelt
Platz auf den Straßen und anderen Flächen
Arbeitsplätze
Flexibilität
…

WENIGER IST MEHR

1 **a** Arbeiten Sie in Gruppen. Sehen Sie die Fotos an und beschreiben Sie die beiden Stile mithilfe der Adjektive.

gemütlich • ordentlich • strukturiert • kühl • modern • aufgeräumt • voll • überladen • langweilig • steril • unpraktisch • verspielt • …

A

B

b Welchen Stil mögen Sie? A, B oder einen anderen? Sprechen Sie in Ihrer Gruppe.

2 **a** „Ich bin Minimalist" – Lesen Sie die Fragen und sammeln Sie zu zweit Ideen für mögliche Antworten.

1. Was ist ein Minimalist?
2. Warum trennt man sich von Dingen?
3. Was kann man in seinem Leben alles reduzieren?
4. Welche positiven Aspekte kann es geben, wenn man nicht so viel kauft oder besitzt?

3.06 **b** Hören Sie jetzt den Podcast von Linus Pohlmann. Notieren Sie Informationen zu den Fragen in 2a und vergleichen Sie mit Ihren Ideen.

3.06 **c** Hören Sie den Podcast noch einmal. Richtig oder falsch? Kreuzen Sie an.

1. Linus Pohlmann hat sich am Anfang über seine Hamburger Wohnung gefreut. — richtig / falsch
2. Im Laufe der Zeit wurde ihm die Wohnung in Hamburg zu klein. — richtig / falsch
3. Die Wohnung wurde leerer, weil er fast nichts mehr gekauft hat. — richtig / falsch
4. Er hat sich während der Aufräumaktion nur von Gegenständen in der Wohnung getrennt. — richtig / falsch
5. Durch weniger Eigentum hat er mehr Zeit für seine Interessen. — richtig / falsch
6. Ressourcen sparen ist für seine Lebensweise ein wichtiges Thema. — richtig / falsch

3.05
SPRACHE IM ALLTAG

Zu viel
Es reicht!
Zu viel ist zu viel!
Schluss damit!
Das Maß ist voll!

[STRATEGIE]

Fragen helfen beim Verstehen
Überlegen Sie sich vor dem Hören Fragen zum Thema und formulieren Sie mögliche Antworten. So aktivieren Sie Wörter und Ideen, die beim Verstehen helfen.

Ü1

MODUL 3

3 a Seit einem Jahr Minimalist – Arbeiten Sie zu zweit. Lesen Sie die temporalen Angaben. Mit welchen Präpositionen kann man auf die Fragen 1 bis 5 antworten? Ordnen Sie zu und vergleichen Sie mit einem anderen Paar.

GRAMMATIK

Zeitangaben machen: temporale Präpositionen

mit Akkusativ	mit Dativ	mit Genitiv
bis nächsten Mittwoch	**ab** diesem Moment	**innerhalb** einer Woche
für eine Woche	**am** Wochenende	**außerhalb** der Arbeitszeit
gegen Mittag	**beim** Einkaufen	**während** meines Urlaubs
über eine Woche	**in** den ersten Wochen	
um drei Uhr	**nach** den ersten Wochen	
um Ostern **herum**	**seit** der Aktion / letztem Jahr	
(**von** Montag) **bis** Freitag	**von** Anfang **an**	
	von Montag (bis Freitag)	
	vor drei Jahren	
	zwischen 12 und 13 Uhr	

1. Wie lange wohnst du hier?
2. Wann hattest du die Idee, Überflüssiges zu verschenken?
3. Wie lange willst du schon deine Wohnung aufräumen?
4. Wann wollen wir uns treffen?
5. Wann werden wir mit dem Aufräumen fertig werden?

Ü2 Wie lange wohnst du hier? → Für eine Woche, über eine Woche, seit ...

b Flüssig sprechen – Wählen Sie fünf Präpositionen aus 3a und schreiben Sie Aussagen über sich selbst. Arbeiten Sie dann zu zweit und sprechen Sie Dialoge wie im Beispiel.

> Ich wohne schon seit drei Jahren in München.
>> Wirklich? Schon seit drei Jahren?

> In zwei Tagen besuche ich meine Eltern.
>> In zwei Tagen? Und freust du dich?

c Schreiben Sie die Satzanfänge zu Ende. Lesen Sie Ihre Sätze in Gruppen vor.

1. Seit meinem Einzug habe ich ...
2. Von Anfang an wollte ich ...
3. In den ersten Tagen habe ich mein Zimmer ...
4. Bis mich meine Freunde das erste Mal besuchten, dauerte es ...
5. Innerhalb der nächsten Wochen möchte ich mit meinen Nachbarn ...

d Sprechen Sie in Gruppen. A beginnt einen Satz mit einer temporalen Präposition, B ergänzt. Dann beginnt B einen neuen Satz und C ergänzt, usw.

> Vor zwei Monaten
>> Vor zwei Monaten habe ich eine Prüfung geschrieben. Gestern ...

4 Könnten Sie so leben wie Linus Pohlmann? Schreiben Sie einen Forumskommentar zu dem Podcast in Aufgabe 2. **oder** Sie schreiben einer Freundin / einem Freund, die/der zu viele Sachen hat und mehr Platz braucht. Schreiben Sie Tipps, wie man sich von Überflüssigem trennt.

7

Begriffe erklären · Meldungen zum Thema Marken verstehen · eine Diskussion führen

KENNEN SIE DIESE MARKE?

1 a Sehen Sie die Bilder an. Welche Produkte oder Marken kennen Sie? Wie haben Sie sie erkannt?

b Erklären Sie die folgenden Begriffe in Gruppen. Sie können sie beschreiben oder Synonyme nennen.

- das Statussymbol
- das Lebensgefühl
- die Fälschung
- die Mundpropaganda
- der Hersteller
- die Influencer (Pl.)

> Mundpropaganda bedeutet, dass ein Produkt bekannt ist oder wird, weil die Leute …

2 a Meldungen zu Marken – Arbeiten Sie zu zweit. Eine Person liest die Meldungen A bis C, die andere liest D bis F. Markieren und notieren Sie Informationen zu den Fragen 1 bis 3.

1. Was sind typische Merkmale eines Markenartikels?
2. Mit welchen Strategien werden Markenartikel verkauft?
3. Welche Rolle spielen die Kundinnen und Kunden?

TIPP

Gendergerechte Sprache
statt Kunden (immer seltener):
1. Kundinnen und Kunden
2. Kund*innen
3. KundInnen
4. Kund/innen

A Markenartikel haben Vorteile für die Kund*innen: Sie wissen, von wem und wie der Artikel produziert wurde. Wenn man mit dem Produkt nicht zufrieden ist, kauft man die Marke einfach nicht mehr. Außerdem legen Kund*innen heute Wert auf faire Arbeitsbedingungen bei der Produktion vieler Artikel, gerechte Löhne und Umweltschutz. Dies erkennt man z.B. an dem Siegel *Fairtrade*, das für viele Hersteller immer wichtiger wird, um Produkte verkaufen zu können.

B Viele Marken werben mit Slogans, Logos oder witzigen Spots. Oder sie nutzen persönliche Empfehlungen wie bei der Mundpropaganda: Produkte werden von bekannten Influencerinnen und Influencern auf ihrer Social-Media-Seite oder von Prominenten im Fernsehen präsentiert. So haben die Kunden fast das Gefühl, dass Freunde ihnen das Produkt empfehlen. Dabei wird selten die Ware selbst beschrieben, sondern eher ein Lebensgefühl, nach dem sich die Kundschaft sehnt.

C In vielen Sprachen verwendet man Markennamen für bestimmte Produkte. So hört man im Deutschen häufig „Kannst du mir ein Tempo geben?", wenn jemand ein Papiertaschentuch haben möchte. Der Markenname wird dann stellvertretend für dieses Produkt verwendet, egal von welchem Hersteller.

D Viele Marken stehen für hohe Qualität oder Innovation. Andere gelten als Symbol für einen sozialen Status oder die Gemeinschaft einer Gruppe. Häufig liegt der Preis von Markenartikeln über dem Durchschnitt. Daher werden diese Artikel auch immer wieder gefälscht. Allein im letzten Jahr hat der deutsche Zoll über 5 Millionen gefälschte Artikel sichergestellt.

E Markenartikel werden in den Läden oft auf Augenhöhe platziert, damit die KundInnen sie nicht lange suchen müssen. Produkte, die diesen Platz erobert haben, werden häufiger verkauft. Und selbst wenn die Markenprodukte einmal keinen optimalen Platz haben: KundInnen erkennen sie sofort an den typischen Farben, Formen, Verpackungen und Logos.

F Markenprodukte erfüllen Kundenwünsche: Eine Schokocreme ist in unterschiedlichen Ländern für die verschiedenen Brote weicher oder härter, Waschpulver riecht in jedem Land anders. Ein anderes Beispiel ist, dass immer mehr Produkte mit einem Bio-Siegel wie *Bioland* versehen sind. Das Siegel steht für eine Herstellung, die Umwelt-, Natur- und Tierschutz garantiert. Das ist vielen Kund/innen wichtig.

MODUL 4

b [MEDIATION] Berichten Sie sich gegenseitig, was Sie zu den Fragen 1 bis 3 in den Meldungen zu Marken erfahren haben. Ergänzen Sie dabei Ihre Notizen zu den Fragen.

c Und Sie? Kaufen Sie Markenartikel oder nicht? Warum? Sprechen Sie im Kurs.

3 [MEDIATION] Eine Diskussion über Marken und Fair Trade führen – Was ist Ihnen wichtig? Sie spielen gleich eine Talkshow. Bearbeiten Sie die Schritte a bis c.

a Lesen Sie die Redemittel für eine Moderation. Welche passen zu einer Aufforderung, etwas zu sagen (A)? Welche passen zu einer Nachfrage (N)?

N Wie meinen Sie das genau?
Und was sagen Sie dazu?
Könnten Sie uns dazu ein Beispiel nennen?
Mich würde auch Ihre Meinung interessieren, Herr/Frau …

Könnten Sie das bitte noch einmal wiederholen?
Habe ich Sie richtig verstanden, dass …?
Denken/Finden Sie das auch, Herr/Frau …?
Mir ist noch nicht ganz klar, was Sie mit … meinen.

b Arbeiten Sie zu viert. Jede/r wählt eine Rolle. Notieren Sie, was Sie sagen möchten. Verwenden Sie dabei auch die Redemittel aus 3a.

MODERATORIN
- sehr freundlich
- stellt allen kritische Fragen
- achtet darauf, dass jede/r etwas sagt
- findet, dass man bewusst konsumieren sollte

KUNDE, DER AUF PREISE ACHTET
- kann nicht so viel Geld ausgeben
- entscheidet nach Preis und nicht nach Marke
- achtet auf Sonderangebote
- findet fair produzierte Waren meistens zu teuer

KUNDIN, DIE AM LIEBSTEN MARKEN KAUFT
- findet es wichtig, den Hersteller zu kennen
- will wissen, wofür sie ihr Geld ausgibt
- hat gute Erfahrungen mit Marken gemacht
- findet, dass Qualität ihren Preis haben muss

KUNDE, DER AUF FAIRNESS ACHTET
- findet faire Produktion wichtig (gerechte Löhne, saubere Umwelt, …)
- möchte auf Produkten sehen, ob sie fair hergestellt wurden (Siegel, Marken)
- kauft weniger, achtet auf fair produzierte Waren

an einer Diskussion teilnehmen
um das Wort bitten / das Wort ergreifen
- Darf ich dazu (direkt) etwas sagen?
- Ich möchte dazu etwas ergänzen.
- Ja, das verstehe ich, aber …
- Glauben / Meinen Sie wirklich, dass …?
- Dazu hätte ich eine Anmerkung: …
- Entschuldigen Sie, wenn ich unterbreche, aber …

sich nicht unterbrechen lassen
- Lassen Sie mich bitte ausreden.
- Ich möchte nur noch eins sagen: …
- Einen Moment bitte, ich möchte kurz sagen, …
- Einen Augenblick bitte, ich bin gleich fertig.
- Lassen Sie mich noch meinen Gedanken / Satz zu Ende bringen.

c Spielen Sie die Diskussion. Nennen Sie Ihre Ansichten und Argumente und reagieren Sie auf die anderen.

7 ein Reklamationsgespräch führen

KOMMUNIKATION IN ALLTAG UND BERUF

1 a Hören Sie das Gespräch. Was ist das Problem? Wie lautet die Lösung?

3.08

b Hören Sie noch einmal. Welche Redemittel hören Sie?

SPRECHER 1

1. ☐ Hallo.
   ☐ Guten Tag, kann ich Ihnen helfen?
   ☐ Hallo, Sie melden sich, wenn Sie was brauchen?
   ☐ Guten Tag, kann ich Ihnen behilflich sein?

3. Oh,
   ☐ haben Sie den Pullover dabei?
   ☐ kann ich den Pulli bitte mal sehen?

5. Ja, ich sehe es.
   ☐ Haben Sie den Pullover bar bezahlt?
   ☐ Haben Sie mit Karte bezahlt?
   ☐ Haben Sie den Kassenzettel dabei?

7. Okay. Also einen kleinen Moment bitte.
   ☐ Ich muss kurz in der Zentrale nachfragen.
   ☐ Ich frage mal meine Kollegin.

9. Also,
   ☐ Sie können den Pullover hierlassen und bekommen Ihr Geld zurück.
   ☐ wir haben den gleichen Pulli noch mal und Sie können ihn gerne umtauschen.
   ☐ wir können den Pullover für Sie reparieren lassen.
   ☐ Wir können Ihnen einen Gutschein anbieten.

11. ☐ Gerne.

SPRECHER 2

2. Hallo, ja gerne. Also, ich habe hier diesen Pulli gekauft, aber leider ist da ein Loch im Ärmel. Ich möchte den Pulli gerne
   ☐ zurückgeben.
   ☐ umtauschen.
   ☐ reparieren lassen.

4. Ja. Bitte sehr.
   ☐ Schauen Sie, hier ist er kaputt.
   ☐ Sehen Sie, hier ist das Loch.

6. ☐ Leider nein, ich finde ihn nicht mehr. Geht das trotzdem?
   ☐ Ja, einen Moment … wo ist er denn? Ah, hier.
   ☐ Ja, hier bitte sehr.

8. ☐ Ja, danke.
   ☐ Gut, ich warte hier.

10. ☐ Super, dann machen wir das so.
    ☐ Hm, das passt mir nicht. Ich möchte lieber …
    ☐ Gut, das ist in Ordnung für mich.
    ☐ Ja, bestens.
    Vielen Dank!

c Spielen Sie das Gespräch zu zweit. Tauschen Sie dann die Rollen.

2 a Wählen Sie eine Situation und bereiten Sie zu zweit ein Gespräch vor.

A Sie haben eine Jeans gekauft und sehen erst zu Hause, dass an einer Stelle die Naht kaputt ist. Sie wollen die Jeans umtauschen und gehen ins Geschäft.

B Sie haben ein Tablet gekauft. Leider ist der Akku immer schon nach einer Stunde leer. Sie bringen das Gerät ins Geschäft zurück. Sie möchten, dass es repariert oder umgetauscht wird.

C Sie haben für einen Kollegen ein Buch gekauft, aber leider hat er es schon. Sie möchten das Buch im Geschäft zurückgeben und Ihr Geld zurückhaben oder einen Gutschein bekommen.

b Spielen Sie jetzt Ihr Gespräch. Üben Sie so lange, bis Sie es einem anderen Paar vorspielen können.

PORTRÄT

TAUGT DAS WAS?

Zwei Institutionen, die Waren testen, stellen sich vor.

DIE STIFTUNG WARENTEST

Fast jeder in Deutschland kennt die Stiftung Warentest und die meisten vertrauen den Testergebnissen dieser Institution. Das ist kein Wunder, denn die Stiftung Warentest kann auf eine lange Tradition zurückblicken. Sie wurde 1964 vom Deutschen Bundestag gegründet mit dem Ziel, Produkte und Dienstleistungen für die Verbraucher zu testen – und zwar unabhängig. Inzwischen werden jedes Jahr über 25 000 Produkte und Dienstleistungen kritisch untersucht und geprüft. Die Stiftung kauft oder nutzt Produkte und Dienstleistungen anonym (wie jeder andere Kunde auch) und unterzieht sie dann eigens erarbeiteten Testkriterien. Dabei werden wissenschaftliche Methoden angewendet und die Ergebnisse werden regelmäßig von der Stiftung in einer Zeitschrift und online veröffentlicht.

Das Wichtigste bei allen Tests ist Neutralität, deswegen darf die Stiftung auch keine Gewinne durch Werbung in ihren Publikationen einnehmen, sondern bekommt eine finanzielle Unterstützung vom Staat (ca. 5 % der Gesamteinnahmen der Stiftung). So ist garantiert, dass die Tests neutral sind und kein Produkt bevorzugt wird.

DER ÖKO-TEST-VERLAG

Auch der Öko-Test-Verlag kann auf eine lange Tradition zurückblicken: Seit April 1985 testet er inzwischen über 100 000 Produkte nicht nur mit Blick auf das Preis-Leistungs-Verhältnis, sondern unter besonderer Beachtung von Umweltfaktoren oder gesundheitsschädlichen Stoffen. Hier werden also nicht nur Bio-Produkte getestet, sondern verschiedenste Waren und Dienstleistungen. Die Tests erfolgen in unabhängigen wissenschaftlichen Laboren und ohne dass die Unternehmen wissen, dass sie oder eines ihrer Produkte gerade getestet werden. Die Bewertung erfolgt in Schulnoten von Note 1 (sehr gut) bis Note 6 (ungenügend) und wird regelmäßig publiziert (online und in einer Zeitschrift).

Schon oft musste der Verlag vor Gericht für das Recht kämpfen, auch schlechte Ergebnisse zu veröffentlichen, denn immer wieder wollten Firmen genau das verhindern.

Die Testkriterien werden regelmäßig den jeweiligen Produkten und der aktuellen Situation angepasst, z. B. wenn neue Schadstoffe auftauchen. Ökotest war die erste Institution, die maßgeblich Wert darauf legte, dass keine für Mensch und Natur schädlichen Substanzen verwendet werden, und hat dazu beigetragen, dass die Richtlinien und Gesetze zum Schutz der Verbraucher besser wurden und werden.

1 a Lesen Sie die beiden Texte. Was sind die Unterschiede, was die Gemeinsamkeiten der beiden Test-Zeitschriften?

b Gibt es in Ihrem Land ähnliche Zeitschriften / Organisationen? Berichten Sie.

2 Sammeln Sie Informationen über eine Institution, Firma oder Persönlichkeit aus dem In- und Ausland, die Sie zum Thema *Konsum* interessant finden, und stellen Sie sie vor.

Beispiele aus dem deutschsprachigen Bereich: Statista • GfK • Projekt *Share* • Zukunftsinstitut • momoxfashion.com

7

UNVERPACKT

1 a Verpackungen – Sprechen Sie in Gruppen über die folgenden Fragen.

1. Welche Produkte kaufen Sie normalerweise mit Verpackung, welche ohne?
2. Aus welchen Materialien sind diese Verpackungen?
3. Was machen Sie mit den Verpackungen?

b Welche Antwort ist richtig? Was vermuten Sie? Kreuzen Sie an.

1. Wie viel Verpackungsmüll wird pro Jahr in Deutschland durch den alltäglichen Konsum produziert?
   a 2 Millionen Tonnen   b 20 Millionen Tonnen   c 200 Millionen Tonnen
2. Wie viel Verpackungsmüll erzeugt jede Person in Deutschland durchschnittlich pro Jahr?
   a 2,3 kg   b 23 kg   c 230 kg

07.1 **c** Sehen Sie Szene 1 und kontrollieren Sie Ihre Antworten in 1b. Was plant Hannes für die Zukunft? Sprechen Sie im Kurs.

2 a Lesen Sie die Anfänge der Aussagen. Sehen Sie Szene 2 und ergänzen Sie die Aussagen dann zu zweit.

07.2
1. Die Idee von Unverpackt-Läden ist …
2. Für viele Produkte bringen die Kunden ihre eigenen … mit.
3. Man kann sich die Menge, die man braucht, …
4. Die Produkte in Unverpackt-Läden sind nachhaltig, …, möglichst … und …
5. Hannes bringt eine … für sein Müsli, ein … für sein Mehl, eine … für seinen Kaffee und eine … für sein Obst und Gemüse mit.
6. Hannes' Fazit ist …

b Was ist beim Einkaufen in Unverpackt-Läden anders als in einem normalen Supermarkt? Sprechen Sie in Gruppen. Die Wörter helfen Ihnen.

die Waage • eigene Gefäße / Behälter • (ab)wiegen • das Leergewicht • selbst abfüllen • Preise

c Wie finden Sie Unverpackt-Läden? Was würden Sie dort (nicht) kaufen? Warum?

3 Wählen Sie A, B oder C. Bereiten Sie eine Präsentation vor und stellen Sie Ihre Ergebnisse im Kurs vor.

A Machen Sie eine Challenge: fünf Tage ohne Verpackungen. Dokumentieren Sie Ihre Erfahrungen in einem (Video-) Tagebuch. Zeigen Sie das Video im Kurs.
B Es gibt verschiedene Möglichkeiten, über Apps und Technologien Verpackungsmüll zu reduzieren. Recherchieren Sie und präsentieren Sie die Möglichkeit, die Sie besonders interessant finden.
C Warum ist es wichtig, Verpackungsmüll zu reduzieren? Recherchieren Sie. Wählen und präsentieren Sie dann die drei wichtigsten Gründe.

GRAMMATIK IM BLICK

Passiv

Verwendung

Beim Passiv ist wichtig, **was passiert**, also der Vorgang oder die Aktion:
- Das Werkzeug wird getauscht.

Beim Aktiv ist wichtig, **wer** etwas **macht**, also die handelnde Person:
- Die Personen tauschen das Werkzeug.

Formen

Passiv Präsens	**Passiv Präteritum**	**Passiv Perfekt**
Gebrauchte Kleider werden getauscht.	Das Netzwerk wurde 2015 gegründet.	Die Idee ist in den USA entwickelt worden.
werden im Präsens + Partizip II	*werden* im Präteritum + Partizip II	*sein* im Präsens + Partizip II + *worden*

Wenn man im Passivsatz die handelnde Person nennen will, verwendet man meistens *von* + Dativ:
- Viele Dinge werden <u>von</u> allen Nachbarn genutzt.

Passiv mit Modalverb

Modalverb (im Präsens oder Präteritum) + Partizip II + *werden* im Infinitiv:
- Der kulturelle Austausch soll gefördert werden.
- Das Auto musste verkauft werden.

Zeitangaben machen: temporale Präpositionen

mit Akkusativ	**mit Dativ**	**mit Genitiv**
bis nächsten Mittwoch	**ab** diesem Moment	**innerhalb** einer Woche
für eine Woche	**am** Wochenende	**außerhalb** der Arbeitszeit
gegen Mittag	**beim** Einkaufen	**während** meines Urlaubs
über eine Woche	**in** den ersten Wochen	
um drei Uhr	**nach** den ersten Wochen	
um Ostern **herum**	**seit** der Aktion / letztem Jahr	
(von Montag) **bis** Freitag	**von** Anfang **an**	
	von Montag (bis Freitag)	
	vor drei Jahren	
	zwischen 12 und 13 Uhr	

Ich lebe schon **über** zwei Jahre in dieser Wohnung.
Um Ostern **herum** habe ich immer frei.
Während meines Urlaubs habe ich die Wohnung renoviert.
Seit der Renovierung gefällt mir die Wohnung noch besser.
Komm doch **am** Wochenende mal zu mir!

8 BIST DU FIT?

1 a Hier ist was los! – Was sehen Sie auf dem Bild? Sprechen Sie im Kurs.

b Lesen Sie die Sprechblasen und ordnen Sie sie den passenden Situationen im Bild zu.

A Das kannst du vergessen. Viel zu kalt!

B Na und? Dafür wirst du gleich ziemlich rot!

C Maximal noch einen!

D Sie ist ganz schön streng heute.

Das Bein strecken und halten, halten, halten! Das geht noch besser!

7

Wollen wir uns den Burger teilen?

6

8

Tolles Wetter heute! Und diese Luft …!

LERNZIELE

MODUL 1 über Ernährung sprechen, Typbeschreibungen und ein Interview verstehen
MODUL 2 Magazintexte über Gesundheit verstehen und wichtige Informationen vereinfacht weitergeben, eine kurze Präsentation halten
MODUL 3 Radiosendungen zu besonderen sportlichen Leistungen verstehen und darüber sprechen
MODUL 4 über Witze und Humor sprechen und schreiben, einen Podcast und Texte über Humor verstehen

ALLTAG UND BERUF
Gespräche in der Apotheke führen

GRAMMATIK
MODUL 1 Ziele und Absichten ausdrücken: Finalsätze mit *damit* und *um … zu*
MODUL 3 Verben mit Präpositionen und Präpositionaladverbien / Fragewörtern

---

c Ergänzen Sie in den anderen Situationen eine zweite Sprechblase. Was könnten die Leute sagen oder antworten?

d Vergleichen Sie Ihre Mini-Dialoge im Kurs. Wo gibt es Unterschiede?

2 Wie fit sind Sie? Leben Sie gesund? Was würden Sie gern ändern? Sprechen Sie zu zweit.

Ü1–4

> Ich sitze viel am Schreibtisch und brauche mehr Bewegung. Deshalb habe ich mich im Fitnessstudio angemeldet, aber …

ESSEN – ABER WIE?

1 a Arbeiten Sie zu zweit. Jede/r wählt drei Fragen. Interviewen Sie sich gegenseitig.

Welche Mahlzeit ist Ihnen am wichtigsten?

Was essen Sie gern?

Kochen Sie regelmäßig?

Hat sich Ihre Ernährung in den letzten Jahren verändert?

Essen Sie oft Fast Food?

Lesen Sie manchmal Artikel zum Thema Ernährung?

b [MEDIATION] Ernährungstypen – Arbeiten Sie zu zweit. Jede/r liest zwei Typbeschreibungen. Erklären Sie Ihrem Partner / Ihrer Partnerin, was für jeden Typ charakteristisch ist.

UND WELCHER TYP BIST DU?

Über Ernährung wird mehr denn je diskutiert. In regelmäßigen Abständen gibt es einen neuen Trend oder ein neues Superfood. Der Hype um die richtige Ernährung nimmt kein Ende und viele Menschen wechseln ihre Ernährungsweise recht häufig. Wir haben mal ein paar Ernährungstypen zusammengestellt. Erkennt ihr euch wieder?

TYP A Hauptsache gesund

Dir geht ein gesundes Leben über alles und natürlich beschäftigst du dich deshalb auch intensiv mit deiner Ernährung. Für qualitativ
5 hochwertige Lebensmittel gibst du viel Geld aus und du kaufst hauptsächlich frische Produkte in Bio-Läden. Bei all der gesunden Ernährung vergisst du aber manchmal den Spaß beim Essen und bist mit dir selbst
10 viel zu streng. Auch im Restaurant wird es manchmal etwas anstrengend mit dir, weil du wirklich alle Zutaten einer Mahlzeit genau wissen möchtest. Entspann dich öfter mal und gönn dir ruhig ab und zu ein Stück
15 Schokolade!

TYP B Hauptsache zusammen

Du liebst es zu kochen, am liebsten deftige und traditionelle Gerichte. Leichte Kost? Geht gar nicht. Das Wichtigste ist für dich
20 aber das Zusammensein mit anderen Menschen. Wenn die Töpfe auf dem Herd stehen und die Familie sich in der Küche versammelt, bist du glücklich. Du achtest darauf, dass täglich zusammen gegessen
25 wird. Deine Familienmitglieder, die viel unterwegs sind, können davon zeitweise ganz schön genervt sein. Aber auch Freunde werden oft zum Essen eingeladen. Dann sitzt ihr stundenlang gemütlich am Tisch
30 und redet und redet.

TYP C Hauptsache schnell

Du gehst völlig in deinem Beruf auf und arbeitest sehr viel. Deswegen muss auch deine Nahrungsaufnahme möglichst
35 schnell gehen. Du isst oft direkt am Schreibtisch. Leider bestehen deine Mahlzeiten oft aus Fast Food oder anderen Snacks. Vitamine und Nährstoffe sucht man da vergeblich. Am Abend
40 bist du zu müde, um noch etwas Aufwändiges zu kochen. Deshalb greifst du im Supermarkt häufig zu Fertiggerichten. Um wenigstens ab und zu mal etwas Gutes und Gesundes zu essen, gehst du am
45 Wochenende gern ins Restaurant.

TYP D Hauptsache modern

Du informierst dich regelmäßig über neue Ernährungstrends und änderst dementsprechend häufig deine
50 Ernährungsweise. Ob Paleo, Superfood oder nur Rohkost – du machst bei jeder Mode mit. Du tauschst dich auch intensiv mit anderen Menschen über neue Ernährungstrends aus und präsentierst dich gern nach außen.
55 Daher muss dein Essen immer möglichst gut aussehen, damit du schöne Fotos davon im Internet posten kannst. Wie das Essen schmeckt, ist für dich eher nebensächlich. Iss doch einfach, worauf du Lust hast!
60

c Zu welchem Typ würden Sie sich am ehesten zählen? Begründen Sie.

d Lesen Sie die Aussagen. Auf welchen Typ in 1b beziehen sie sich?

1. Meine Freundin ist genauso: Sie sollte unbedingt öfter etwas Gutes kochen und ins Büro mitnehmen, um fit und gesund zu bleiben.
2. Mein Bruder fotografiert jedes Essen, damit seine Freunde es sehen. Das nervt!
3. Das kenne ich! Ich habe gerade eingekauft, damit ich für meine Freunde kochen kann.
4. Ich liebe gesundes Essen. Ich gehe jede Woche auf den Markt, um Obst und Gemüse zu kaufen. Ein Stück Kuchen gönne ich mir aber trotzdem ab und zu.

2

a Lesen Sie die Aussagen in 1d noch einmal und ergänzen Sie den Grammatikkasten.

GRAMMATIK

Ziele und Absichten ausdrücken: Finalsätze mit *damit* / *um ... zu*

Subjekt im Hauptsatz ǂ Subjekt im Nebensatz: ....
Er fotografiert sein Essen, ... seine Freunde es sehen.

Subjekt im Hauptsatz = Subjekt im Nebensatz: .... oder ....
Er hat gerade eingekauft, ... er heute Abend kochen kann.
Er hat gerade eingekauft, ... heute Abend .... kochen.

Ü2a

b Arbeiten Sie zu zweit. Ergänzen Sie die Sätze abwechselnd. Verwenden Sie *um ... zu* und *damit*.

1. Ich esse viel Obst und Gemüse, …
2. Du solltest einen Kochkurs machen, …
3. Morgens trinke ich einen Kaffee, …
4. Tarik probiert oft neue Rezepte aus, …
5. Viele essen regionale Produkte, …
6. Sina nimmt sich Essen ins Büro mit, …
7. Man sollte abends nicht so spät essen, …
8. Kinder sollten viele verschiedene Speisen probieren, …

Ü2b-d

3

Lesen Sie die Regel und ergänzen Sie dann in den Sätzen *zum* + Infinitiv (als Nomen).

GRAMMATIK

***zum* + Infinitiv (als Nomen)**

Um einzukaufen, geht er gern in den Supermarkt. → **Zum Einkaufen** geht er gern in den Supermarkt.

wandern • essen • lernen • kochen • einkaufen

1. … gehe ich oft in den kleinen Laden um die Ecke.
2. Ich habe nicht immer Zeit … Dann esse ich einfach ein Brot mit Käse.
3. … gehe ich immer in die Bibliothek. Blöd finde ich nur, dass man dort nichts essen darf.
4. Ich habe so Hunger! Lass uns … gehen.
5. … fahren wir gern in die Berge. Das Schönste dabei ist das Essen auf der Hütte.

Ü3

4

a Hören Sie die Radiosendung *Gesunde Ernährung*. Über welche Aspekte wird gesprochen? Markieren Sie.

3.09

Kaffee • Essen im Büro • Frühstück • traditionelle Gerichte • Zucker • Diäten • Fertigprodukte • Fette • vegane Ernährung • Aktivitäten beim Essen

3.09 b Hören Sie noch einmal und notieren Sie wichtige Informationen zu den markierten Aspekten aus 4a.

c Vergleichen Sie Ihre Notizen zu zweit. Was war neu für Sie?

GESUND UND MUNTER?

1 a Was bedeuten die Wörter? Arbeiten Sie zu viert. Erklären Sie sich gegenseitig die Wörter oder bilden Sie je einen Beispielsatz. Wenn Wörter in Ihrer Gruppe nicht geklärt werden können, wenden Sie sich an eine andere Gruppe.

die Diagnose • die Symptome (Pl.) • das Wohlbefinden • das Ausdauertraining • der Laie • das Gehirn • das Gesundheitsrisiko • der Blutdruck

b Lesen Sie die Texte und formulieren Sie zu jedem Text eine Überschrift. Vergleichen Sie in der Gruppe.

A Schnell mit ein paar Worten die Symptome in die Suchmaschine getippt und schon hat man die Diagnose. So einfach ist es meist nicht. Aber die Recherche im Internet hat durchaus Vorteile: So sind Menschen oft besser informiert, wenn sie zum Arzt gehen, und können dort die richtigen Fragen stellen. Dr. Internet zu befragen, kann aber auch gefährlich sein. Wenn zum Beispiel leichte Symptome fälschlicherweise einer schweren Krankheit zugeordnet werden, hat das womöglich negative Folgen für die Psyche. Außerdem ist es für Laien oft schwierig, zu erkennen, welche Informationen vertrauenswürdig sind und welche nicht. Um Webseiten und Apps mit verlässlichen und seriösen Informationen empfehlen zu können, sollten sich auch Ärzte und Ärztinnen mit den Angeboten beschäftigen.

B Wandern ist eine Sportart, die bisher von vielen eher belächelt wird. Dabei hat Wandern eine positive Wirkung auf unser Wohlbefinden. Das haben Forscher in einer groß angelegten Studie nachgewiesen. So wirkt eine dreistündige Wanderung wie Ausdauertraining und stärkt das Herz-Kreislauf-System sowie Knochen und Gelenke. Außerdem wurde registriert, dass die Stimmung der untersuchten Menschen nach der Wanderung besser war als zuvor. Es scheint so, als würde das Gehirn beim Wandern auf Entspannungsmodus schalten. Eine große Rolle dabei spielt wohl auch die Landschaft. Außerdem wird durch die Bewegung die Durchblutung des Gehirns angeregt. Neben dem Wandern fördert aber auch schon eine halbe Stunde zügiges Gehen pro Tag die Gesundheit.

C Wirklich still ist es selten: vorbeifahrende Autos, Baustellen, laute Musik, der Rasenmäher vom Nachbarn, die Party in der WG. Ob wir allerdings Geräusche als Lärm empfinden, ist subjektiv: Manche Menschen ärgern sich über laute Musik, andere stört sie gar nicht. Ein rauschender Bach wird von vielen als angenehm empfunden, Straßenlärm ist für die meisten Menschen unangenehm. Studien besagen, dass in Europa 113 Millionen Menschen dauerhaft dem Verkehrslärm ausgesetzt sind. Klar ist, dass Lärm krank macht. Der Schlaf wird beeinträchtigt, Stresshormone werden ausgeschüttet und langfristig können so hoher Blutdruck und Herzinfarkt die Folge sein.

c **Lesen Sie die Texte noch einmal und sprechen Sie zu viert über die folgenden Fragen.**

1. Wann kann eine Internetrecherche zu Krankheitssymptomen gut bzw. schlecht sein?
2. Wie wirkt Wandern auf Körper und Geist?
3. Wie wirkt dauerhafter Lärm auf den Menschen?

[STRATEGIE]

Informationen vereinfacht weitergeben
Wenn Sie Informationen an jemanden weitergeben, der nicht so gut Deutsch kann, achten Sie darauf,
· dass Sie nur die wichtigsten Informationen nennen.
· dass die Sätze nicht zu lang sind (z. B. nicht mehrere Nebensätze hintereinander).
· dass Sie statt komplizierter Wörter eher einfache Wörter verwenden (z. B. Es scheint so, als würde das Gehirn beim Wandern auf Entspannungsmodus schalten. → Das Gehirn entspannt sich beim Wandern.).

d [MEDIATION] **Informationen vereinfacht weitergeben – Wählen Sie einen Text. Fassen Sie die Informationen für eine Person, die nicht so gut Deutsch kann, in einfachen Worten zusammen.**

2 a **Worüber würden Sie gern noch mehr erfahren? Oder welches andere Thema aus dem Bereich *Gesundheit* interessiert Sie? Sprechen Sie im Kurs.**

Gesunde Ernährung · Guter Schlaf · Wirkung der Sonne auf den Körper · Bekannte Hausmittel · Gesundheits-Apps · …

b [STRATEGIE] **Entscheiden Sie sich für ein Thema aus 2a und bereiten Sie eine kurze Präsentation vor. Arbeiten Sie in den folgenden Schritten:**

1. Recherchieren Sie mindestens fünf wichtige Informationen zu Ihrem Thema.
2. Notieren Sie die Informationen in Stichworten auf Karten.
3. Notieren Sie auch passende Beispiele zu den Informationen.
4. Wie ist Ihre Meinung zum Thema? Machen Sie auch dazu Notizen auf einer Karte.
5. Ordnen Sie die Karten in einer sinnvollen Reihenfolge.
6. Markieren Sie Redemittel im Kasten, die Sie verwenden möchten.
7. Üben Sie Ihre Präsentation so lange, bis Sie sicher sprechen.

eine Präsentation halten

Einleitung
· Das Thema meiner Präsentation ist …
· Ich spreche heute über das Thema …
· Zuerst möchte ich über …, dann über … und … sprechen.

Hauptteil
· Ich komme jetzt zum ersten / nächsten Punkt: …
· Dabei ist auch wichtig, dass / wie …
· Folgendes Beispiel zeigt gut, …
· Das ist besonders interessant, weil …
· Ich möchte dazu ein Beispiel nennen: …
· Ich bin der Meinung, dass …

Schluss
· Abschließend / Zum Schluss möchte ich noch sagen, dass …
· Für die Zukunft ist es wichtig, dass …
· Vielen Dank für Ihre / eure Aufmerksamkeit.
· Gibt es Fragen?

c **Halten Sie Ihre Präsentation.**

TIPP
Sprechen Sie möglichst frei. Suchen Sie den Blickkontakt zu den Zuhörern und Zuhörerinnen.

8 MACH MIT!

Radiosendungen zu besonderen sportlichen Leistungen verstehen und darüber sprechen

1 a „Radio Sportlich" – Arbeiten Sie zu dritt. Sehen Sie die Bilder an und lesen Sie die Texte. Um welche Sportarten geht es hier? Was ist vermutlich das Besondere daran?

1 René Steinhübel gewinnt Meistertitel in Karate
Pause in der Sonne: René Steinhübel und Marlon sind ein eingespieltes Team

2 Du spielst gern eine Runde Tischkicker? Wie fändest du es, wenn du plötzlich selbst zum Tischkicker-Spieler wirst – lebensecht und in voller Größe? Interesse? Dann hör in unsere Sendung rein …

3 KAUM ZU GLAUBEN! ALS ROLLSTUHLFAHRER MIT DEM BIKE ÜBER DIE ALPEN
Ein Bericht von Björn Eisenmann
Eher macht mein Bike schlapp als ich selbst.

4 Immer mehr Senioren sind fit wie 30-Jährige
Johanna Meyer hat mit 70 mit dem Wettkampfschwimmen begonnen.

5 Das war mein 100. Sprung und es ist nicht der letzte …
Eine Reportage über eine besondere Sportart.

b Welche Sendung würden Sie gern hören? Begründen Sie Ihre Antwort.

2 a Sie hören drei Auszüge aus Radiosendungen. Auf welche Texte in 1a beziehen sie sich? Ordnen Sie zu.

3.10 Sendung A: ……………… Sendung B: ……………… Sendung C: ………………

3.10 **b** Lesen Sie die Aussagen. Hören Sie dann die Sendungen noch einmal. Markieren Sie, in welcher Sendung die Aussagen vorkommen.

	A	B	C
1. Der Wettkampf basiert auf klaren Spielregeln.			
2. Freunde haben bei diesem großartigen Sportprojekt geholfen.			
3. Bei dieser Sportart muss man über einen Schein verfügen.			
4. Die moderne Technik führt zu weniger Unfällen.			
5. Bei dieser Sportart geht es auch um eine Menge Spaß.			
6. Es ist wichtig, dass man sich im Team auf jeden verlassen kann.			
Ü1 7. Hier kommt es nicht auf Fitness und Kondition an.			

c Was fanden Sie interessant und warum? Sprechen Sie im Kurs.

MODUL 3

3 **a** Verben mit Präpositionen – Lesen Sie noch einmal die Aussagen in Aufgabe 2b. Unterstreichen Sie alle Verben mit Präpositionen.

b Sehen Sie den Grammatikkasten an. Ergänzen Sie Beispiele für Verben mit Präpositionen aus 2b.

> **GRAMMATIK**
>
> **Verben mit Präpositionen**
>
> 1. **Verb + Präposition mit Dativ**
> 2. **Verb + Präposition mit Akkusativ**
> 3. **Verb + Präposition mit Dativ oder Akkusativ**
>
> aus, bei, mit, nach, von, zu, unter, vor, zwischen
>
> für, gegen, um, über
>
> an, auf, in
>
> berichten von, …
>
> sich entscheiden für, …
>
> sich verlieben in, …
>
> Manche Verben können auch mehrere Präpositionen haben:
> Der Sportreporter spricht **mit** der Teilnehmerin **über** ihre Vorbereitungsphase.
> Die Siegerin bedankt sich **bei** ihrem Trainer **für** die Unterstützung.

Ü2–4

3.11 **c** Lenas hundertster Sprung – Hören Sie zwei Varianten von einem Dialog und notieren Sie die fehlenden Wörter. Lesen Sie dann die Regel und ergänzen Sie sie.

DIALOG 1
- Herzlichen Glückwunsch zu deinem 100. Sprung. Was geht dir da oben denn so durch den Kopf?
- Also, wenn ich springe, dann denke ich natürlich immer zuerst an meine Sicherheit.
- Und .... denkst du noch?
- An einen perfekten Absprung und .... , dass ich sicher lande.

DIALOG 2
- Herzlichen Glückwunsch zu deinem 100. Sprung. Was geht dir da oben denn so durch den Kopf?
- Also, wenn ich springe, dann denke ich an Menschen, die mir wichtig sind.
- Und .... denkst du da genau?
- An meine Familie und meinen Trainer, der immer aufpasst, ob ich alles richtig mache.
- Das verstehe ich, dass du .... denkst.

> **GRAMMATIK**
>
> **Präpositionaladverbien mit *da(r)-…* und Fragewörter mit *wo(r)-…***
>
> Sachen • Personen • Ereignissen
>
> *wo(r)-…* und *da(r)-…* verwendet man bei .... und ....
> *da(r)-…* steht auch vor Nebensätzen (dass-Satz, Infinitiv mit *zu*, indirekter Fragesatz).
> Präposition + Pronomen oder Präposition + Fragewort verwendet man bei ....

Ü5

3.12 **d** Flüssig sprechen – Bilden Sie Sätze wie im Beispiel und sprechen Sie zu zweit.

1. Hast du an deinen Termin gedacht?
2. Hast du mit deiner Trainerin gesprochen?
3. Hast du dich über deine Mitspieler geärgert?
4. Hast du an dem Wettkampf teilgenommen?
5. Hast du dich über das Sportprogramm informiert?
6. Hast du mit deinem Chef telefoniert?

– Hast du an deinen Termin gedacht?
– Woran?
– An deinen Termin.
– Ja, ich habe daran gedacht.

4 Recherchieren Sie nach weiteren besonderen sportlichen Leistungen und stellen Sie sie im Kurs vor.

B1.2+ ›31

8 LACHEN IST GESUND

über Witze und Humor sprechen · einen Podcast und Texte verstehen · über Humor schreiben

1 a Sehen Sie die Witze an. Welchen finden Sie lustig? Welchen finden Sie gar nicht lustig?

A

B
Ärztin: „Sie sind gerade noch rechtzeitig zu mir gekommen!"
Patientin: „Ist es denn wirklich so schlimm?"
Ärztin: „Das nicht, aber einen Tag später und es wäre von selbst weggewesen."

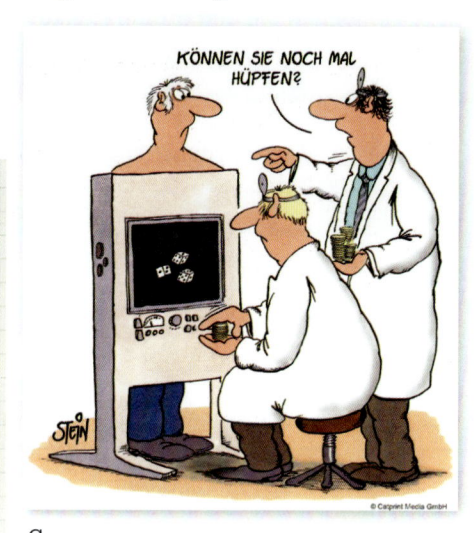

C

D

E

F
Ein Patient geht zum Arzt und fragt: „Was kann ich nur machen? Beim Kaffeetrinken habe ich immer Schmerzen im linken Auge."
Nach langem Überlegen antwortet der Arzt: „Vielleicht sollten Sie beim nächsten Mal den Löffel aus der Tasse nehmen."

b „Lachen ist die beste Medizin" – Was bedeutet das? Gibt es in Ihrem Land eine ähnliche Redewendung? Sprechen Sie im Kurs.

2 a Was bedeuten folgende Wörter? Ordnen Sie zu.

1. die Verspannungen (Pl.)
2. die Endorphine (Pl.)
3. die Antikörper (Pl.)
4. der Sauerstoff
5. der Organismus
6. die chronischen Schmerzen (Pl.)
7. das Immunsystem

A das gesamte System der Organe
B lang anhaltende Schmerzen
C Abwehrsystem gegen Krankheiten, es bekämpft Viren, Bakterien usw.
D „Glückshormone"
E Gas, das in der Luft enthalten ist (chemische Formel: O_2)
F Muskeln, die nicht entspannt sind und schmerzen
G bildet der Körper zur Bekämpfung von Krankheiten

116 B1.2+ › 32

MODUL 4

3.13 **b** Hören Sie den Podcast. In welcher Reihenfolge wird über die Themen gesprochen? Nummerieren Sie.

Lachen macht fit   Lachen hilft gegen Stress
Lachen stärkt das Immunsystem   Lachen hilft gegen Schmerzen

3.13 **c** Hören Sie noch einmal. Welches Thema aus 2b passt zu den Aspekten? Ordnen Sie die Nummern zu.

Stresshormone abbauen   viele Muskeln benutzen
Endorphine lösen biochemische Reaktion aus   Blutdruck senken
weniger Schmerz fühlen   Antikörper bilden
gegen Viren und Bakterien helfen   das Herz stärken
Ü1 Sauerstoff gelangt ins Blut   viel Luft aufnehmen

d Sprechen Sie zu zweit über die Informationen aus dem Podcast. Die Stichpunkte aus 2c helfen.

e Worüber haben Sie heute schon gelacht? Erzählen Sie.

3.14

SPRACHE IM ALLTAG

Lachen
Ich lach mich krank.
Das ist ja zum Totlachen.
Wir haben uns kaputtgelacht.

3 a Lesen Sie die beiden Texte. Welche Überschrift passt zu welchem Text?

A Probleme im Team lösen   C Wie vermeidet man Fettnäpfchen?
B Humor – Welche Rolle spielt die Kultur?   D Humor hilft in vielen Situationen

Text 1

Auch wenn man eine andere Sprache sehr gut spricht, versteht man oft die Witze nicht oder findet sie einfach nicht lustig, obwohl sich alle anderen kaputtlachen. Woran liegt das? In jedem Land, in jeder Gesellschaft wird gelacht, aber oft über unterschiedliche Dinge. Das hängt von der Kultur und ihren Werten, der Geschichte und dem Selbstbild einer Gesellschaft ab. Das, was der eine lustig findet, kann für den anderen beleidigend sein. Wenn man merkt, dass man mit einem Witz in ein Fettnäpfchen getreten ist, entschuldigt man sich am besten gleich.

Text 2

Humor sorgt für bessere Stimmung. Das gilt auch für das Arbeitsleben. Aber es geht immer darum, miteinander zu lachen und nicht übereinander. Das fördert zum Beispiel den Zusammenhalt im Team und macht Mitarbeiter und Mitarbeiterinnen zufriedener. Studien haben gezeigt, dass Mitarbeiter weniger krank und gestresst sind, wenn sie in einer humorvollen Atmosphäre arbeiten. Und wenn wir Witze über eine schwierige Situation machen, können wir die Situation mit mehr Distanz sehen und sie kreativer angehen.

Ü2-3 **b** Kennen Sie auch Situationen wie in 3a? Erzählen Sie und nennen Sie auch Beispiele.

c [MEDIATION] Bilden Sie Gruppen und sprechen Sie über die folgenden Fragen.

- In welchen Situationen hilft Humor besonders gut?
- Worüber, über wen oder wann darf man Ihrer Meinung nach keine Witze machen?
- „Humor ist, wenn man trotzdem lacht" – Was könnte das bedeuten?

4 [MEDIATION] Eine Person konnte nicht am Unterricht teilnehmen. Schreiben Sie ihr
Ü4 und berichten Sie drei bis fünf interessante Informationen zum Thema *Humor*.

B1.2+ › 33   117

8 Gespräche in der Apotheke führen

KOMMUNIKATION IN ALLTAG UND BERUF

1 a Welche Probleme haben die Personen? Sprechen Sie zu zweit.

jemandem ist schwindelig • die Übelkeit • Kreislaufprobleme haben • jemandem ist übel/schlecht • einen Ausschlag haben • heiser • das Halsweh • die Rückenschmerzen (Pl.) • jucken • erkältet sein • die Haut • sich den Magen verderben • die Gliederschmerzen (Pl.) • der Schnupfen

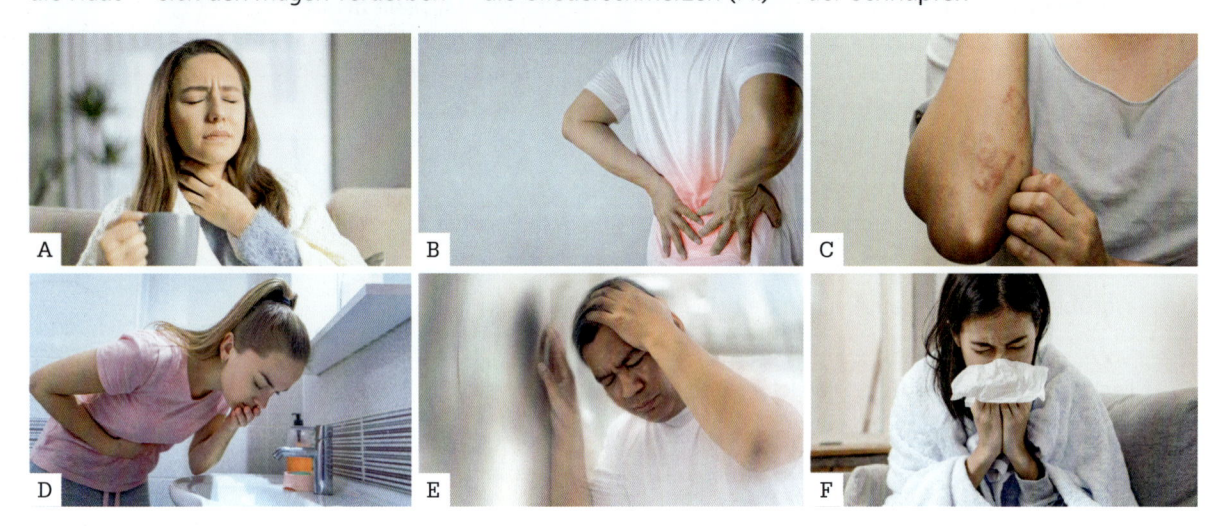

A   B   C
D   E   F

b Welche anderen gesundheitlichen Probleme kann man haben? Sprechen Sie im Kurs.

2 a Gespräche in der Apotheke – Ergänzen Sie zu zweit und hören Sie zur Kontrolle.

3.15–16

Nebenwirkungen • täglich • Schmerztabletten • Beschwerden • gegen • Besserung • aufsuchen • Mittel • verschreibungspflichtig

GESPRÄCH 1
- Guten Tag.
- Guten Tag. Ich brauche etwas .... Rückenschmerzen. Haben Sie Valanoc-Tabletten?
- Tut mir leid. Die sind .... Da müssen Sie zuerst zum Arzt gehen und der muss Ihnen ein Rezept ausstellen. Aber ich kann Ihnen normale .... geben.
- Ja, gerne.
- Gut, nehmen Sie diese Tabletten maximal dreimal .... vor dem Essen ein. Sie sollten die Tabletten aber nicht länger als drei Tage nehmen.
- In Ordnung.
- Das macht dann 8 Euro 50. Brauchen Sie sonst noch etwas?
- Nein, das ist alles. Vielen Dank.

GESPRÄCH 2
- Guten Tag.
- Guten Tag. Ich brauche ein .... gegen Übelkeit.
- Da kann ich Ihnen diese Tropfen empfehlen. Sie sind pflanzlich und haben keine ....
- Okay, gut. Wie nimmt man die Tropfen ein?
- Dreimal täglich 20 Tropfen. Wenn Ihre .... nach drei Tagen nicht besser werden, müssen Sie aber einen Arzt ....
- Ja, mache ich. Was kosten die Tropfen denn?
- 9 Euro 90. Gute .... !
- Danke. Auf Wiedersehen.

b Spielen Sie die Dialoge aus 2a zu zweit. Tauschen Sie auch die Rollen.

c Wählen Sie ein anderes Problem aus 1a und spielen Sie einen weiteren Dialog.

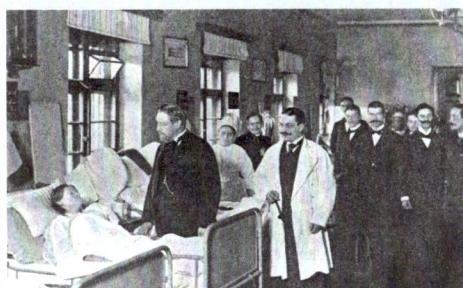

PORTRÄT

Charité – Universitätskrankenhaus Berlin

Die Charité (französisch für Nächstenliebe, Barmherzigkeit) ist nicht nur das älteste Krankenhaus in Berlin, sondern auch eine der größten Universitätsklinken Europas – mit vier Standorten, über 3000 Betten und mehr als 15 000 Beschäftigten aus über 100 Ländern. Gleichzeitig gehört die Charité mit ca. 7000 Studierenden zu den begehrtesten Ausbildungsstätten im Bereich Medizin.
Im Jahr 1710 wurde die Charité als Pesthaus vor den Toren Berlins gegründet. Weil Berlin dann aber von der Pest verschont blieb, wurde aus dem Gebäude ein Lazarett für Arme und Obdachlose. So erklärt sich auch der Name der Klinik. Im 19. Jahrhundert entwickelte sich aus der Charité ein weltweit bedeutendes Zentrum der Medizin. Wichtige Persönlichkeiten dieser Zeit wirkten hier. Insgesamt kommen über die Hälfte der deutschen Nobelpreisträger für Medizin aus der Charité. Doch nach dieser glanzvollen Zeit kamen die Nazis an die Macht und missbrauchten die Charité für ihre Zwecke. Zahlreiche Ärzte stellten sich in den Dienst des Nationalsozialismus, gleichzeitig wurden Wissenschaftler und Wissenschaftlerinnen vertrieben oder getötet. Heute wird mit Gedenkorten auf dem Klinikgelände an die Opfer des Nationalsozialismus erinnert. Nach dem zweiten Weltkrieg wurde die Charité zum führenden Krankenhaus der kommunistisch-sozialistischen Länder. Nach dem Fall der Mauer vereinte man alle medizinischen Institutionen der Humboldt-Universität und der Freien Universität Berlin unter dem Dach der Charité und die Charité baute ihren internationalen Ruf weiter aus.
Heute werden pro Jahr über 800 000 Menschen ambulant und stationär versorgt, pro Monat gibt es etwa 6000 Operationen. In der Charité befindet sich auch die größte Sonderisolierstation Deutschlands, in der zeitgleich 20 Patienten mit hoch ansteckenden Krankheiten wie Ebola behandelt werden können.
Ein großer Schwerpunkt liegt auf der Forschung. In 4000 Forschungsprojekten wird innovative Grundlagenforschung mit klinischen Studien verbunden. Dabei kooperiert die Charité mit namhaften nationalen und internationalen Wissenschaftsorganisationen wie z. B. dem Fraunhofer-Institut.
Die Charité engagiert sich auch im sozialen Bereich. Beschäftigte der Charité sind weltweit in der Katastrophenhilfe tätig und helfen beispielsweise, Verletzte in Erdbebengebieten medizinisch zu versorgen. Mittlerweile gibt es sogar eine sehr erfolgreiche Serie mit mehreren Staffeln über die Charité. In dieser Serie werden die einschneidenden Entwicklungen der Medizingeschichte mit persönlichen Geschichten verbunden.

1 Die Charité – Notieren Sie Informationen aus dem Text und vergleichen Sie.

wichtige Zahlen   *Ereignisse*

2 Sammeln Sie Informationen über Institutionen, Firmen und Persönlichkeiten aus dem In- und Ausland, die für das Thema *Fitness* und *Gesundheit* interessant sind, und stellen Sie sie vor.

Beispiele aus dem deutschsprachigen Bereich: Robert-Koch-Institut • Christiane Nüsslein-Volhard • Christian Drosten • Eckart von Hirschhausen • Rahel Hirsch • Ärzte ohne Grenzen • Sigmund Freud • Hans-Wilhelm Müller-Wohlfahrt

VEGAN – WARUM NICHT?

1 Was ist eigentlich vegan? – Sprechen Sie in Gruppen über die Fragen.

Vegetarisch oder vegan? Was ist der Unterschied?

Welche Produkte aus der Collage kann man beim Kochen von veganen Rezepten benutzen bzw. nicht benutzen?

Eier, Mehl, Kurkuma, Hafermilch, Käse, Erdbeermarmelade, Milch, Gummibärchen, Müsli, Honig, Fisch, Apfel

2 a Sehen Sie Szene 1. Machen Sie Notizen zu Tina und Joe. Welche anderen Informationen bekommen Sie über den Unterschied zwischen vegetarisch und vegan? Vergleichen Sie im Kurs.
08.1

Joe — Tina

08.1 **b** Arbeiten Sie zu zweit. Zu wem passt welche Aussage: Joe (J) oder Tina (T)? Notieren Sie. Sehen Sie Szene 1 noch einmal und vergleichen Sie.

1. ☐ Ich habe früher immer gern deftige Fleischgerichte gegessen.
2. ☐ Ich muss bei der veganen Ernährung auf nichts verzichten.
3. ☐ Ich kaufe Ersatzprodukte, weil ich nicht auf den Geschmack von Fleisch verzichten will.
4. ☐ Ich habe von der Ernährungsumstellung profitiert.

3 Sehen Sie Szene 2. Welche zwei veganen Gerichte kochen Tina und Joe für ihren Freund Frank? Welche Zutaten kennen Sie? Sprechen Sie im Kurs.
08.2

4 a Arbeiten Sie zu zweit. Sehen Sie Szene 3. Welche Informationen finden Sie wichtig? Machen Sie Notizen und formulieren Sie dann fünf Fragen. Tauschen Sie Ihre Fragen mit einem anderen Paar und antworten Sie.
08.3

b Lesen Sie die beiden Redewendungen. In welchem Kontext werden sie in Szene 3 genannt? Was bedeuten sie? Sprechen Sie im Kurs.

Das ist nicht das Gelbe vom Ei. • Das geht runter wie Öl.

5 Welches Gericht möchten Sie selbst einmal probieren? Können Sie sich vorstellen, vegan zu leben? Warum (nicht)? Sprechen Sie im Kurs.

GRAMMATIK IM BLICK

G 06 **Ziele und Absichten ausdrücken: Finalsätze mit *damit* und *um … zu***

Subjekt im Hauptsatz ≠ Subjekt im Nebensatz: *damit*
- Er fotografiert sein Essen, **damit** seine Freunde es sehen.

Subjekt im Hauptsatz = Subjekt im Nebensatz: *damit* oder *um … zu*
- Er hat gerade eingekauft, **damit** er heute Abend kochen kann.
- Er hat gerade eingekauft, **um** heute abend **zu** kochen.

zum* + Infinitiv (als Nomen)
Um einzukaufen, geht er gern in den Supermarkt. → **Zum Einkaufen** geht er gern in den Supermarkt.

Verben mit Präpositionen

Viele Verben stehen mit einer oder mehreren Präpositionen. Bei Verben mit Präpositionen bestimmt die Präposition den Kasus der Ergänzungen.

1. **Verb + Präposition mit Dativ**	2. **Verb + Präposition mit Akkusativ**	3. **Verb + Präposition mit Dativ oder Akkusativ**
aus, bei, mit, nach, von, zu, unter, vor, zwischen	für, gegen, um, über	an, auf, in
bestehen aus, sich bedanken bei, anfangen mit, fragen nach, handeln von, überreden zu, verstehen unter, warnen vor, unterscheiden zwischen	sich entscheiden für, kämpfen gegen, sich bemühen um, sich ärgern über	arbeiten an (+ Dat.), denken an (+ Akk.) basieren auf (+ Dat.), achten auf (+ Akk.) sich irren in (+ Dat.), sich verlieben in (+ Akk.)

Manche Verben können auch mehrere Präpositionen haben:
- Der Sportreporter spricht **mit** der Teilnehmerin **über** ihre Vorbereitungsphase.
- Die Siegerin bedankt sich **bei** ihrem Trainer **für** die Unterstützung.

Eine Übersicht über Verben mit Präpositionen finden Sie im Internet unter www.klett-sprachen.de/kontext.

Präpositionaladverbien und Fragewörter

Sachen und Ereignisse

wo(r)- + Präposition
- **Woran** denkst du da oben?
- An meine Sicherheit.

da(r)- + Präposition
- Und **woran** denkst du noch?
- An einen perfekten Absprung und **daran**, dass ich sicher lande.

Personen und Institutionen

Präposition + Fragewort
- **An wen** denkst du da oben?
- An meine Familie.

Präposition + Pronomen
- Und **an wen** denkst du noch?
- An meinen Trainer, der immer aufpasst, ob ich alles richtig mache.
- Das verstehe ich, dass du **an ihn** denkst.

Nach *wo …* und *da …* wird ein *r* eingefügt, wenn die Präposition mit einem Vokal beginnt:
- auf → wo**r**auf / da**r**auf

da(r)-… steht auch vor Nebensätzen (dass-Sätze, Infinitiv mit *zu*, indirekter Fragesatz):
- Alles hängt **davon** ab, ob man diesen Sport mag.
- Beim Sport geht es nicht nur **darum**, dass man gewinnt.

9 ENTSCHEIDE DICH!

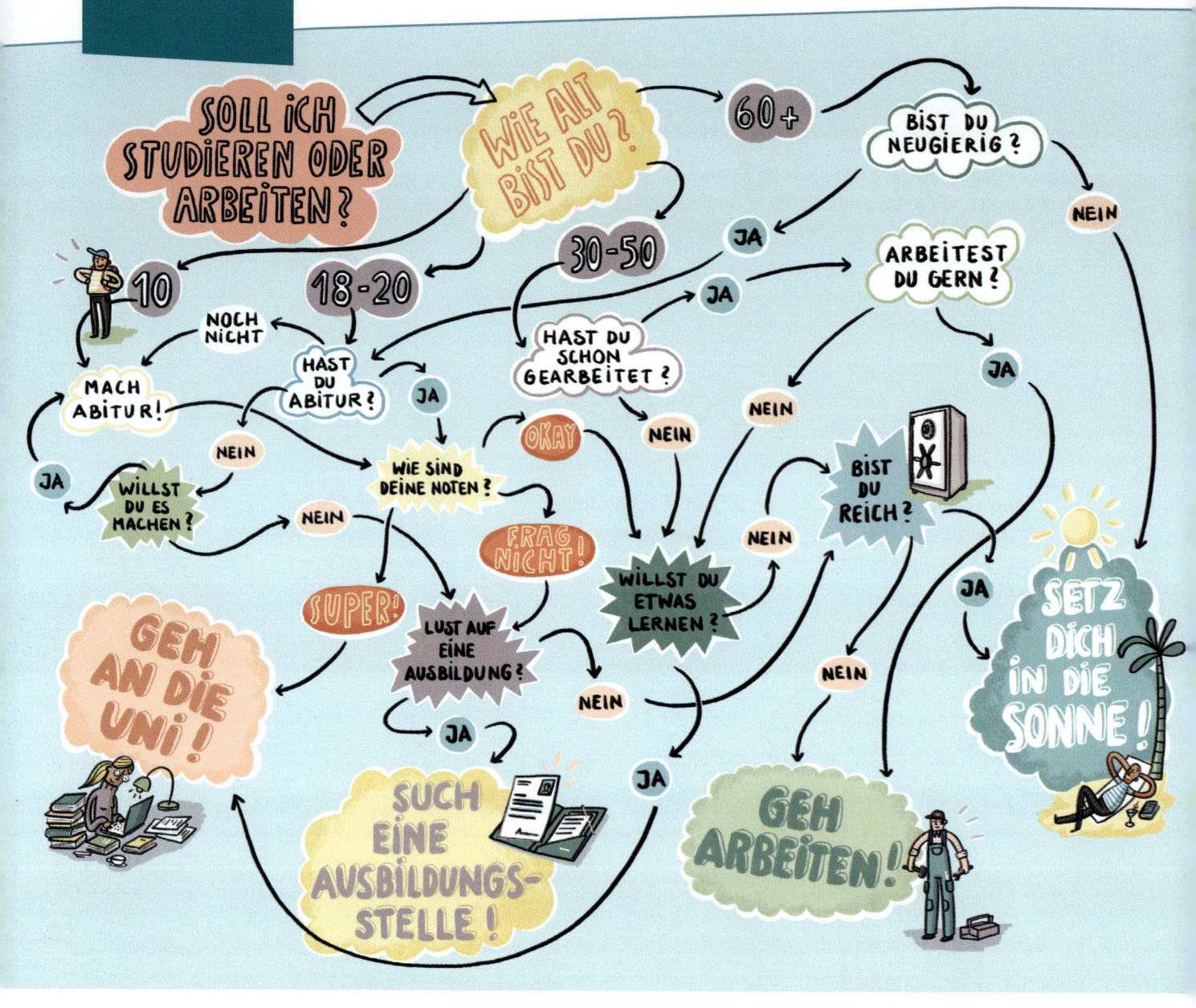

(Entscheidungsbaum-Illustration mit folgenden Elementen:)

Soll ich studieren oder arbeiten? → **Wie alt bist du?**

- **10** → Mach Abitur! → Ja / Nein → Willst du es machen?
- **18–20** → Hast du Abitur?
  - Noch nicht → Mach Abitur!
  - Ja → Wie sind deine Noten? → Super! / Okay / Frag nicht!
  - Nein → Willst du es machen?
- **30–50** → Hast du schon gearbeitet? → Ja / Nein
- **60+** → Bist du neugierig? → Ja / Nein

Arbeitest du gern? → Ja / Nein
Willst du etwas lernen? → Ja / Nein
Lust auf eine Ausbildung? → Ja / Nein
Bist du reich? → Ja / Nein

Ergebnisse:
- Geh an die Uni!
- Such eine Ausbildungsstelle!
- Geh arbeiten!
- Setz dich in die Sonne!

1
a Entscheidungsbäume – Sehen Sie die beiden Bäume an und folgen Sie je nach Antwort „Ihrem" Pfeil.

b Welchen Baum finden Sie lustiger, interessanter, kreativer? Wie finden Sie die Idee generell?

2
a Ihr Entscheidungsbaum – Arbeiten Sie zu zweit. Wählen Sie eine Frage oder formulieren Sie eine eigene. Sammeln Sie wichtige Wörter zu Ihrer Frage.

Soll ich rausgehen? • Wohin fahre ich in Urlaub? • Welches Instrument soll ich lernen? • Mache ich eine große Party? • Soll ich aufs Land ziehen? • …

LERNZIELE

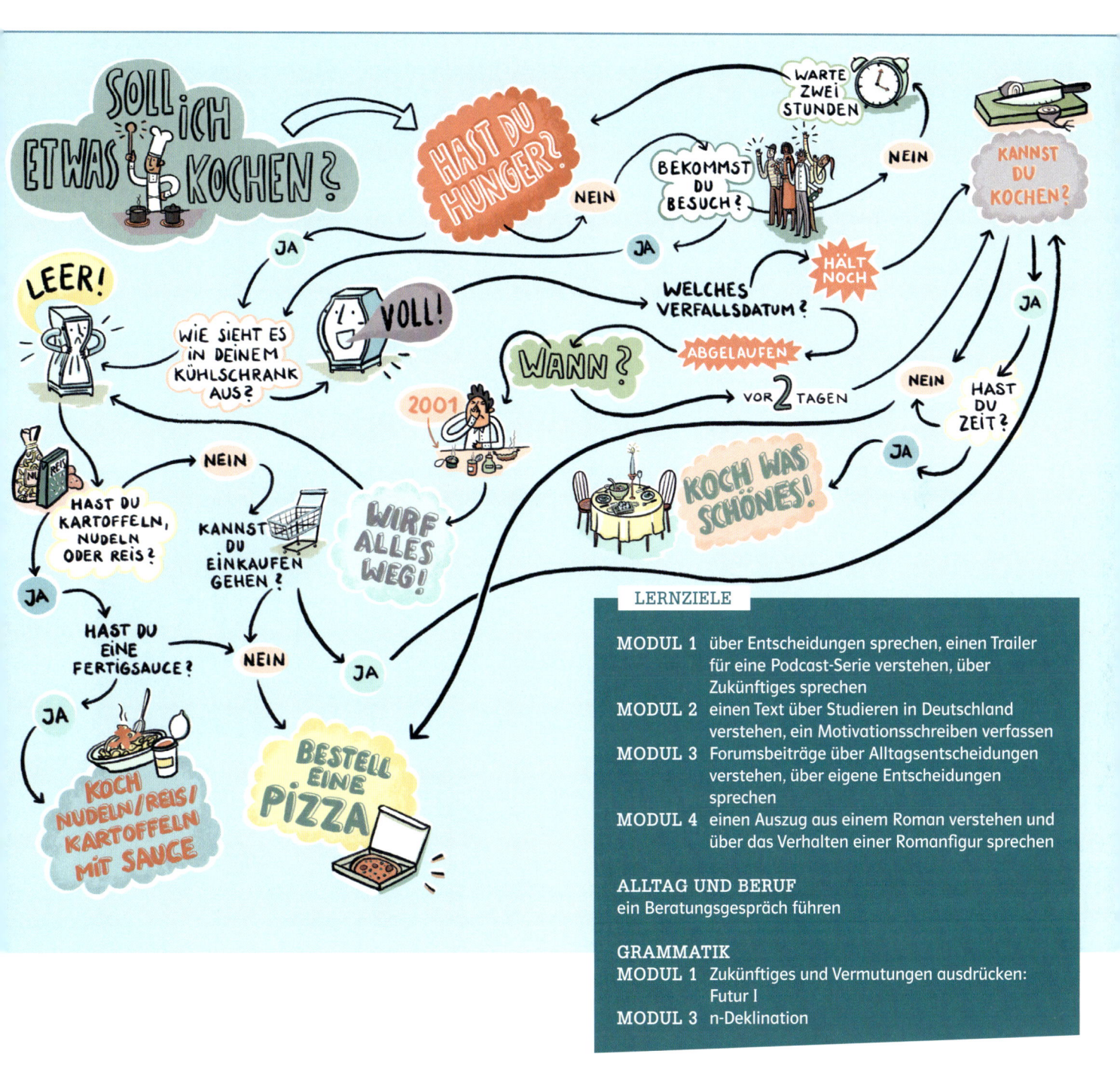

MODUL 1 über Entscheidungen sprechen, einen Trailer für eine Podcast-Serie verstehen, über Zukünftiges sprechen
MODUL 2 einen Text über Studieren in Deutschland verstehen, ein Motivationsschreiben verfassen
MODUL 3 Forumsbeiträge über Alltagsentscheidungen verstehen, über eigene Entscheidungen sprechen
MODUL 4 einen Auszug aus einem Roman verstehen und über das Verhalten einer Romanfigur sprechen

ALLTAG UND BERUF
ein Beratungsgespräch führen

GRAMMATIK
MODUL 1 Zukünftiges und Vermutungen ausdrücken: Futur I
MODUL 3 n-Deklination

b Erstellen Sie Ihren Entscheidungsbaum. Gehen Sie dann durch den Kurs und sehen Sie sich alle Entscheidungsbäume an. Welche finden Sie interessant? Besprechen Sie dann gemeinsam: Was hat Ihnen gut gefallen?

3 Was würde Ihnen bei Entscheidungen helfen? Können Entscheidungsbäume überhaupt helfen, Entscheidungen zu treffen? Sprechen Sie im Kurs.
Ü1–4

9 EINFACH MACHEN!

über Entscheidungen und Zukünftiges sprechen · einen Trailer für eine Podcast-Serie verstehen

1 a Würden Sie das machen? – Lesen Sie die Situationen und besprechen Sie in Gruppen, wie Sie reagieren würden und warum.

Sie sitzen in einem Café, da spricht Sie plötzlich …

1 … das Team eines großen Reisebüros an: Sie haben eine Woche Urlaub in einem Hotel in Berlin gewonnen. Vollpension, alle Getränke und Wellness sind inklusive. Aber: Der Urlaub beginnt schon morgen.

2 … ein Filmteam an: Es braucht noch eine Person für eine Nebenrolle in einem Kinofilm. Sie müssen einen Tag arbeiten und dürfen dafür die Film-Premiere besuchen.

3 … eine bekannte Künstlerin an: Sie können für vier Monate in ein großes Haus mit Garten und Pool ziehen. Dafür können Sie in dieser Zeit nicht in Ihre Wohnung, weil sie für ein Kunstprojekt benötigt wird.

b Sprechen Sie im Kurs. Wie waren die Tendenzen in Ihrer Gruppe? Welche Gründe wurden für oder gegen eine Entscheidung genannt?

2 a (3.17) Hören Sie den Anfang eines Trailers zu einer Podcast-Serie. Worum geht es in der vorgestellten Staffel des Podcasts? Kreuzen Sie die richtige Aussage an.

Es geht um …
1. junge Köche in Deutschland.
2. Zufälle, die das Leben verändern.
3. eine Liebesgeschichte.
4. den Umgang mit Verspätungen.

b Was ist ein Trailer? Welche Merkmale hat ein Trailer wie in 2a?

1. Hinweise zur Serie   2. Ausschnitte aus der Serie
3. Beispiele zu allen Folgen

c (3.18) Hören Sie den Trailer nun zu Ende. Was passierte an dem Tag im August? Sprechen Sie im Kurs.

d (3.18) Hören Sie noch einmal und beantworten Sie die Fragen. Vergleichen Sie dann Ihre Ergebnisse zu zweit.
1. Aus welchem Grund hat der Besitzer Theo die Schlüssel für seinen Stand gegeben?
2. Wie ist die erste Reaktion von Domi und Theo, als sie den Schlüssel bekommen?
3. Welche Berufe haben Domi und Theo?
4. Welchen Traum hatten die beiden schon länger?

e Kann das gut gehen? Was hätten Sie an Stelle von Theo und Domi getan? Glauben Sie, dass die beiden Erfolg haben werden? Sprechen Sie in Gruppen.

sagen, was man tun würde, wenn …	Zweifel ausdrücken	Zuversicht ausdrücken
• Wenn ich in dieser Situation wäre, würde ich …	• Ich glaube nicht, dass …	• Ich bin optimistisch, dass …
• Ich glaube, an ihrer Stelle würde ich …	• Also, ich weiß nicht, ob das gut geht, denn …	• Ich bin sicher, dass es gelingen wird, weil …
• Wenn ich so viel Geld bekommen würde, dann würde ich …	• Ich bezweifle, dass …	• Ich glaube, dass das alles gut gehen wird, weil …
	• Ich bin mir nicht sicher, ob …	• Ich bin überzeugt, dass es / … richtig / erfolgreich / … ist.
	• Ich denke, dass das kaum möglich ist, weil …	

MODUL 1

3

a Zukünftiges und Vermutungen ausdrücken – Lesen Sie die Gedanken von Theo und ordnen Sie sie der Verwendung zu. Ergänzen Sie dann die Regel für die Formen des Futur I.

GRAMMATIK

1. Domi wird jetzt wohl bei Fabian sein.

2. Domi und ich werden den Stand übernehmen.

Futur I: Verwendung
- Aussagen über Zukünftiges: Satz ....
- Vermutung (oft auch mit Modalwörtern wie *wahrscheinlich, vielleicht, wohl*…): Satz ....

Futur I: Formen
Verb .... + ...

b Wie drückt man Zukünftiges oder Vermutungen in Ihrer Sprache aus? Vergleichen Sie die Sätze aus 3a mit Ihrer Sprache.

c Flüssig sprechen – Sie haben morgen einen freien Tag. Was werden Sie alles tun? Sprechen Sie zu zweit wie im Beispiel.

den ganzen Tag am Computer spielen • erst mal Kaffee im Bett trinken • an meinem Fahrrad basteln • lange in der Stadt shoppen gehen • den Schlafanzug den ganzen Tag nicht ausziehen • Freunde im Café treffen • lange schlafen • Musik machen • etwas Aufwändiges kochen • …

○ Morgen werde ich zuerst Freunde im Café treffen.
◆ So, so, du wirst also Freunde im Café treffen. Ich werde zuerst lange schlafen.
○ Aha, du wirst also lange schlafen. Ich werde …

d Auf dem Viktualienmarkt – Was machen die Verkäufer/innen? Sehen Sie das Bild an und vermuten Sie. Sprechen Sie zuerst zu zweit und schreiben Sie dann Ihre Vermutung auf.

Ü4 *Am Gemüsestand wird der Verkäufer wohl gerade etwas essen.*

4

Recherchieren Sie Informationen über den Münchner Viktualienmarkt **oder** einen anderen berühmten Markt in DACH und stellen Sie ihn im Kurs vor.

125

STUDIEREN IN DEUTSCHLAND

1 a Was sind beliebte Studienfächer? Warum entscheiden sich so viele für diese Fächer? Sprechen Sie im Kurs.

b Lesen Sie die Informationen einer Studienberatung und beantworten Sie die zwei Fragen.

1. Was hilft bei der Entscheidung für oder gegen ein Studienfach?
2. Was benötigt man in Deutschland, um studieren zu können?

In Deutschland werden im Moment über 16 000 verschiedene Studiengänge angeboten und es werden immer mehr. Man hat also die Qual der Wahl: Welches Fach ist das richtige für mich? Bei der Entscheidung helfen vielfältige Beratungsangebote und im Netz findet man Tests, mit denen man seine Interessen und Fähigkeiten herausfinden kann. Am Ende werden passende Fachrichtungen oder Berufe vorgeschlagen. Außerdem spielt die grundlegende Frage, ob man für das Studium von zu Hause wegziehen oder ob man in der Nähe der Familie bleiben möchte, eine wichtige Rolle.

Wenn man sich dann entschieden hat, muss man wissen, was man für ein Studium in Deutschland braucht. Das Wichtigste ist das Abitur oder das Fachabitur. Mit Letzterem kann man allerdings nur bestimmte Fächer an manchen Universitäten oder Hochschulen studieren. Bei den meisten Fächern ist der Notendurchschnitt des Abiturs wichtig. Denn häufig gibt es mehr Bewerberinnen und Bewerber, als die Hochschulen aufnehmen können. Außerdem muss man bei der Einschreibung oft auch ein Motivationsschreiben abgeben, in dem man erklärt, warum man genau dieses Fach und warum man an dieser Hochschule studieren möchte. Je nachdem, woher man kommt, was und an welcher Hochschule man studieren will, werden noch weitere Unterlagen verlangt (z. B. Praktikumsberichte oder andere Zeugnisse).

c Welche Informationen waren neu für Sie? Sprechen Sie in Gruppen.

2 a Lesen Sie die Tipps für ein Motivationsschreiben. Gibt es Unterschiede zum Bewerbungsanschreiben? Sprechen Sie im Kurs.

TIPPS

AUFBAU UND INHALT

1. Einleitung: Erklären Sie, warum Sie sich für dieses Fach entschieden haben.
2. Hauptteil: Beschreiben Sie Ihre Stärken und auch, ob sie die Stärken schon während der Schulzeit einbringen konnten.
3. Wenn möglich, berichten Sie von Ihren praktischen Erfahrungen.
4. Erklären Sie, wie Sie auf die Hochschule aufmerksam geworden sind und warum Sie dort studieren möchten.
5. Benennen Sie Ihre beruflichen Ziele und Träume.
6. Schluss: Schreiben Sie, dass sie sich über eine positive Rückmeldung freuen und für Rückfragen erreichbar sind.

FORMALES

7. Beachten Sie die jeweiligen Vorgaben der Hochschule.
8. Schreiben Sie mindestens eine Seite und höchstens 2,5 Seiten.
9. Schreiben Sie oben auf das Motivationsschreiben Ihre Adresse, die Adresse des Empfängers und das aktuelle Datum.
10. Vergessen Sie nie die persönliche Anrede wie in einem Brief.
11. Verwenden Sie am Ende eine passende Grußformel und unterschreiben Sie.

MODUL 2

b Lesen Sie die Formulierungen aus einem Motivationsschreiben. Welche Tipps (1–6) in 2a passen zu den Formulierungen? Ordnen Sie zu, dann sehen Sie das Scheiben in der richtigen Reihenfolge.

A Bereits zur Schulzeit habe ich mich mit großer Freude in der Hausaufgabenbetreuung und als Tutor engagiert. Diese Arbeit hat mir gezeigt, dass Sozialpädagoge genau der richtige Beruf für mich ist. Ich schätze die Arbeit mit Menschen nämlich sehr und möchte vor allem Kinder und Jugendliche kompetent fördern und unterstützen. Meine Begeisterung für die Sozialpädagogik wurde in der 10. Klasse weiter gefestigt, als ich meine Facharbeit zum Thema „Maßnahmen gegen Gewalt an Schulen" schrieb. Durch die Recherchen für diese Arbeit entdeckte ich mein wissenschaftliches Interesse an diesem Fachgebiet.

B Seit Juli dieses Jahres helfe ich in …, einer Einrichtung, die sich auf die Arbeit mit Kindern spezialisiert hat, die besondere Probleme haben.

C Sehr geehrte Frau Meier,
dieses Jahr habe ich die Schule in … abgeschlossen. Meinen Abschluss kann man mit dem deutschen Abitur vergleichen. Da ich gerne tiefergehende Kenntnisse im Bereich der Sozialen Arbeit erlangen möchte, stelle ich mich Ihnen als hoch motivierter Kandidat für den Studiengang „Soziale Arbeit" an Ihrer Hochschule vor.

D Meine Motivation ist groß und ich hoffe, das Studium an Ihrer Hochschule im kommenden Wintersemester beginnen zu können. Über eine Einladung zu einem persönlichen Gespräch freue ich mich sehr.
Mit freundlichen Grüßen

E Viele erfahrene Sozialpädagogen und -pädagoginnen, die dort arbeiten, haben mir Ihre Hochschule sehr empfohlen. Ich habe mich aber auch für Ihre Hochschule entschieden, weil bei Ihnen großer Wert auf die Praxis gelegt wird. Ich schätze sehr, dass Ihre Hochschule gute Kontakte zu vielen unterschiedlichen Einrichtungen und Unternehmen pflegt, in denen man ein Praktikum absolvieren kann.

F Mein Ziel ist es, später in einer Einrichtung für Kinder und Jugendliche mit Behinderung zu arbeiten.

Ü 1–2

3   a [STRATEGIE] **Ein Motivationsschreiben verfassen** – Entscheiden Sie sich für einen Studiengang und eine Hochschule in Deutschland. Bearbeiten Sie dann die folgenden Schritte.

1. Machen Sie Notizen zu den Tipps 1 bis 6 in Aufgabe 2a.
2. Bringen Sie Ihre Notizen in eine sinnvolle Reihenfolge, passend zu Einleitung, Hauptteil und Schluss.
3. Markieren Sie in Aufgabe 2b Formulierungen, die Sie übernehmen möchten.

b Verfassen Sie jetzt Ihr Motivationsschreiben. Achten Sie auch auf die formalen Tipps in 2a.

Ü 3   **c** Vergleichen und korrigieren Sie Ihre Texte zu zweit. Wurden auch alle Tipps beachtet?

B1.2+ › 43   127

9 WER DIE WAHL HAT, HAT DIE QUAL

Forumsbeiträge über Alltagsentscheidungen verstehen · über eigene Entscheidungen sprechen

1 a Denken Sie an Ihren Alltag. Notieren Sie fünf Entscheidungen, die Sie heute schon getroffen haben.

1. Was ziehe ich heute an? 2. Kaffee oder lieber Tee? 3. …

b Arbeiten Sie zu dritt. Vergleichen Sie Ihre Entscheidungen in der Gruppe. Welche Gemeinsamkeiten und Unterschiede gibt es?

2 a Lesen Sie den Beitrag von Sonja Zimmermann und ergänzen Sie die Sätze.

1. Wir treffen täglich … Entscheidungen.
2. Wir entscheiden uns im Alltag oft …
3. Wir müssen uns schnell entscheiden, weil …

Sonja Zimmermann – Admin

Aufstehen oder noch ein paar Minuten im Bett bleiben? Ein komplettes Frühstück oder doch nur einen Kaffee auf dem Weg zur Arbeit? Schon bevor der Tag richtig angefangen hat, hat jeder von uns eine Menge Entscheidungen getroffen. Denn wir entscheiden uns pro Tag bis zu 20 000 Mal. Und wenn ihr den Text bis hierhin gelesen habt, dann habt ihr auch schon wieder Entscheidungen getroffen: den Textanfang zu lesen und dann auch weiterzulesen. Entscheidungen im Alltag treffen wir meistens blitzschnell, unbewusst und automatisch. Das geht auch gar nicht anders bei so vielen Entscheidungen pro Tag. Welche Entscheidungen trefft ihr so im Alltag? Schreibt uns doch. Wir sind gespannt.

b [MEDIATION] Arbeiten Sie zu dritt. Jede/r liest eine Antwort auf den Beitrag von Sonja. Informieren Sie dann Ihre Gruppe über Ihren Beitrag.

Paul
Also mir fallen Entscheidungen generell schwer. Denn egal, wofür ich mich entscheide, es gibt garantiert eine noch bessere Variante. Als meine Vorgesetzte meinen Kollegen, unseren Assistenten und mich neulich zum Mittagessen eingeladen hat, schaute ich ratlos in die Karte. Was sollte ich essen? Am Ende bestellte ich das Gleiche wie mein Kollege. Auch abends zu Hause habe ich oft dieses Problem: Der Kühlschrank ist voll, aber was soll ich kochen? Ich kann mich auch nie für einen Film entscheiden. Es gibt so viel Auswahl.

Marie
Ich bin total glücklich, dass ich ein Zimmer in einer WG gefunden habe. Bevor ich einziehe, will ich es aber noch streichen. Jetzt frage ich mich: Sollen die Wände weiß oder farbig werden? Weiß passt eigentlich immer, ist aber auch langweilig. Und eine andere Farbe? Ich habe dazu schon ganz interessante Artikel eines Spezialisten für Raumgestaltung gelesen. Allerdings hat jede Farbe ihre Vor- und Nachteile – und was mache ich, wenn sie mir nach ein paar Wochen schon nicht mehr gefällt? Eine schwierige Entscheidung. Ich will sie ja später nicht bereuen.

Lena
Wir haben im Büro einen großen Kaffeeautomaten, für den ich seit Langem Kaffee bei einem bestimmten Lieferanten bestelle, der uns das alles in die Firma bringt. Er ist wirklich sehr nett, aber die Lieferung stimmt fast nie. Oft fehlen Dinge, die ich dann natürlich reklamieren muss. Er liefert sie zwar sofort nach und legt oft noch ein kleines Geschenk dazu, aber ich muss immer alles genau kontrollieren, das nervt. Ich weiß nun nicht, ob ich mich bei ihm beschweren oder ob ich einen anderen Lieferanten suchen soll. Ich will zu diesem freundlichen Menschen aber nicht unhöflich sein.

c Wie würden Sie in den drei Situationen entscheiden? Was könnte Ihnen bei der Entscheidung helfen? Sprechen Sie im Kurs.

MODUL 3

3 a Lesen Sie drei Tipps zur Entscheidungsfindung. Welcher Tipp passt zu wem in Aufgabe 2b? Begründen Sie Ihre Wahl.

1 Nutze das Wenn-dann-Prinzip. Formuliere bei schwierigen Entscheidungen eine Wenn-dann-Bedingung: „Wenn mein Kollege mir dreimal ins Wort fällt, dann mache ich ihn darauf aufmerksam." So kann man Probleme besser ansprechen.

2 Entscheide nach Gewohnheit. Entscheidungsprobleme entstehen oft, wenn wir zu viele Alternativen haben. In solchen Situationen ist es gut, immer die gleiche Entscheidung zu treffen, z. B. denselben Tee zu trinken. Dann hat man nicht die Qual der Wahl.

3 Entscheide nach einer festen Frist. Wenn man sich auch nach längerem Überlegen nicht für eine Möglichkeit entscheiden kann, sollte man sich eine Frist setzen. Kommen Sie z. B. innerhalb von fünf Minuten zu einer Entscheidung.

b Welcher Tipp könnte zu den Entscheidungen passen, die Sie in Aufgabe 1a genannt haben?

> Bei der Entscheidung, was man anziehen soll, könnte Tipp …

3.20

SPRACHE IM ALLTAG

Entscheidung
Die Entscheidung ist gefallen.
Das ist deine Entscheidung.
Das habe ich einfach aus dem Bauch heraus entschieden.

4 a Lesen Sie die Sätze aus den Beiträgen und unterstreichen Sie alle Nomen, die auf *-n* oder *-en* enden. Bestimmen Sie den Kasus und bilden Sie dann den Nominativ Singular. Was fällt Ihnen auf?

1. Meine Vorgesetzte hat meinen Kollegen,   *Akk., der Kollege*
   unseren Assistenten und mich eingeladen.
2. Ich habe Artikel eines Spezialisten für Raumgestaltung gelesen.
3. Wir haben im Büro einen großen Kaffeeautomaten.
4. Dafür bestellen wir Kaffee bei einem bestimmten Lieferanten.
5. Ich halte ihn für einen sehr netten und höflichen Menschen.

b n-Deklination – Lesen Sie den Grammatikkasten und ergänzen Sie passende Nomen aus 4a. Sammeln Sie weitere Nomen der n-Deklination im Kurs.

GRAMMATIK

n-Deklination (nur maskuline Nomen)
Die Nomen dieser Deklination haben im Singular und im Plural immer die Endung *-n* oder *-en*.
Ausnahme: Nominativ Singular.

Das Nomen endet auf	Beispiele
-e	der Experte, der Kunde, der Pole, der Deutsche, ……………
-ant / -and	der Elefant, der Demonstrant, ……………
-ent	der Absolvent, der Produzent, ……………
-ist	der Tourist, der Polizist, ……………
-at	der Kandidat, der Soldat, ……………
weitere Nomen:	der Nachbar, der Herr, der Held, ……………

c Arbeiten Sie zu dritt. Schreiben Sie auf zwei Karten jeweils fünf Nomen: vier Nomen der n-Deklination und ein Nomen, das nicht dazugehört. Tauschen Sie die Karten mit einer anderen Gruppe und finden Sie die falschen Nomen.

d Legen Sie alle Karten aus 4c verdeckt auf den Tisch. Jede Gruppe zieht zwei Karten. Schreiben Sie damit eine Geschichte. Verwenden Sie möglichst viele Nomen der n-Deklination von Ihren beiden Karten.

Ü 1–2

9 einen Auszug aus einem Roman verstehen und über das Verhalten einer Romanfigur sprechen

DIE ENTSCHEIDUNG

1 a Hören Sie das Gespräch. Welches Buch liest die Frau und wie gefällt es ihr?

b Hören Sie noch einmal. Welche Aussage ist richtig? Kreuzen Sie an.

1. In dem Buch geht es um ☐ ein Austauschjahr als Schüler. ☐ die Kindergartenzeit des Erzählers.
2. Im Moment liest die Frau eine Anekdote, als der Erzähler ☐ in Amerika war. ☐ im Skilager war.
3. Der Erzähler bewohnt ein Zimmer ☐ mit einem seltsamen Jungen. ☐ mit seinen Schulfreunden.
4. Der Erzähler beschreibt eine Zeit, in der er sich ☐ sehr wohl ☐ überhaupt nicht wohl gefühlt hat.

2 a Lesen Sie den Textauszug aus dem Roman „Alle Toten fliegen hoch. Amerika" von Joachim Meyerhoff. Was macht der Erzähler, damit der Reiseleiter seine Eltern anruft? Sprechen Sie zu zweit.

Nach der Aufführung bekam ich fürchterliches Heimweh und wollte nur noch nach Hause. Da mein Vater Kinder- und Jugendpsychiater war und oft am Mittagstisch über Patienten sprach, kannte ich einige Diagnosen, ohne genau zu wissen, worum es sich eigentlich dabei handelte. […]
„Wie alt bist du?" „Neun." „Und du bist manisch-depressiv?" „Genau." „Komm", sagte er, „wir rufen deine Eltern an!" Er wählte die Nummer, und da es noch früh am Morgen war und mein Vater noch nicht in der Klinik war, hob er ab. „Ich habe hier Ihren Sohn und er sagt, er wäre krank." Dann, nach einer Pause: „Ja, er sagt, dass er sofort nach Hause geschickt werden muss." Wieder Pause. Ohne etwas zu verstehen, erkannte ich den Klang der Stimme meines Vaters, wie sie sonor aus der Telefonmuschel in das Ohr des Reiseleiters sprach. Mein Vater schien etwas zu fragen, und der Reiseleiter antwortete: „Manisch-depressiv." Pause. „Ja, er steht hier neben mir." Pause. „Dein Vater will dich sprechen." Er reichte mir den Hörer.

b Was denken Sie: Was wird der Vater sagen? Notieren Sie ein bis zwei Sätze. Lesen Sie dann weiter und überprüfen Sie Ihre Vermutung.

Als ich die Stimme meines Vaters hörte und er „Was ist denn, mein Lieber?" fragte, musste ich sofort weinen. „Hey, was ist denn passiert?" „Ich will nach Hause! Ich will zu dir! Sofort! Alle hier sind so gemein zu mir!" Der Reiseleiter schlenderte in die nach kaltem Rauch riechende Wirtsstube und ließ mich in der Telefonnische alleine. „Ach, mein Lieber, jetzt hör erst mal auf zu weinen." Ich schluchzte ins Telefon: „Ich will hier nicht sein. Ich hasse Skifahren. Es ist hier alles viel zu steil! Ich hasse das alles hier! Alle fahren mir weg und ich bin immer der Letzte!" „So, jetzt hör erst mal auf zu weinen. Ist es denn nicht auch ab und zu schön?" „Nein. Nie! Nie! Nie! Ich will nach Hause." Er überlegte: „Weißt du was? Du musst da nicht sein. Wenn du nicht willst, dann musst du da nicht sein!" „Ja, bitte, bitte hol mich ab!" „Wir machen Folgendes: Du schaffst noch diesen Tag, und ich überlege mal, was wir unternehmen, wenn es nicht besser wird." Ich heulend: „Das wird nicht besser. Ich will hier weg." „Genau. Sei nicht mehr traurig. Gut. Also, ich mache jetzt einen Plan, und du beobachtest alles ganz genau und machst nichts, was du nicht willst! Ja, das musst du mir versprechen: Mach nichts, was du nicht willst! Versprochen?" „Ja, Papa, versprochen." „Und heute Abend telefonieren wir wieder, und ich sage dir, was ich mir ausgedacht habe. Jetzt gib mir nochmal den Mann von eben." „Bis heute Abend, Papa. Ich hab dich lieb." „Ich dich auch." Ich rief zum Reiseleiter hinüber, der an einem Tisch saß und Kunststücke mit Bierdeckeln übte: „Mein Vater möchte Sie noch mal sprechen!" Ich übergab den Hörer, und er sagte mehrmals „Ja, klar!" und „Mache ich!" und lächelte und sagte „Ja, machen Sie sich keine Sorgen. Das kriegen wir schon hin. Bis heute Abend!" Er hängte ein und fragte mich: „Möchtest du heute vielleicht einfach mal bei den Erwachsenen mitfahren?" „Ich bin aber nicht so gut." „Ach, das schaffen wir schon!"

MODUL 4

c **Sprechen Sie in Gruppen über die Fragen.**

1. Wie hätten Sie in der Situation des Vaters reagiert?
2. Wie finden Sie das Verhalten des Vaters?
3. Was bespricht der Vater vermutlich mit dem Reiseleiter?

d **Lesen Sie weiter. Machen Sie Notizen zum weiteren Tag des Jungen. Was macht er alles? Wie geht es ihm dabei?**

Auch wenn ich mich dagegen wehrte und versuchte, meinem Heimweh treu zu bleiben, es wurde ein schöner Vormittag. Wir fuhren sanfte Pisten hinunter, und der Erwachsenenskilehrer nahm sich Zeit für mich. Er brachte mir bei, im richtigen Moment mein Gewicht zu verlagern und den Skistock einzusetzen. Plötzlich funktionierte es, und ich kam besser um die Kurven. Ich half beim Wachsen der Ski. Durfte mit einem alten Bügeleisen das Wachs auf den Skiern verteilen. Das roch gut. Zum Dank lud mich der Lehrer zu einem Getränk ein. Ich nahm eine kleine Flasche Pfirsichnektar. Trank den dickflüssigen Saft in der Sonne, an eine warme Hauswand gelehnt. Mein Heimweh wurde kleiner und kleiner, tropfte wie der Eiszapfen an der Regenrinne über mir und schmolz dahin. […]

Gegen zehn rief ich meinen Vater an. „Hallo, ich bin's!" „Na! Und wie war der Tag heute?" „Ging so." „Du klingst aber viel besser." „War auch besser!" „Erzähl mal, was hast du denn heute gemacht!" Ich hätte meine Niedergeschlagenheit gerne weiter durchgehalten. Es war mir inzwischen etwas peinlich, mich selbst als manisch-depressiv bezeichnet zu haben. Nach so einem herrlichen Tag! Mit jedem Wort wurde ich froher. Schließlich sprudelte alles aus mir heraus. Kurz bevor ich auflegen wollte, fiel mir noch etwas ein: „Was hast du dir eigentlich überlegt, Papa, um mich heimzuholen?" Mein Vater stockte und sagte: „Na ich … äh … hätte dich geholt!" „Echt?" „Klar."

e **Warum entscheidet sich der Junge anders und möchte doch nicht abgeholt werden? Und warum zögert der Vater am Ende?**

3 a **Was bedeuten die Auszüge aus dem Text? Erklären Sie.**

1. Auch wenn ich mich dagegen wehrte und versuchte, meinem Heimweh treu zu bleiben, es wurde ein schöner Vormittag.
2. Mein Heimweh wurde kleiner und kleiner, tropfte wie der Eiszapfen an der Regenrinne über mir und schmolz dahin.

> Ich glaube, der Junge wollte weiter traurig sein, weil …

b [MEDIATION] **Haben Sie Verständnis für das Verhalten des Jungen oder des Vaters? Haben Sie oder jemand, den Sie kennen, eine ähnliche Situation erlebt? Erzählen Sie.**

(Un-)Verständnis äußern
- Ich kann gut / nicht verstehen, dass …
- Ich finde es ganz / nicht normal, wenn …
- Es ist (nicht) klar, dass man in so einer Situation …

von Erfahrungen berichten
- Ich habe etwas Ähnliches erlebt, als ich …
- Mir ging es einmal ganz ähnlich, als …
- Als Kind habe ich / war ich einmal …
- In meiner Kindheit war ich oft …

Ü2 c **Hätten Sie Lust, das Buch zu lesen? Begründen Sie. Sagen Sie auch, was Ihnen (nicht) gefallen hat.**

9 ein Beratungsgespräch führen

KOMMUNIKATION IN ALLTAG UND BERUF

1 a Hören Sie die beiden Dialoge. Notieren Sie, um welche Entscheidungen es in den Dialogen geht.

3.22–23 Dialog 1: .... Dialog 2: ....

3.22 **b** Arbeiten Sie zu zweit. Wählen Sie *Kunde* oder *Verkäuferin*. Lesen Sie dann die entsprechenden Sätze. Hören Sie Dialog 1 noch einmal und ergänzen Sie die Redemittel.

empfehlen • Wahl (2x) • fragen • Entscheidung • garantiere • entscheiden • Beratung •
skeptisch • überzeugt • suchen • weiß • helfen • sicher

Verkäuferin
- Was .... Sie denn?
- Also wenn Sie mich ...., ist der historische Roman eine wirklich gute *W*........................ .
- Ich .... Ihnen, Sie werden das Buch gar nicht mehr weglegen.
- Ich bin ziemlich ...., dass Ihre *E*........................ die richtige ist.

Kunde
- Können Sie mir ....?
- Und nun kann ich mich gar nicht ....
- Ich .... nicht, ich bin bei solchen Romanen ein bisschen ....
- Können Sie den ....?
- Gut, Sie haben mich ....
- Ich hoffe, ich habe die richtige .... getroffen.
- Vielen Dank für Ihre ....

3.23 **c** Hören Sie Dialog 2 noch einmal. Wer sagt das: L (= Lisa) oder T (= Tom)?

1. _T_ Das schaffst du schon, da bin ich mir sicher.
2. ___ Ich weiß nicht, was ich machen soll.
3. ___ Aber das ist doch toll!
4. ___ Aber der wichtigste Pluspunkt ist doch der kürzere Weg zur Arbeit.
5. ___ Am besten überlegst du erst einmal, welche Vorteile der neue Job bringt.
6. ___ Hm, ich verstehe dich schon.
7. ___ Aber dagegen spricht, dass ich in ein neues Team komme.
8. ___ Da hast du vollkommen recht.

2 Arbeiten Sie zu zweit und entscheiden Sie sich für Situation 1 oder 2. Wählen Sie dann Rolle A oder B und spielen Sie den Dialog. Nutzen Sie die Redemittel aus Aufgabe 1b und c. Tauschen Sie danach die Rollen.

Sitation 1:

ROLLE A

Sie haben ein Job-Angebot. Allerdings ist die Stelle 150 km von Ihrem Wohnort entfernt. Das heißt, Sie müssten umziehen. Sie sind unsicher, ob Sie die Stelle annehmen sollen.

ROLLE B

Ein Freund / Eine Freundin hat ein Job-Angebot und müsste dafür umziehen. Er / Sie ist unsicher, weil er / sie Angst hat, Freunde zu verlieren. Beraten Sie ihn / sie.

Situation 2:

ROLLE A

Sie wohnen im Studentenwohnheim. Dort ist es Ihnen aber zu laut. Bei einem Freund / einer Freundin von Ihnen wird ein Zimmer in der WG frei. Sie brauchen mehr Informationen.

ROLLE B

Ein Freund / Eine Freundin wohnt im Studentenwohnheim. Dort ist es ihm / ihr zu laut. Er / Sie sucht ein Zimmer in einer WG. Bei Ihnen in der WG wird ein Zimmer frei. Beraten Sie ihn / sie.

PORTRÄT

JOACHIM MEYERHOFF (geb. 1967) – erfolgreicher Schauspieler und Schriftsteller

Joachim Meyerhoff wurde 1967 in Homburg an der Saar als jüngster Sohn des Psychiaters Prof. Hermann Meyerhoff und dessen Frau Susanne geboren. Der Vater leitete ab 1972 als ärztlicher Direktor eine Kinder- und Jugendpsychiatrie in Schleswig-Holstein. Die Familie lebte in einem Gebäude auf dem Gelände der psychiatrischen Klinik. Dort verbrachte Joachim Meyerhoff seine Kindheit zusammen mit zwei älteren Brüdern: Martin und Hermann. Das Leben auf dem Klinikgelände unter Kranken war für Joachim Meyerhoff prägend. 1985 starb Martin, sein älterer Bruder, bei einem Autounfall, als Joachim für ein Jahr in den USA war. Dieser schmerzliche Verlust ist ihm stets präsent und auch Thema in allen seinen Büchern.

A DER SCHAUSPIELER

Nach seiner Rückkehr aus den USA machte Joachim Meyerhoff das Abitur und wollte zunächst Zivildienst in einem Krankenhaus in München leisten. Aber dann bestand er die Aufnahmeprüfung an der Schauspielschule in München. Von 1989 bis 1992 machte er also eine Ausbildung zum Schauspieler an der Otto-Falckenberg-Schule. Dann begann seine rasante Karriere: Nach Engagements am Staatstheater Kassel, Bielefeld, Dortmund und an den Bühnen der Stadt Köln wurde er 2001 Ensemblemitglied des Maxim Gorki Theaters Berlin, wo er auch oft Regie führte. 2002 wechselte er ans Deutsche Schauspielhaus in Hamburg, wo er bis 2005 blieb. Ab September 2005 war Joachim Meyerhoff Ensemblemitglied des Wiener Burgtheaters. Dort war er in fast 14 Jahren in vielen Inszenierungen zu sehen und bekam mehrmals den österreichischen Nestroy-Theaterpreis als bester Schauspieler. Im Mai 2017 wurde Meyerhoff in der Sektion *Darstellende Kunst* in die Akademie der Künste aufgenommen und von der Fachzeitschrift *Theater heute* zum Schauspieler des Jahres 2017 gewählt. Nach dem Ende der Spielzeit 2018/19 wechselte Meyerhoff an die Berliner Schaubühne.

B DER SCHRIFTSTELLER

Den Anfang seiner Karriere als Schriftsteller bildet ein Theaterabend in Wien. Auf einer kleinen Bühne, vor nicht mehr als hundert Zuhörern begann Joachim Meyerhoff die Geschichte seiner Familie vorzutragen. Er erzählte so geistreich und unterhaltsam, dass sein Publikum begeistert war. So beginnt der preisgekrönte Schauspieler 2011 aus autobiografischen Geschichten Romane zu schreiben. Es entsteht eine Romanreihe unter dem Titel „Alle Toten fliegen hoch". Meyerhoffs Bücher sind Bestseller. Was seine Bücher so besonders macht, ist seine Erzählweise. Er analysiert Personen und Situationen sehr präzise, ohne Wertung und eben dadurch so treffend und oft humorvoll. Man versteht ganz genau, warum und wie die Person fühlt. Eine Erklärung ist dafür nicht nötig. Für sein künstlerisches Werk hat er viele Preise bekommen, u. a. 2019 den Bayerischen Buchpreis.

---

1 a Lesen Sie zuerst den Einleitungstext über Joachim Meyerhoff. Was erfahren Sie über seine Kindheit?

b Arbeiten Sie zu zweit. Wählen Sie Text A oder B. Informieren Sie Ihren Partner / Ihre Partnerin anschließend über Ihren Text.

2 Sammeln Sie Informationen über Institutionen und Persönlichkeiten aus dem In- und Ausland, die für das Thema *Entscheidungen* interessant sind, und stellen Sie sie vor.

Beispiele aus dem deutschsprachigen Bereich: Ernst Pöppel • Angela Merkel • Joachim Löw • Bibiana Steinhaus • Nele Neuhaus • Sebastian Fitzek • Arno Geiger • Guido Maria Kretschmer

9

PASST DAS ZU MIR?

1 Was ziehen Sie oft und am liebsten an? Sprechen Sie zu zweit über Kleidung, Accessoires, Schuhe, Stil, Farben usw. *oder*
Sehen Sie das Foto an. Worüber sprechen die zwei Frauen? Spielen Sie ein kurzes Rollenspiel im Kurs vor.

2 09.1

a Sehen Sie Szene 1. Was erfahren Sie über Claudia und Kerstin? Notieren Sie Informationen zu den beiden Frauen. Vergleichen Sie im Kurs.

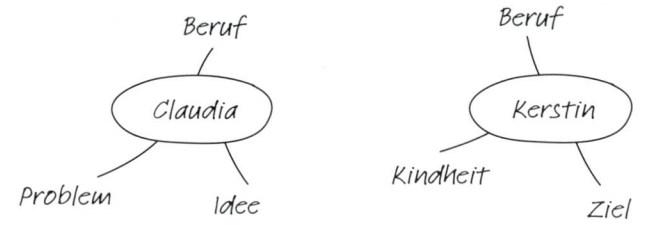

Claudia — Beruf, Problem, Idee

Kerstin — Beruf, Kindheit, Ziel

Claudia — Annette

Claudia

Kerstin

b Welche Unterschiede und Gemeinsamkeiten gibt es zwischen Ihrem Rollenspiel in Aufgabe 1 und der Szene im Film? Sprechen Sie im Kurs.

3 09.2 Lesen Sie die Fragen und sehen Sie Szene 2. Notieren Sie Informationen zu den Fragen und tauschen Sie sich anschließend im Kurs aus.

1. Wer sucht bei Kerstin Rat und aus welchen Gründen?
2. Wie und wo berät Kerstin ihre Kunden?
3. Was findet Kerstin in ihrem Beruf wichtig?
4. Welche Erfahrung hat Stephan mit Kerstin gemacht?

4 09.3 Was hat Claudia bei Kerstin gelernt? Was denken Sie? Sprechen Sie im Kurs. Sehen Sie dann Szene 3 und vergleichen Sie mit Ihren Vermutungen.

5 **a** Wünschen Sie sich auch manchmal eine Farb-, Image- oder Stilberatung? Für welche Anlässe? Sprechen Sie in Gruppen.

b Was bedeuten die beiden Sprichwörter? Was denken Sie darüber? Gibt es ähnliche Sprichwörter oder Redensarten in Ihrer Sprache? Sprechen Sie in Gruppen.

Ein ganzer Schrank voll NIX zum Anziehen!
Kleider machen Leute.

GRAMMATIK IM BLICK

G 07 Zukünftiges und Vermutungen ausdrücken: Futur I

Formen

werden (im Präsens) + Infinitiv
Du **wirst** heute noch länger **arbeiten**.

Verwendung

Zukunft ausdrücken

Ich **werde** morgen länger **arbeiten**.
Sie **werden** einen Marktstand **übernehmen**.
Statt Futur I verwendet man oft auch das Präsens mit Zeitangabe.
• Ich **arbeite** *morgen* länger.

Vermutungen ausdrücken

Er **wird** *wahrscheinlich* gerade **telefonieren**.
Domi **wird** jetzt *wohl* bei Fabian **sein**.
Oft stehen in diesen Sätzen auch Modalwörter wie *wahrscheinlich, vielleicht, wohl* …

n-Deklination

Die Nomen der n-Deklination haben im Singular und im Plural immer die Endung *-n* oder *-en*.
Ausnahme: Nominativ Singular.

Singular

Nominativ	der Kunde	der Mensch
Akkusativ	den Kunde**n**	den Mensch**en**
Dativ	dem Kunde**n**	dem Mensch**en**
Genitiv	des Kunde**n**	des Mensch**en**

Plural

Nominativ	die Kunde**n**	die Mensch**en**
Akkusativ	die Kunde**n**	die Mensch**en**
Dativ	den Kunde**n**	den Mensch**en**
Genitiv	der Kunde**n**	der Mensch**en**

ACHTUNG:
Einige Nomen haben im **Genitiv Singular** die Endung **-ns** (Mischformen):
der Name, des Name**ns**
der Glaube, des Glaube**ns**
der Buchstabe, des Buchstabe**ns**
der Wille, des Wille**ns**

das(!) Herz, des Herze**ns**

Zur n-Deklination gehören nur maskuline Nomen mit folgenden Endungen

-e	der Löwe, der Junge, der Name, …		**-at / -ad**	der Soldat, der Kamerad, …
	Bezeichnungen für Nationalitäten:		**-ot**	der Pilot, der Chaot, …
	der Pole, der Deutsche, der Schwede, …		**-ant / -ent**	der Lieferant, der Student, …
-graf	der Fotograf, der Choreograf, …		**-loge**	der Psychologe, der Soziologe, …
-ist / -it	der Polizist, der Artist, der Bandit, …			
-soph	der Philosoph, …			

einige maskuline Nomen ohne Endung:
z. B. der Mensch, der Herr, der Nachbar, der Held, der Bauer, …

10 ALLE ZUSAMMEN

A

B

C

D

1 „Zusammen sind wir stark" – Was bedeutet diese Aussage? Sprechen Sie im Kurs.

2 Arbeiten Sie zu dritt. Ordnen Sie die Fotos zu einer Geschichte. Schreiben Sie eine Geschichte zu den Fotos. *oder* Schreiben Sie zu jedem Foto einen Dialog. Stellen Sie die Ergebnisse im Kurs vor.

Ü1–5

E

F

G

H

LERNZIELE

MODUL 1   eine Straßenumfrage zum Thema Werte verstehen, über Werte diskutieren und schreiben
MODUL 2   einen Zeitungsartikel verstehen und über Regeln fürs Zusammenleben diskutieren
MODUL 3   Biografien in einem Radiogespräch verstehen und zusammenfassen und berichten, was passiert (ist)
MODUL 4   eine Kolumne über kulturelle Unterschiede verstehen, über Missverständnisse sprechen und Tipps für einen Reiseführer schreiben

ALLTAG UND BERUF
unbekannte Wörter erklären oder umschreiben

GRAMMATIK
MODUL 1   etwas genauer beschreiben: Relativsätze
MODUL 3   Zeitangaben machen: temporale Nebensätze

B1.2+ › 53

10 DAS FINDE ICH WICHTIG

eine Straßenumfrage verstehen · über Werte diskutieren · einen Text zum Thema schreiben

1 a Leben in der Gesellschaft – Was ist wichtig? Lesen Sie die Antworten aus einer Umfrage. Welche Werte finden die Personen besonders wichtig und warum? Sammeln Sie die Begriffe an der Tafel.

„Ich glaube, wir müssen alle versuchen, mehr Rücksicht auf andere zu nehmen. Es sind ganz simple Dinge, auf die man achten kann. Man sollte zum Beispiel nicht einfach mit dem Auto auf dem Radweg parken, nur weil man schnell etwas besorgen muss, und so den Weg für andere versperren." **Katie P., 61**

„Schulen und Universitäten, die nichts oder fast nichts kosten, sind wichtig. Auch wenn ich selbst als Jugendliche nicht immer Lust hatte, in die Schule zu gehen, finde ich den freien Zugang zu Bildung für alle Menschen sehr wertvoll. Ich konnte studieren, ohne für die Universität zu bezahlen. Das hat es mir ermöglicht, heute in meinem Traumberuf zu arbeiten." **Annabell K., 36**

„In einer bunten Gesellschaft mit vielen unterschiedlichen Kulturen zu leben, das finde ich toll. Natürlich gibt es da auch manchmal Konflikte. Das ist ja ganz normal, wenn Menschen zusammenkommen, und es ist ein Lernprozess. Vielfalt ist eine echte Bereicherung, die das Leben interessanter macht." **Valerio P., 42**

„Ich möchte nicht in einem Umfeld leben, das total anonym ist. Ich will meine Nachbarn kennen. Bei mir im Haus lebt zum Beispiel ein älterer Mann, dessen Kinder weit weg wohnen. Für mich ist es selbstverständlich, mich ein bisschen um ihn zu kümmern. Herr Huber, dem ich regelmäßig etwas aus dem Supermarkt mitbringe, gießt dafür meine Blumen, wenn ich im Urlaub bin. Hilfsbereitschaft sollte normal sein." **Kaan M., 28**

„Was ich aus meinem Leben machen will, entscheide ich ganz allein. Selbstbestimmung finde ich sehr wichtig. Der berufliche Weg, den ich gehen möchte, oder die Kleidung, die ich tragen will, oder die Menschen, mit denen ich zusammen sein möchte – das sind alles Dinge, die ich selbst bestimme. Niemand kann mir etwas vorschreiben." **Marina L., 22**

b Wählen Sie einen Begriff aus Ihrer Sammlung in 1a und erklären Sie, warum Sie diesen Wert wichtig finden. Sprechen Sie in Gruppen und nennen Sie auch Beispiele.

c Welche anderen Werte sind für eine Gesellschaft noch wichtig? Diskutieren Sie.

die Gerechtigkeit • die Gleichberechtigung • die Ehrlichkeit • die Sicherheit • die Toleranz • die Zuverlässigkeit • das Verantwortungsbewusstsein • die Höflichkeit • das Pflichtbewusstsein • das Mitgefühl • der Respekt • die Meinungsfreiheit • …

Ü1

2 **a** Relativsätze – Lesen Sie die Beispiele und die Regel im Kasten. Markieren Sie in den Texten in 1a alle Relativsätze und notieren Sie zu jedem Kasus ein passendes Beispiel aus dem Text im Heft.

GRAMMATIK

Etwas genauer beschreiben: Relativsätze

Nominativ	Ich kümmere mich gern um den älteren Mann, **der** in meinem Haus wohnt.
Akkusativ	Mein Nachbar, **den** ich schon lange kenne, ist immer sehr hilfsbereit.
Dativ	Viele Menschen, **denen** man begegnet, verhalten sich rücksichtslos.
Genitiv	Meine Nachbarin, **deren** Auto oft auf dem Gehweg steht, denkt nicht an andere.
mit Präposition	Mein Freund Linus, **für den** Rücksicht und Fairness sehr wichtig sind, ist super.

Form des Relativpronomens = Form des bestimmten Artikels
Ausnahmen: Dativ Plural (denen), Genitiv (dessen, deren)
Das Relativpronomen im Genitiv hat die Bedeutung eines Possessivpronomens.

Ü2 *Nominativ: Schulen und Universitäten, die nichts oder fast nichts kosten, sind wichtig.*

b Arbeiten Sie zu zweit und formulieren Sie Relativsätze. Auf wen oder worauf bezieht sich das Relativpronomen? Markieren Sie zuerst wie im Beispiel. Vergleichen Sie dann Ihre Sätze mit einem anderen Paar und korrigieren Sie sich gegenseitig.

1. Ich verbringe viel Zeit mit meinem Freund Emil. Er legt besonders viel Wert auf Höflichkeit.
2. Deniz engagiert sich für eine offene und bunte Gesellschaft. Ich kenne ihn schon lange.
3. Pina ist eine gute Freundin. Mit ihr kann ich über alles sprechen.
4. Ich schätze Leute. Sie verhalten sich verantwortungsbewusst.
5. Ich habe auch gute Freunde. Ich verstehe ihre Meinung nicht immer.
6. Jeder braucht Menschen. Man kann sich auf sie verlassen.

c Flüssig sprechen – Hören Sie das Beispiel. Ergänzen Sie die Sätze und sprechen Sie zu zweit.

1. Ich mache oft etwas mit einem Freund, der …
2. Ich mag meinen Cousin, den …
3. Ich rede gern mit meiner Freundin, die …
4. Mein Nachbar, der …, ist immer sehr hilfsbereit.
5. Meine Kollegin, deren …, ist total sympathisch.
6. Ich treffe oft meinen Freund, mit dem …

> Ich mache oft etwas mit einem Freund, der so witzig ist.

> Wie heißt denn dein Freund, der so witzig ist?

> Vinzent.

3 Was oder wer ist Ihnen besonders wichtig? Wählen Sie A oder B und schreiben Sie einen Text.

A Leben in der Gesellschaft – Welche Werte sind Ihnen besonders wichtig? Schreiben Sie einen kurzen Text wie in 1a. Verwenden Sie auch Relativsätze.

B Welche Menschen sind für Sie besonders wichtig? Schreiben Sie einen kurzen Text über diese Menschen (Wer? Was machen Sie zusammen? Warum wichtig?). Verwenden Sie auch Relativsätze.

10 einen Zeitungsartikel verstehen · über Regeln fürs Zusammenleben diskutieren

AM ENDE DER WELT

1 Sehen Sie die Bilder an. Wo ist das? Wie ist das Leben dort? Welche Berufe haben die Menschen? Vermuten Sie und sprechen Sie zu zweit.

2 a Lesen Sie den Text. Notieren Sie Informationen zu der Person, über die berichtet wird.

Name, Alter: ....
Studium und Ausbildung: ....
Arbeitsort und Aufgaben: ....

[STRATEGIE]

Umgang mit unbekannten Wörtern
- Können Sie das unbekannte Wort aus dem Kontext erschließen?
- Verstehen Sie Teile des Wortes?
- Kennen Sie ein Wort aus einer anderen Sprache, das ähnlich ist?

Sie müssen aber nicht jedes Wort kennen, um den Inhalt des Textes zu verstehen.

18 MONATE AM ENDE DER WELT

**Finsternis, Einsamkeit und wochenlang kein Telefonat nach Hause:
Wie Forscher in einer Antarktis-Station auf engstem Raum miteinander leben und arbeiten.**

(…) Aurelia Reichardt sitzt mit 15 anderen Passagieren in einem kleinen Flugzeug, das im Süden von Chile gestartet ist. Lange ist nur Meer unter ihr zu sehen, dann tauchen die ersten Eisberge auf, bald auch Gletscher. (…) Aurelia Reichardt erinnert sich gut an ihren ersten Eindruck: „Plötzlich ist sonst nichts mehr um einen herum - das ist gigantisch." Für die nächsten 18 Monate wird die britische Rothera-Forschungsstation ihr Arbeitsplatz sein und ihr Zuhause. (…) Für Reichardt ist der Job in der Forschungsstation ein großes Abenteuer. Die 25-Jährige hat einen Bachelor in Biologie und einen Master in Meeresbiologie, es ist die erste richtige Stelle nach der Uni. (…)

Rothera ist die größte Antarktis-Einrichtung der British Antarctic Survey. Im Jahr 1975 gegründet, arbeiten in den Sommermonaten zwischen Oktober und April bis zu 150 Menschen dort, im Winter sind es lediglich 26. (…) Reichardt hat zwei Aufgaben: Zum einen betreut sie ein eigenes Projekt und untersucht, welchen Einfluss die extremen Lichtbedingungen auf Meeresalgen haben. Zum anderen hat sie, wie alle Forscher hier, auch eine für alle unterstützende Aufgabe. Da sie während des Studiums in Rostock eine Ausbildung zur Forschungstaucherin gemacht hat, kümmert sie sich als Teil des Marine-Teams um Taucharbeiten. Sie nimmt beispielsweise Meerwasserproben für Kollegen, die selbst nicht tauchen können.

Auf den Fotos in ihrem Blog sieht man sie zwischen Eisbergen knapp über dem Meeresgrund schwimmen. Andere Bilder zeigen sie in ihrer Freizeit beim Skifahren in einer überwältigend schönen Landschaft. Trotz des eingeschränkten Bewegungsspielraums, erzählt Reichardt, werde es in der Freizeit selten langweilig. Bei schönem Wetter gehen die Forscher in den nahegelegenen Bergen klettern und wandern, sie spielen

Fußball, joggen, fahren Rad auf der Landebahn oder beobachten Robben und Wale. (...) Die Station hat ein Fitnessstudio, eine Bibliothek und einen Musikraum. (...)

Die eigentlichen Herausforderungen, das merkt Reichardt schon nach kurzer Zeit, sind gar nicht die Umweltbedingungen oder die Arbeit. „Das Schwierigste sind die zwischenmenschlichen Konflikte", sagt sie. „Viele Dinge kann man erlernen, aber man muss schon mit einem bestimmten Charakter hierherkommen, um das zu meistern." Hart sei das Zusammenleben vor allem im Winter, wenn es am Tag nur wenige Stunden dämmrig und sonst dunkel ist. Vielen drückt das aufs Gemüt.

Aktivitäten außerhalb der Station sind dann stark eingeschränkt. Die 26 Bewohner können sich kaum aus dem Weg gehen. Arbeit, Freizeit, kochen, essen, der Stationsputz am Freitagnachmittag - alles findet gemeinsam statt. Schnell erkennt Reichardt, dass die Menschen um sie herum zunächst mal ihre Kollegen sind und sie nicht mit jedem befreundet sein kann. „Aber auf der anderen Seite habe ich hier in allerkürzester Zeit intensive Freundschaften aufgebaut. Zu Hause wäre das so nicht möglich gewesen. Bei allen Schwierigkeiten - im Winter wird das Team zur Familie." (...) Reichardt hat festgestellt: Um Konflikte zu vermeiden oder einzudämmen, ist es wichtig, auf einer professionellen Ebene miteinander umzugehen. Und vor allem, offen zu kommunizieren und nichts in sich hineinzufressen. „Dabei habe ich vor allem gelernt: Die anderen meinen es oft nicht so." Kompromissbereitschaft und die Fähigkeit, sich zurückzunehmen, sind auch im Sommerhalbjahr wichtig, wenn wieder Schiffe anlegen und Flugzeuge landen und die Station so voll ist, dass die Bewohner sich die 40 Doppel- und zwölf Vierbettzimmer teilen müssen. (...) Schon im Bewerbungsprozess wurden die sozialen Kompetenzen abgeklopft. (...) Reichardt, die durch mehrere Auslandsaufenthalte bereits sehr gut Englisch sprach, wurde schließlich unter rund 80 Bewerbern ausgewählt. In den Interviews musste sie auch Fragen zum Umgang mit anderen Menschen beantworten und aufschreiben, wie sie in Rothera ihre Freizeit verbringen würde. (...) Jetzt, wo Reichardt in wenigen Tagen nach Hause reist, sich auf Familie und Freunde freut und darauf, wieder Gerüche in der Natur wahrzunehmen oder durch Gras und Sand zu laufen, ist sie wehmütig. Der einmalige Ort ist für sie Heimat geworden, die Kollegen zur neuen Familie. Kürzlich hat sie sich für einen zweiten Aufenthalt beworben. Wenn alles klappt, kommt sie im Herbst schon wieder zurück.

b Welche Informationen werden zu folgenden Themen genannt? Erstellen Sie eine Tabelle. Lesen Sie den Text noch einmal und ergänzen Sie Stichpunkte. Vergleichen Sie dann zu zweit.

Forschungsstation	Freizeit	Schwierigkeiten	Bewerbung

c „Das Schwierigste sind die zwischenmenschlichen Konflikte" – Wie kann man diese Konflikte laut Aurelia Reichardt am besten lösen? Sprechen Sie im Kurs.

3 a Stellen Sie sich vor, Sie leben wie Aurelia für eine bestimmte Zeit mit anderen Menschen zusammen. Welche Regeln würden Sie für das Zusammenleben aufstellen, um Konflikte zu vermeiden? Arbeiten Sie in Gruppen und notieren Sie die fünf wichtigsten Regeln. Welche Regeln werden im Kurs am häufigsten genannt?

b Welche der Regeln sind auch im normalen Alltagsleben nützlich? Suchen Sie Beispiele (Uni, Arbeit, Sprachkurs, ...) und diskutieren Sie.

4 Hätten Sie Lust, wie Aurelia Reichardt 18 Monate in der Antarktis zu leben? Warum (nicht)?

10
Biografien verstehen und zusammenfassen · berichten, was wann passiert (ist)

NEU HIER?!

1 a Aus welchen Gründen lebt man in einem anderen Land? Sammeln Sie im Kurs.

> Bessere Berufschancen, …

b „Wo wir heute leben" – Lesen Sie die Porträts von drei Personen aus einer Radiosendung. Markieren Sie erste wichtige Informationen zu den Biografien der Personen.

YOSAN- BAIRU-NEUMANN
31 Jahre, Hamburg

Yosan Bairu-Neumann ist seit 2010 in Deutschland und arbeitet aktuell als Assistenzärztin in einer Hamburger Klinik. Bevor sie nach Deutschland gekommen ist, hat sie in Asmara in Eritrea ihr Abitur gemacht. Ihr Traum war ein Medizinstudium. Das konnte sie in Eritrea aber nicht verwirklichen, obwohl sie sehr gute Noten hatte. Ihre Eltern hatten dann die Idee, dass sie sich in Deutschland für einen Studienplatz bewirbt.

TIAN DAWSON,
24 Jahre, Mannheim

Tians Eltern sind 1998 aus den USA nach Deutschland gekommen. Sein Vater hat in den USA als Mechaniker für Landmaschinen gearbeitet und bekam in den 90er-Jahren von seiner Firma das Angebot, nach Deutschland zu gehen. Er griff zu, weil er damit etwas für seine Karriere tun und mehr Geld verdienen konnte. Eigentlich wollten Tians Eltern nur ein paar Jahre bleiben.

JESSICA PAULSEN
25 Jahre, Köln

Jessica Paulsen hätte noch vor fünf Jahren nicht gedacht, dass sie einmal aus ihrer deutschen Heimat auswandern würde. Nachdem sie ihre Ausbildung in Köln als Bäckerin beendet hatte, bekam sie gleich einen gut bezahlten Job bei einer Großbäckerei. Das war am Anfang sehr gut, aber seit einem Jahr ist sie dort nicht mehr zufrieden. Schon bald wird sie deshalb nach Island auswandern.

c Arbeiten Sie zu dritt. Jeder wählt eine Person. Lesen Sie die Themen und vergleichen Sie mit Ihren Markierungen im Text. Erstellen Sie dann eine Tabelle mit den Themen im Heft und notieren Sie Informationen zu Ihrer Person.

im Land seit/in • Rolle der Familie/Freunde • Schule/Ausbildung/Beruf • Grund für die Ausreise • Aussagen über die neue Heimat

Im Land seit:	Rolle der Familie/Freunde:	…	…	…
2010	…	…	…	…

4.02 **d** Hören Sie den Radiobeitrag. Notieren Sie zu Ihrer Person weitere Informationen zu den Themen in 1c.

e [MEDIATION] Berichten Sie sich gegenseitig von Ihrer Person. Sammeln Sie Gemeinsamkeiten und Unterschiede.

2 Warum haben die drei Personen aus Aufgabe 1b eine neue Heimat gesucht? Vergleichen Sie auch mit Ihren Ideen in 1a. Was kann eine Gesellschaft tun, damit sich die Menschen im Land wohl fühlen? Sammeln Sie erst in Gruppen und wählen Sie dann die vier wichtigsten Aspekte. Sprechen Sie im Kurs und nennen Sie Gründe für Ihre Auswahl.

Ü1 *Bildung für alle, gute Jobs, Sicherheit*

MODUL 3

3 a Ergänzen Sie die Aussagen aus der Sendung mit den passenden Konnektoren. Hören Sie dann zur Kontrolle.

seitdem • als • bevor • während • bis • solange • sobald • nachdem

1. .... ich mein Studium anfangen konnte, musste ich einen Deutschkurs besuchen.
2. .... ich auf eine Antwort wartete, habe ich angefangen, Deutsch zu lernen.
3. .... die Zusage für das Studium kam, konnte ich es zuerst gar nicht glauben.
4. .... meine Eltern in Deutschland sind, interessieren sie sich für die deutsche Sprache.
5. .... das alle verstanden haben, wird es aber noch einige Zeit dauern.
6. .... ich meine Stelle gekündigt hatte, ging es mir gleich besser.
7. .... ich dort ankomme, kann ich gleich mit der Arbeit anfangen.
8. .... ich noch hier bin, lerne ich weiter Isländisch.

b Lesen Sie die Regeln und ergänzen Sie passende Konnektoren aus den Sätzen in Aufgabe 3a.

GRAMMATIK

Zeitangaben machen: temporale Nebensätze

Was passiert wann?
- etwas passiert **gleichzeitig**:
  ...., als, solange, wenn
- etwas passiert **nicht gleichzeitig**:
  ehe, ..., ...

Ab wann oder bis wann passiert etwas?
- etwas hat **angefangen und dauert** bis jetzt:
  seit, ...
- etwas **endet**: ....
- etwas **beginnt**: sobald

c Formulieren Sie die Sätze zu Ende. Sprechen Sie zu zweit und schreiben Sie dann die Sätze ins Heft.

1. Nachdem Yosan die Schule beendet hatte, (Medizin studieren wollen).
2. Ehe Tians Eltern nach Mannheim kamen, (in den USA leben).
3. Als Yosan mit dem Deutschkurs fertig war, (mit dem Studium beginnen).
4. Jessica war zweimal im Ausland, während (eine Ausbildung machen).
5. Es hat einige Jahre gedauert, bis Yosan (das Studium beenden).
6. Tian besucht seine Verwandten, wenn (mit den Eltern in die USA fliegen).
7. Seit Jessica Island kennt, (von dem Land fasziniert sein).

> Nachdem Yosan die Schule beendet hatte, wollte sie Medizin studieren.

d Flüssig sprechen – Was machen Sie, bis / während / solange …? Schreiben Sie Fragen mit den Satzanfängen 1 bis 8. Gehen Sie dann durch den Kurs, fragen und antworten Sie wie im Beispiel.

1. Wen hast du kennengelernt, als …?
2. Was hast du gemacht, bis …?
3. Was hast du erlebt, während …?
4. Was machst du, nachdem …?
5. Wo hast du gewohnt, solange …?
6. Was hast du vor, wenn …?
7. Was ist dir aufgefallen, seitdem …?
8. Was musstest du tun, bevor …?

> Wen hast du kennengelernt, als du im Urlaub warst?

> Als ich im Urlaub war? Gianna!

TIPP

Tempuswechsel bei *nachdem*
Nebensatz im Perfekt + Hauptsatz im Präsens:
- Nachdem ich das Abitur bestanden habe, bewerbe ich mich.

Nebensatz im Plusquamperfekt + Hauptsatz im Präteritum:
- Nachdem ich das Abitur bestanden hatte, bewarb ich mich.

Ü 2

10 ANDERS ALS GEDACHT

eine Kolumne verstehen · über kulturelle Missverständnisse sprechen · Reisetipps schreiben

1 a [MEDIATION] Neu in einem Land – Wie entstehen Missverständnisse? Was ist für Sie höflich, üblich, merkwürdig, …? Aber für andere vielleicht nicht? Sammeln Sie in Gruppen.

> Bei uns diskutiert man im Laden über die Preise. Das ist absolut üblich. In Deutschland ist Handeln aber nicht üblich.

4.05

SPRACHE IM ALLTAG

Normal
Das ist (absolut) üblich.
Das macht man so, das ist nichts Besonderes.
Das ist doch ganz alltäglich, dass …
Es ist gang und gäbe, sich zu helfen.
Das ist doch selbstverständlich!

b Welche Situationen wurden häufig genannt? Wie könnte man Missverständnisse vermeiden? Sammeln Sie Ideen im Kurs.

2 a Lesen Sie die Vorstellung des Buchs „Kommt ein Syrer nach Rotenburg (Wümme)". Ergänzen Sie den Text. Vergleichen Sie dann zu zweit und lesen Sie die Sätze abwechselnd vor.

Deutschen • Heimat • Ankunft • Fans • Leben • Unterschiede • Norden • Alltag

Die erfolgreiche Kolumne mit humorvollen Beobachtungen zweier Kulturen jetzt als Buch

Rotenburg an der Wümme ist ein kleines Städtchen im ………………… (1) Deutschlands. Dort lebt Samer Tannous mit seiner Familie, seit er 2015 aus Damaskus wegging. Von Anfang an war Tannous klar, dass das ………………… (2) hier ganz anders sein würde als in Syrien. Trotzdem überraschen ihn die kleinen und großen ………………… (3) zwischen Deutschen und Arabern immer wieder. Schon kurz nach seiner ………………… (4) hat Tannous zusammen mit Gerd Hachmöller angefangen, über seine neue ………………… (5) zu schreiben. So entstand diese Kolumne. Hier erzählt er, was er in seinem ………………… (6) beobachtet und erlebt. Seltsames und Eigenartiges im Verhalten der ………………… (7) wird dabei so charmant und warmherzig analysiert, dass die Kolumne in ganz Deutschland schon zahlreiche ………………… (8) hat.

b Lesen Sie einen Abschnitt aus dem Buch. Was hat Samer Tannous beobachtet? Wer begrüßt sich in Deutschland wie?

Morgen des Jasmins

(…) Bevor ich in dieses Land kam, hatte ich mich informiert: In Deutschland gibt man sich zur Begrüßung die Hand. So steht es in den gängigen Reiseführern. (…)
Aber seit ich in Deutschland lebe, habe ich gelernt: Diese Regel stimmt längst nicht immer. In Wahrheit ist es viel komplizierter. Dem Paketboten gibt man zum Beispiel nicht die Hand. Auch nicht unbedingt dem Nachbarn, der das Paket abholen möchte. Guten Freunden gibt man in Deutschland auch nicht immer die Hand, stattdessen umarmt man sich. Selbst Männer begrüßen sich oft mit einer kurzen Umarmung, sofern sie gut befreundet sind. Wenn ich meine Freundin Anne in der Stadt treffe, geben wir uns links und rechts ein Küsschen, weil sie in Frankreich geboren ist. Unter Sportlern ist es

in Deutschland häufig üblich, sich mit „High Five" abzuklatschen. Meine Schüler auf dem Schulhof begrüßen sich untereinander in der Regel mit mehr oder weniger ausgefeilten „Checks", also dem Berühren mit Fäusten oder mehrfachem Abklatschen. Und wenn man auf Partys anderen Leuten vorgestellt wird, reicht in der Regel ein Nicken oder freundliches Lächeln, insbesondere, wenn man gerade ein Glas oder einen Teller mit Häppchen in den Händen hat.

c Lesen Sie jetzt den zweiten Abschnitt. Welche Unterschiede beschreibt Samer Tannous zwischen Deutschen und Syrern?

Die Begrüßung ist der erste Kontakt mit einem anderen Menschen und sendet ihm eine Botschaft, in welcher Weise man mit ihm kommunizieren möchte. Nicht immer kann man Missverständnisse vermeiden. Zu wissen, wie man sich angemessen verhält, und Reaktionen richtig zu interpretieren, erfordert viele Kenntnisse und Einfühlungsvermögen von beiden Seiten.

Ein kultureller Unterschied: Wenn die Deutschen „Guten Morgen" sagen, antwortet man ebenso mit „Guten Morgen". Wenn man in Syrien „Guten Morgen" sagt, antworten wir mit „Morgen des Lichts!" oder „Morgen des Jasmins!". Wieso? Weil die arabische Sprache eben sehr blumig ist. Und weil Araber bei der Begrüßung immer noch einen draufsetzen müssen. Wenn Deutsche einem ihr knappes „Guten Morgen" entgegenschleudern, entrollt sich im Kopf eines Syrers ein ganzes Begrüßungsprogramm: Er möchte die Begrüßung mit einer noch besseren Begrüßung erwidern.

Wenn ein Syrer einen anderen Syrer zum Beispiel fragt „Wie geht´s Dir?", antwortet der andere: „Gut, Gott sei Dank, und selbst? Wie geht es Dir und wie geht es deinen Eltern?". (…)

Wann also gebt Ihr Deutschen euch überhaupt die Hand? Sollte ich mal einen Reiseführer über Deutschland verfassen, schriebe ich dort hinein: „In Deutschland gibt man sich manchmal zur Begrüßung die Hand, insbesondere in formellen Zusammenhängen. Aber nicht immer. Am besten, man wartet erstmal ab, was das Gegenüber macht, und richtet sich danach." (…)

Ü 2 b–c

d [MEDIATION] Wie antworten Sie in Ihrem Land auf Grüße wie *Guten Tag* oder *Wie geht's*? Notieren Sie die Reaktionen auf Deutsch. Sprechen Sie über Unterschiede zu deutschen Begrüßungen.

3 a [MEDIATION] Ordnen Sie die Redemittel zu. E = von Erfahrungen berichten, T = Tipps geben

Wenn man …, dann sollte man …
Es wäre wichtig, darauf zu achten, dass …
Mir ist es auch schon passiert, dass …
In … ist es ähnlich wie / anders als in …
Ein Freund / Eine Freundin hat einmal berichtet, dass …

Aus meiner Erfahrung kann ich sagen, dass …
Ich habe einmal erlebt, dass …
In dieser Situation würde ich empfehlen, …
Es wäre am besten, …
Besonders wichtig wäre es, …
Für viele ist es überraschend, dass …

Ü3

b Tipps für einen Reiseführer schreiben – Was sollten Fremde über Ihr Land wissen, wenn sie es besuchen? Wählen Sie zwei Situationen und schreiben Sie einen kurzen Text mit Tipps und Beispielen.

im Restaurant bestellen/bezahlen • einen Arzttermin vereinbaren • Geburtstag feiern • jemanden vorstellen • öffentliche Verkehrsmittel nutzen • ein Kompliment machen • …

Ü4 *Im Restaurant: Wenn man in … in einem Restaurant essen möchte, dann sollte man zuerst …*

10 unbekannte Wörter erklären oder umschreiben

KOMMUNIKATION IN ALLTAG UND BERUF

1 a Mila Horvat aus Kroatien beim Firmenpraktikum in Frankfurt – Sehen Sie die Bilder an und lesen Sie die Dialoge. Mit welcher Strategie versucht Mila ihrer Kollegin Clara einen Gegenstand zu erklären? Ordnen Sie die Situationen A bis F den Strategien zu.

- ein ähnliches Wort verwenden
- den Gegenstand zeichnen
- den Gegenstand spielen
- eine andere Sprache verwenden
- auf den Gegenstand zeigen
- den Gegenstand beschreiben (Funktion, Größe, …)

A
- Brauchst du etwas?
- Ja, ich brauche ein … äh, etwas, um meinen Becher abzuputzen.
- Ah … du meinst …

B
- Was suchst du?
- Ich muss ein Paket zumachen. Hast du … hm … ? Auf Englisch sagt man, äh, „scotch".
- Natürlich habe ich …

C
- Bist du fertig für unseren Betriebsausflug?
- Ja, … aber ich habe keine … na, so eine Tasche für meine Sachen.

D
- Kommst du mit in die Stadt?
- Ja, ich will ein … na, so was kaufen.

E
- Kannst du mir so ein Dings leihen?
- …? Aber sicher.

F
- Isst du eigentlich gar kein Fleisch?
- Ich esse nur …

4.06 **b** Wofür sucht Mila das deutsche Wort? Sprechen Sie im Kurs. Hören Sie die Dialoge dann zur Kontrolle.

2 Arbeiten Sie zu zweit. Jede/r wählt zwei bekannte Gegenstände zu einem Thema (Büro, Sport, …) aus Kapitel 1 bis 10 und notiert sie. Spielen, umschreiben, erklären, … Sie sich Ihre Begriffe gegenseitig, ohne das Wort zu nennen.
Ihr Partner / Ihre Partnerin versucht, den Gegenstand zu erraten. Welches Paar ist zuerst fertig?

etwas umschreiben, erklären oder zeigen
- Das braucht man, um … zu / wenn …
- Das bekommt man in / bei …
- Das ist aus …
- Das ist so ähnlich wie …
- Das ist ein anderes Wort für …
- Ich zeige Ihnen / dir, was ich meine.

PORTRÄT

Glücks LOS

Aktion Mensch — DAS WIR GEWINNT

1 WIR FÖRDERN SOZIALE PROJEKTE

Ein inklusives Sommerfest, eine Krabbelgruppe mit Kindern mit und ohne Behinderung oder ein barrierefreier Umbau von Sportplätzen – wir fördern bis zu 1000 soziale Projekte im Monat! Mit jedem Projekt kommen wir einem selbstverständlichen Zusammenleben und fairen Chancen für alle ein kleines bisschen näher.

2019 haben wir 196,4 Mio. Euro in die Förderung von sozialen Projekten investiert.

2 WIR VERBREITEN UNSERE IDEEN UND WERTE

Inklusion ist für uns eine Herzensangelegenheit. Aber sie muss auch die Köpfe der Menschen erreichen. Mit Filmen, Bildungsmaterialien und Kampagnen zeigen wir: Eine Gesellschaft, in der Unterschiede normal sind, bringt für alle Vorteile!

Mit unserer letzten Kampagne haben wir mehr als 1 Million Menschen erreicht!

3 WIR SIND RATGEBER UND ERMÖGLICHEN AUSTAUSCH

Mit verschiedenen Online-Angeboten bieten wir Möglichkeiten zur Information, Hilfestellungen und Austausch an: Der Familienratgeber richtet sich zum Beispiel an Menschen mit Behinderung und ihre Angehörigen. Bei „Einfach für alle" finden Programmierer Informationen, wie eine Website unter anderem für Menschen mit Sehbehinderung optimal aufgebaut sein sollte.

4 WIR FINANZIEREN UNS ÜBER DIE LOTTERIE

Nur dank unserer rund 4 Mio. Lotterie-Teilnehmer können wir uns so vielseitig und wirkungsvoll für Inklusion einsetzen. Durch ihren Loskauf ermöglichen sie unsere Arbeit. Und das Beste dabei: Nicht nur die Förderprojekte gewinnen – auch unsere Mitspieler.

Im letzten Jahr haben über 1,7 Mio. Menschen in der Lotterie gewonnen!

1
a Lesen Sie die Texte aus dem Internet. Was ist die *Aktion Mensch*? Arbeiten Sie zu zweit. Jede/r fasst zwei Texte zusammen.

b „Eine Gesellschaft, in der Unterschiede normal sind, bringt für alle Vorteile." Was ist damit gemeint? Diskutieren Sie in Gruppen.

c Gibt es in Ihrem Land ähnliche Aktionen? Erzählen Sie.

2 Sammeln Sie Informationen über Institutionen und Persönlichkeiten aus dem In- und Ausland, die für das Thema *Zusammenleben und Gesellschaft* interessant sind, und stellen Sie sie vor.

S 03 Beispiele aus dem deutschsprachigen Bereich: Sarah Khan • das gute Los • Jutta Allmendinger • Stefan Lessenich • Assoziation für kritische Gesellschaftsforschung (AkG) • Bundesfreiwilligendienst • Schweizer Tafeln

B1.2+ › 63

10

UNPLANBAR

1 (Un)planbar? Was kann man im Leben (nicht) planen? Was kann man (nicht) beeinflussen? Warum? Sammeln Sie im Kurs.

2 a In dem Film spricht Eun-Sen über ihr Leben. Arbeiten Sie in zwei Gruppen. Jede Gruppe klärt gemeinsam ihre Wörter und erklärt sie dann der anderen Gruppe.

Gruppe A: die Förderklasse • das Kinderheim • die leibliche Mutter • einheiraten • die Integration
Gruppe B: die Gleichaltrigen • die Nachhilfe • die Patchworkfamilie • die Pflegeeltern • die Tätowiererin

10.1 **b** Sehen Sie Szene 1. In welcher Reihenfolge wird über die folgenden Aspekte in Eun-Sens Leben gesprochen? Nummerieren Sie. Vergleichen Sie Ihre Lösungen zu zweit und berichten Sie abwechselnd Schritt für Schritt über Eun-Sens Leben.

A ☐ ins Kinderheim kommen
B ☐ 46 Jahre alt sein
C ☐ in Deutschland aufwachsen
D ☐ in Korea geboren werden
E ☐ Tätowiererin sein
F ☐ „patchwork family" funktionierte nicht
G ☐ mit 10 Jahren nach Deutschland kommen
H ☐ mit 16 Jahren Pflegeeltern finden
I ☐ Integration
J ☐ Förderklasse und Nachhilfe zum Deutschlernen
K ☐ Gleichaltrige kennenlernen

3 a Arbeiten Sie zu zweit. Jede/r wählt zwei Themen aus. Sehen Sie Szene 2 und machen Sie Notizen zu Ihren Themen. Informieren Sie sich dann gegenseitig.

10.2

1 Berufswahl • 2 Dialekte und Hochdeutsch • 3 Studium • 4 Planbarkeit des Lebens

10.2 **b** Lesen Sie die Aussagen. Sind sie richtig oder falsch? Kreuzen Sie an und vergleichen Sie zu zweit. Sehen Sie dann Szene 2 noch einmal und korrigieren Sie die falschen Aussagen.

1. Eun-Sen mag den saarländischen Dialekt nicht so gern wie den Dialekt in Trier. richtig falsch
2. Sie hat in Trier Kommunikationsdesign studiert. richtig falsch
3. Sie hat im Studium nicht so gern gezeichnet. richtig falsch
4. Sie ist durch Zufall Tätowiererin geworden. richtig falsch
5. Sie hat manchmal einem Tätowierer bei der Arbeit zugesehen. richtig falsch
6. Sie würde ihr Leben gern etwas genauer planen. richtig falsch

4 Und Sie? Welche Erfahrungen haben Sie mit unerwarteten Wendungen oder Erlebnissen in Ihrem Leben gemacht? Erzählen Sie in Gruppen von sich oder Personen, die Sie kennen. **oder** Machen Sie ein kurzes Video und zeigen Sie es im Kurs.

GRAMMATIK IM BLICK

G 08 **Etwas genauer beschreiben: Relativsätze**

Nominativ	Ich kümmere mich gern um den älteren Mann, **der** in meinem Haus wohnt.
Akkusativ	Mein Nachbar, **den** ich schon lange kenne, ist immer sehr hilfsbereit.
Dativ	Viele Menschen, **denen** man begegnet, verhalten sich rücksichtslos.
Genitiv	Meine Nachbarin, **deren** Auto immer auf dem Gehweg steht, denkt nicht an andere.
mit Präposition	Mein Freund Linus, **für den** Rücksicht und Fairness sehr wichtig sind, ist super.

Form des Relativpronomens = Form des bestimmten Artikels
Ausnahmen: Dativ Plural (denen), Genitiv (dessen, deren)

Der Kasus des Relativpronomens richtet sich nach dem Verb oder der Präposition im Relativsatz.
Genus und Numerus richten sich nach dem Bezugswort.
Im Genitiv richtet sich das Relativpronomen nach dem Bezugswort und hat die Bedeutung eines Possessivpronomens.

Der Relativsatz steht nah bei dem Nomen, das er beschreibt. Wenn nach dem Nomen noch ein Verb oder Verbteil steht, steht der Relativsatz meistens dahinter.
- Ich möchte in einer **Gesellschaft** leben, **die** bunt und offen ist.
- Man muss auch **Meinungen** akzeptieren, **mit denen** man vielleicht nicht einverstanden ist.

Zeitangaben machen: temporale Nebensätze

Was passiert wann?

etwas passiert **gleichzeitig**	während, als, solange, wenn
etwas passiert **nicht gleichzeitig**	bevor, ehe, nachdem

Ab wann oder bis wann passiert etwas?

etwas **hat angefangen und dauert** bis jetzt	seit, seitdem
etwas **endet**	bis
etwas **beginnt**	sobald

- Jessica war zweimal im Ausland, **während** sie eine Ausbildung gemacht hat.
- **Während** Jessica eine Ausbildung gemacht hat, war sie zweimal im Ausland

Tempuswechsel bei *nachdem*

Nebensatz im Perfekt + Hauptsatz im Präsens:
- Nachdem ich das Abitur **bestanden habe**, **bewerbe** ich mich.

Nebensatz im Plusquamperfekt + Hauptsatz im Präteritum:
- Nachdem ich das Abitur **bestanden hatte**, **bewarb** ich mich.

11 NATÜRLICH!

A

ÄPFEL AUS DER REGION

„normale" Äpfel aus der Region

BIO-ÄPFEL AUS NEUSEELAND

Bio-Äpfel aus einem weit entfernten Land

C

Schuhe aus Kunstleder

Schuhe aus Leder

B

mit einer Gruppe im Auto verreisen

allein mit dem Zug fahren

> Also ich glaube, dass Bio-Äpfel besser sind, weil …

1 a Für die Umwelt – Sehen Sie die Bildpaare an. Was denken Sie: Was ist besser für die Umwelt? Sprechen Sie in Gruppen und begründen Sie.

4.07 **b** Hören Sie den Radiobeitrag. Welche Argumente werden zu den Bildern in 1a genannt? Machen Sie Notizen und vergleichen Sie im Kurs. Was hat Sie überrascht?

Äpfel	Reisen	Schuhe	Einkaufen	Getränke

150 B1.2+ ▸ 66

D — im Einkaufszentrum shoppen

Getränkekarton

E — Mehrwegflasche aus Glas

online einkaufen

LERNZIELE

MODUL 1 Erklärungen zum Klimawandel verstehen, über Klimawandel sprechen und eine Umfrage verstehen

MODUL 2 einen Prozess verstehen, beschreiben und kritisch bewerten, Forumsbeiträge verstehen, die eigene Meinung schreiben

MODUL 3 einen Flyer und ein Gespräch zu einem Umweltthema verstehen und über Lösungen sprechen

MODUL 4 Kurztexte über Bücher verstehen und für andere kommentieren, ein Buch/einen Film vorstellen und empfehlen

ALLTAG UND BERUF
Informationen zusammenfassen und strukturiert weitergeben

GRAMMATIK
MODUL 1 etwas genauer beschreiben: Relativsätze mit was, wo, wo(r) + Präposition

MODUL 3 Irreales, Vermutungen, Wünsche und Bitten ausdrücken: Konjunktiv II

2

a Sammeln Sie im Kurs weitere Beispiele wie in 1a. Äußern Sie Vermutungen, was besser für die Umwelt ist.

b Teilen Sie die Beispiele aus 2a im Kurs auf. Recherchieren Sie zu zweit, was umweltfreundlicher ist, und berichten Sie.

Ü 1–5

11
Erklärungen zum Klimawandel verstehen und darüber sprechen · eine Umfrage verstehen

KLIMAWANDEL

1 a Arbeiten Sie in Gruppen. Was sehen Sie auf den Fotos? Was hat das mit Klimawandel zu tun? Ordnen Sie die Begriffe zu und beschreiben Sie die Fotos.

die Dürre • der Sturm • der Waldbrand • die Überschwemmung • der Wind • die Hitzewelle • die Trockenheit • das Hochwasser • der Regen

b Kurz erklärt – Lesen Sie die Erklärungen A bis D und ordnen Sie die Fragen zu.

Welche Ursachen hat der Klimawandel?   Was kann man dagegen tun?
Welche Folgen hat der Klimawandel?   Klimawandel – Was bedeutet das?

A ....
Der Begriff bezeichnet die Veränderung des Klimas auf der Erde. Klimaveränderungen gab es schon immer. Allerdings hatte die Natur immer genug Zeit, sich darauf vorzubereiten und sich anzupassen, denn die Erwärmungen oder Abkühlungen passierten sehr langsam. Doch die aktuelle globale Erwärmung geht sehr schnell. Forscher haben zum Beispiel in Deutschland seit 1880 einen Temperaturanstieg von 1,5 Grad gemessen. Wenn nichts dagegen unternommen wird, rechnet man bis zum Jahr 2100 mit einem Anstieg um bis zu 6,5 Grad.

B ....
Schuld am Klimawandel ist hauptsächlich die Zunahme an Treibhausgasen. Dazu zählt man Wasserstoff, Kohlenstoffdioxid (CO_2) und Methan. Vor allem die Industriestaaten sind für diesen Treibhauseffekt verantwortlich. Energiewirtschaft, Industrie, Haushalte, Verkehr und Landwirtschaft verursachen fortlaufend Treibhausgase.

C ....
Der Klimawandel ist u.a. für das Schmelzen von Nord- und Südpol sowie der Gletscher verantwortlich. Durch das Schmelzwasser steigen die Meeresspiegel. Regionen, die am Meer liegen, sind in Gefahr zu versinken. Außerdem häufen sich Naturkatastrophen wie starke Stürme, Überschwemmungen, Hitzewellen usw.

D ....
Mit dem Pariser Abkommen haben sich 195 UN-Mitgliedsstaaten verpflichtet, sich für den Klimaschutz zu engagieren. Deutschland will bis 2030 den Ausstoß von Treibhausgasen um 55 Prozent verringern. So sollen zum Beispiel erneuerbare Energien stärker genutzt und klimafreundliche Mobilität vorangebracht werden.

SPRACHE IM ALLTAG

Häufige Abkürzungen
ca. = circa   evtl. = eventuell
usw. = und so weiter   ggf. = gegebenenfalls
etc. (lateinisch) = usw.   u. a. = unter anderem,
bzw. = beziehungsweise   und andere

MODUL 1

c Arbeiten Sie zu zweit. Lesen Sie die Texte in 1b noch einmal und ergänzen Sie die Sätze. Vergleichen Sie dann im Kurs.

1. Unter dem Begriff Klimawandel versteht man …
2. Die Durchschnittstemperatur in Deutschland ist seit 1880 …
3. Der Grund für den aktuellen Klimawandel ist …
4. Folgen des Klimawandels sind zum Beispiel …

Ü1 5. Um den Klimawandel zu stoppen, …

2 a Was können Sie gegen den Klimawandel tun? Sammeln Sie im Kurs.

> Wir könnten zum Beispiel versuchen, weniger zu heizen.

4.08 **b Hören Sie eine Umfrage. Was tun die Leute für den Klimaschutz? Notieren Sie Stichwörter und vergleichen Sie im Kurs.**

3 a Relativpronomen – Hören Sie die Sätze und ergänzen Sie.

4.09
1. Klimawandel ist etwas, ... uns alle angeht.
2. Ich wohne in einer Region, ... es in den letzten Jahren oft Überschwemmungen gab.
3. Wir müssen alles, ... möglich ist, gegen den Klimawandel tun.
4. Das, ... wir tun, ist sicher noch nicht genug.
5. Das Einzige, ... ich tun kann, ist Energie zu sparen.
6. Viele junge Leute engagieren sich für den Umweltschutz, ... ich echt super finde.
7. Auf Autos zu verzichten ist das Beste, ... wir tun können.
8. Klimawandel ist etwas, ... wir immer wieder diskutieren müssen.

b Lesen Sie die Sätze in 3a noch einmal. Worauf beziehen sich die Relativpronomen? Markieren Sie und ergänzen Sie dann die Regel.

c Arbeiten Sie zu zweit und ergänzen Sie abwechselnd die Sätze. Sprechen Sie zuerst und schreiben Sie die Sätze dann auf.

1. Umweltschutz ist etwas, …
2. Es gibt vieles, …
3. Viele Menschen wohnen in Regionen, …
4. Mit dem Rad zu fahren ist das Einfachste, …
5. Ich bin gern in der Natur, …
6. Alles, …, ist …

GRAMMATIK

Etwas genauer beschreiben: Relativsätze mit *wo*, *was* und *wo(r)-* + Präposition

Man verwendet das Relativpronomen ...., wenn man über Orte spricht.
Das Relativpronomen *was* bezieht sich auf Pronomen wie *nichts*, ..., ..., ... oder auf einen ganzen Satz.
Auch nach nominalisierten Adjektiven oder Superlativen steht ein Relativsatz mit ....
Wenn im Relativsatz ein Verb mit Präposition steht, verwendet man *wo(r)-* + Präposition.

4.10 **d Flüssig sprechen – Ergänzen Sie die Sätze und sprechen Sie wie im Beispiel.**

1. … ein Ort, wo ich gerne bin.
2. … etwas, was ich wichtig finde.
3. …, worüber ich oft mit Freunden diskutiere.

Ü2–3 4. …, wo es viel Wald und Natur gibt.

> Der Park ist ein Ort, wo ich gerne bin.
> Der Park? Schön! Das Café ist ein Ort …

e Übungen selbst machen – Schreiben Sie einen Teilsatz wie in 3c und 3d jeweils auf einen Zettel. Bilden Sie dann Gruppen
Ü4 **und geben Sie die Zettel weiter. Alle ergänzen die Sätze.**

Ich fahre gern nach Berlin, wo ich viele Freunde habe.

11 einen Prozess verstehen, beschreiben und bewerten · Forumsbeiträge verstehen und schreiben

WAS ZIEHE ICH AN?

1 a Welches Kleidungsstück findet man am häufigsten in Ihrem Kleiderschrank? Was ziehen Sie am liebsten an? Warum? Sprechen Sie im Kurs.

b Was wissen Sie über die Herstellung von Jeans? Sammeln Sie im Kurs.

4.11 **c** Hören Sie den Podcast und ergänzen Sie die Informationen im Schaubild.

[STRATEGIE]

Texte leichter verstehen: Vorwissen aktivieren
Überlegen Sie vor dem Hören oder Lesen: Was wissen Sie bereits über das Thema? Welche Informationen erwarten Sie?

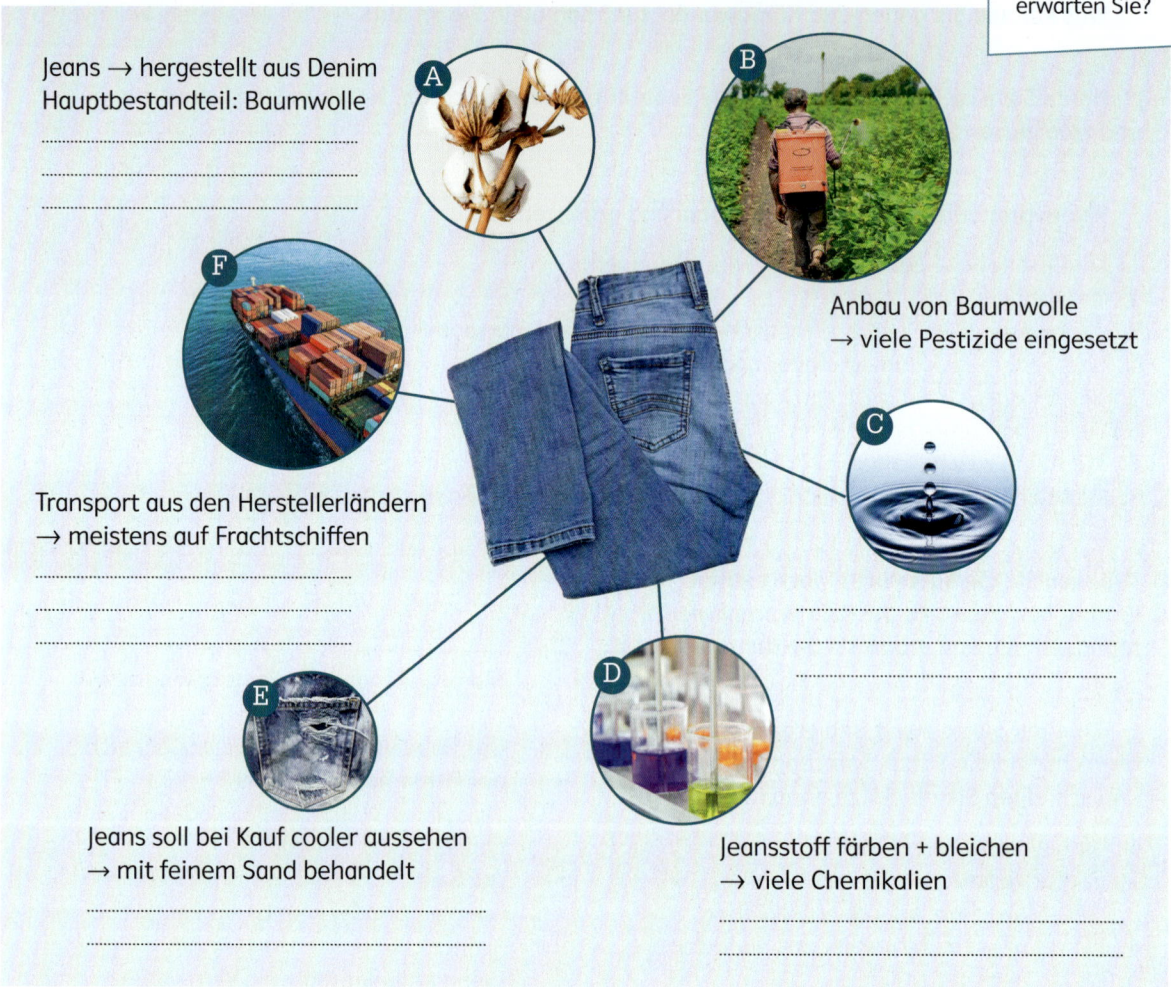

Jeans → hergestellt aus Denim
Hauptbestandteil: Baumwolle

A

B
Anbau von Baumwolle
→ viele Pestizide eingesetzt

F
Transport aus den Herstellerländern
→ meistens auf Frachtschiffen

C

E
Jeans soll bei Kauf cooler aussehen
→ mit feinem Sand behandelt

D
Jeansstoff färben + bleichen
→ viele Chemikalien

R 06 **d** [MEDIATION] Ein Freund / Eine Freundin im Kurs hat den Podcast nicht gut verstanden. Erklären Sie ihm / ihr anhand des Schaubilds noch einmal die Informationen.

einen Prozess beschreiben
- Für … braucht / benötigt man …
- Außerdem wird … zerstört / verbraucht / …
- Zuerst …, dann …
- Dabei verwendet man …
- Zusätzlich werden … verwendet / verbraucht / eingesetzt.
- Zum Schluss …

etwas kritisch bewerten
- Problematisch ist, dass …
- Das Problem dabei ist …
- Man darf dabei nicht vergessen, dass …
- Man muss auch sehen, dass …
- Das sehe ich kritisch, weil …
- Das ist schlecht für …

Ü 1–2

154

B1.2+ › 70

2 a Faire Mode – Lesen Sie die Forumsbeiträge und die Aussagen 1 bis 5. Zu wem passt welche Aussage? Ergänzen Sie die Namen.

Dodo2000
Gestern habe ich einen Podcast gehört, in dem es darum ging, wie katastrophal die Herstellung einer Jeans für die Umwelt ist. Ich war echt schockiert, denn ich hatte mir darüber vorher, ehrlich gesagt, nie Gedanken gemacht. Wenn ich in meinen Kleiderschrank schaue, dann finde ich da mindestens zehn verschiedene Jeans. Jetzt habe ich ein richtig schlechtes Gewissen. Aber soll ich ab jetzt nur noch hässliche Öko-Mode tragen?

LeoT
Was heißt denn hässliche Öko-Mode? Heute gibt es doch total viele Marken, die moderne und coole Kleidung umweltverträglich produzieren. Da wird bei der Herstellung auf die Umwelt geachtet und auch an die Arbeiter und Arbeiterinnen gedacht. Die arbeiten bei fair produzierten Produkten auch unter viel besseren Bedingungen. Und die Kleidung hält meistens viel länger, weil das Material besser ist als bei billig produzierter Massenware.

Hannah18
Na ja, aber wer kann sich denn die Öko-Mode schon leisten? Da kostet eine Jeans ja viel mehr. Außerdem will ich auch nicht ständig die gleichen Sachen tragen. Wenn die Jeans nicht so viel kostet, dann kann ich mir eben auch verschiedene kaufen. Für mich ist es wichtig, mit dem Trend zu gehen. Ändert es denn wirklich etwas, wenn ich keine normale Jeans mehr kaufe? Damit das einen Unterschied macht, müssten das ja richtig viele Menschen weltweit machen. Und das ist doch utopisch!

MoritzHH
Wenn ich zum Shoppen in die Stadt fahre, finde ich dort kaum coole, junge nachhaltig produzierte Marken in den Geschäften. Wenn ich eine fair produzierte Jeans kaufen will, muss ich lange suchen. Mir geht das auf die Nerven, dass man ständig irgendetwas falsch macht. Man soll keine günstigen Klamotten kaufen, man soll keinen Kaffee im Pappbecher trinken, man soll nicht mit dem Auto fahren usw. Was denn noch alles?

Tom
Na, das ist ja eine tolle Einstellung. Natürlich kann man nicht alles perfekt machen. Aber wenn jeder versucht, ein bisschen umweltbewusster zu leben, dann ist das doch auch schon gut. Ich kaufe z.B. auch in Secondhand-Läden. So werden Kleidungsstücke länger genutzt. Das ist auch gut für die Umwelt. Wenn Jeans und andere Kleidungsstücke länger getragen werden, dann werden weniger neue Jeans gekauft und damit auch weniger produziert.

1. .... hat keine Lust, sich ständig über die Umwelt Gedanken zu machen.
2. .... hat nicht gewusst, dass die Jeans-Produktion schlecht für die Umwelt ist.
3. .... möchte günstige Kleidung kaufen und dafür öfter etwas Neues haben.
4. .... ist der Meinung, dass fair produzierte Kleidung eine bessere Qualität hat.
5. .... trägt auch gebrauchte Kleidung.

b Lesen Sie die Texte noch einmal. Wem stimmen Sie zu? Warum? Sprechen Sie zu zweit.

> Ich stimme Hannah zu, weil ich auch nicht so viel Geld für Kleidung ausgeben möchte.

c Erstellen Sie eine Tabelle mit Pro- und Contra-Argumenten aus den Texten und ergänzen Sie eigene Argumente zum Thema *Faire Mode*.

d Schreiben Sie Ihre Meinung in einem Forumsbeitrag.

B1.2+ › 71

11 einen Flyer und ein Gespräch zu einem Umweltthema verstehen · über Lösungen sprechen

GUTE NACHT!

1 a Was fällt Ihnen ein, wenn Sie das Wort *Licht* hören? Sammeln Sie im Kurs.

> Bei dem Wort Licht denke ich als Erstes an Wärme.
>
> Mit Licht assoziiere ich …

b Wie viele Assoziationen aus 1a sind eher positiv, wie viele negativ? Sprechen Sie über mögliche Gründe.

2 a Lesen Sie den Flyer. Was ist das Ziel des Textes? Was will er erreichen?

LICHT AUS!

Licht ist für viele von uns etwas Schönes und wir verbinden es oft mit Sicherheit. Aber: Licht schadet der Umwelt!

A Unsere Städte leuchten nachts immer heller, das kostet viel Energie. Allein diese Verschwendung von Ressourcen ist ein Umweltproblem. Das ist aber nicht alles:

B Viele Insekten werden vom Licht angelockt und fliegen so lange um das Licht, bis sie vor Ermüdung sterben. Allein in Deutschland hat sich die Vielfalt der fliegenden Insektenarten um dramatische 70 % reduziert. Ein Grund dafür ist die Lichtverschmutzung! Und die Insekten fehlen! Sie fehlen den Pflanzen für die Befruchtung und Vermehrung. Und sie fehlen anderen Tieren als Nahrung.

C Künstliches Licht ist auch für viele Vogelarten ein Problem. Zwei Drittel der Zugvögel fliegen nachts. Sie werden von den hellen Städten geblendet und verlieren die Orientierung oder fliegen gegen die Fenster beleuchteter Hochhäuser und sterben. Außerdem bauen viele Vogelarten in den Städten ihre Nester zu früh im Jahr, wenn es noch nicht genug Futter für den Nachwuchs gibt.

D Durch das viele Licht wird der Jahreszeiten-Rhythmus gestört. Bäume, die in der Nähe von Straßenlaternen stehen, verlieren im Herbst später ihre Blätter und beginnen im Frühling eher mit der Blüte. Das schwächt sie auf Dauer und führt zu Krankheiten.

Wenn man den Beleuchtungswahnsinn stoppen würde, wären die Nächte wieder dunkler und erholsamer.
Wir würden doch alle so gern die Sterne wieder sehen! Helfen Sie mit! Vielleicht wären Sie bereit, Ihre Hausbeleuchtung zu verändern? Oder könnten Sie auf Schaufensterbeleuchtungen ab 23:00 Uhr verzichten?

››› Weitere Infos unter www.paten-der-nacht.de

b In welchem Absatz des Flyers finden Sie Antworten auf die folgenden Fragen? Notieren Sie. Arbeiten Sie dann zu zweit und beantworten Sie die Fragen mit eigenen Worten.

1. Wie wirkt sich künstliches Licht auf Pflanzen aus?   Absatz ……… / ………
2. Was hat Licht mit Energieverschwendung zu tun?   Absatz ………
3. Wie hängen künstliches Licht und der Tod vieler Insekten zusammen?   Absatz ………
4. Wie ändern Vögel aufgrund des Lichts ihr Verhalten?   Absatz ………

MODUL 3

3 a Hören Sie das Gespräch. Wer hat welche Einstellung zum Thema Lichtverschmutzung? Kreuzen Sie an.

4.12

| | sehr wichtig | unwichtig | genauso wichtig wie andere Umweltthemen |

Emilia findet das Thema …
Manuel findet das Thema …
Leana findet das Thema …

b Welche Argumente aus dem Flyer und dem Gespräch finden Sie wichtig? Sprechen Sie in Gruppen.

4 a Konjunktiv II – Lesen Sie die folgenden Sätze aus dem Flyer und dem Gespräch. Welche Bedeutung hat der Konjunktiv? Ordnen Sie die Sätze zu. Ergänzen Sie dann die Regel zu den Formen.

1. Es wäre gut gewesen, wenn man das schon früher erkannt hätte.
2. Wir würden doch alle so gern die Sterne wieder sehen!
3. Wären Sie bereit, Ihre Hausbeleuchtung zu verändern?
4. Man müsste doch nur in den Hochhäusern das Licht ausmachen.
5. Du könntest die Lichter ja ausschalten.
6. Ich müsste noch genug Geld dabeihaben.
7. Hätte ich bloß diese Lampen nicht gekauft!

GRAMMATIK

Irreales, Vermutungen, Wünsche und Bitten ausdrücken: Konjunktiv II

Verwendung   Formen: Gegenwart
höfliche Bitte / Frage: ………   ……………………… + Infinitiv
Wunsch: ………, ………   Bei *haben*, *sein*, *brauchen*, *wissen* und Modalverben
irreale Bedingung: ………   (außer *sollen* und *wollen*): Präteritum + Umlaut (ä, ö, ü).
Vorschlag / Ratschlag: ………, ………
Vermutung   ………   **Formen: Vergangenheit**
                                          Konjunktiv II von ……………………… oder ……………………… + Partizip II

Ü 3

b Sehen Sie die Bilder an. Was ist das Problem? Was könnte man dagegen tun? Formulieren Sie zu zweit Vermutungen, Wünsche und Vorschläge. Verwenden Sie den Konjunktiv II.

A   B   C   D

Man könnte die Lichter dunkler machen.

Wenn die Lichter einfach nur nach unten leuchten würden, wäre das besser für die Vögel.

Ü 4

c Hätte …! Wäre …! – Was denken die Personen auf den Bildern in 4b? Notieren Sie Wünsche zu den Bildern im Konjunktiv II der Vergangenheit.

beim Einkaufen auf wenig Verpackung achten • den Bus nehmen •
die Lampe dunkler machen • aufs Land ziehen • …

Ü 5   1. Hätte ich doch …!

TIPP
Wünsche
Wünsche als Ausrufe immer mit Partikeln wie *bloß*, *nur*, *doch*.

B1.2+ ▸ 73

157

11 Kurztexte über Bücher für andere kommentieren · ein Buch/einen Film vorstellen und empfehlen

UMWELTBÜCHER

1 **Lesen Sie gern? Welches Genre mögen Sie? Wählen und begründen Sie in zwei bis drei Sätzen.**

Romane • Fantasy • Biografien/Erfahrungsberichte • Ratgeber • Abenteuergeschichten • Comics • Fach- oder Sachbücher • Krimis/Thriller • Reiseführer • Science-Fiction • Märchen • Gedichte • historische Romane • …

2 a Sehen Sie die Cover der Bücher an und entscheiden Sie schnell: Zu welchem Buch würden Sie zuerst greifen? Warum?

DAS GEHEIME LEBEN DER BÄUME
von Peter Wohlleben

Bäume stehen nicht einzeln und allein im Wald, sondern sie kommunizieren miteinander. Sie helfen sich gegenseitig, kümmern sich um ihren Nachwuchs und unterstützen sogar kranke Bäume. Der Autor und Förster Peter Wohlleben ist überzeugt, dass Bäume Gefühle haben und sogar ein Gedächtnis. Seine erstaunlichen Erkenntnisse stützt er mit aktuellen Forschungsergebnissen und mit zahlreichen überraschenden Erkenntnissen aus seinem Berufsleben. Das Buch ist eine große Liebeserklärung an den Wald.

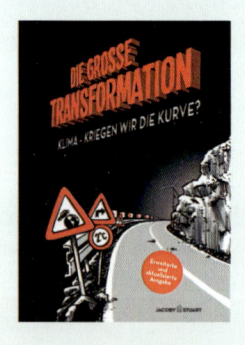

DIE GROSSE TRANSFORMATION
KLIMA – KRIEGEN WIR DIE KURVE?
Herausgegeben von Alexandra Hamann, Claudia Zea-Schmidt und Reinhold Leinfelder. Mit Illustrationen von Jörg Hartmann, Jörg Hülsmann, Robert Nippoldt, Studio Nippoldt und Iris Ugurel.

Der Klimawandel zeigt uns deutlich, dass wir unseren Umgang mit der Natur und den Ressourcen ändern müssen. Aber wie soll das funktionieren? In diesem Buch erklären neun Wissenschaftler aus verschiedenen Fachbereichen Wege aus der Umweltkrise, und zwar anschaulich und verständlich in Comic-Interviews. Denn für eine echte weltweite Veränderung müssen Geo- und Klimawissenschaft, Wirtschaft und Technik, Politik und Alltagskultur zusammenarbeiten – sonst ist das Ziel nicht zu erreichen.

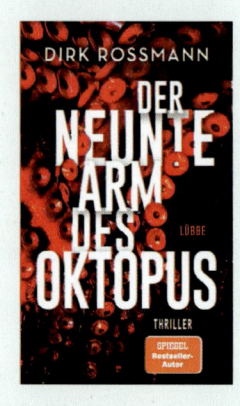

DER NEUNTE ARM DES OKTOPUS
von Dirk Rossmann

Mit dem Klimawandel stehen dramatische Veränderungen auf unserer Erde und tragische Katastrophen bevor. Kurz bevor es zu spät ist, vereinen sich drei Weltmächte und beschließen eine radikale Lösung. Doch wird das reichen, um die Welt zu retten? Und: Nicht jeder ist mit dem Lösungsweg, der den Menschen viele Freiheiten raubt, einverstanden. Die Rebellion wird immer stärker und am Ende müssen ein Koch und eine Geheimagentin die Welt retten. Werden die beiden den weltpolitischen Krimi lösen?

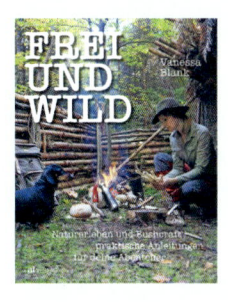

FREI UND WILD
Naturerleben und Bushcraft – praktische Anleitungen für Deine Abenteuer von Vanessa Blank

Naturparadiese und Wildnis sind viel näher, als man denkt, auch in Deutschland. Nur das Nötigste in den Rucksack packen, sich aus dem, was man in der Natur findet, ein Lager für die Nacht bauen und das Abendessen über dem Feuer zubereiten. All das ist möglich, wenn man weiß, wie. Und das erfährt man in diesem Ratgeber. Die Autorin ist Überlebenstrainerin und Expertin, wenn es um Überlebensstrategien in der Natur geht: Outdoor-Leben, Gefahren, Heilmittel aus der Natur. Dinge, auf die man nicht verzichten sollte. Rezepte und Antworten auf die Frage, was erlaubt ist und was nicht. Raus aus dem Alltag, rein in die Natur!

b Lesen Sie jetzt den Kurztext zum Buch Ihrer Wahl und machen Sie Notizen zu den folgenden Punkten. Überlegen Sie: Für welche Leser ist das Buch interessant?

- Titel und Autor
- Genre
- Thema
- mein Eindruck

c [MEDIATION] Arbeiten Sie in Gruppen, jedes Buch sollte mindestens einmal vertreten sein. Jede/r informiert über sein Buch mithilfe der Notizen aus 2b. Würden Sie das Buch kaufen?

über ein Buch informieren
- Das Buch … von … ist ein Roman / Comic / …
- In dem Buch geht es um …
- Thema des Buches ist …
- Es wird die Geschichte von … erzählt.
- Man erfährt viel über …
- Das Buch gibt Tipps, wie man … / … ist ein Ratgeber für …
- Es ist besonders interessant für Personen, die gern …

ein Buch kommentieren
- Das Cover des Buches hat mich sofort angesprochen, deswegen / aber …
- Der Titel klingt interessant, und der Kurztext hat mich neugierig gemacht / aber den Kurztext fand ich langweilig.
- Der Krimi / Roman / … klingt (sehr) interessant / unterhaltsam / kompliziert / spannend / …
- Ich interessiere mich schon lange für …, deswegen möchte ich … / trotzdem finde ich …

3 Wählen Sie ein Buch, das Ihnen gut gefällt, oder einen Film, den Sie besonders mögen. Arbeiten Sie zu zweit und stellen Sie sich gegenseitig das Buch / den Film vor. Überzeugen Sie dann Ihren Partner / Ihre Partnerin, das Buch zu lesen oder den Film zu sehen.

ein Buch / einen Film empfehlen
- Ich fand das Buch / den Film hervorragend, weil …
- Sie sollten / Du solltest das Buch / den Film unbedingt lesen / sehen, denn …
- Das Buch liest sich wirklich leicht und es ist sehr informativ / spannend / …
- Das Buch / Der Film ist sehr lustig / interessant / …
- Die Schauspieler/innen spielen überzeugend. / Die Bilder in dem Film sind wunderschön. / Die Sprache im Buch ist faszinierend und …
- Ich will nicht zu viel verraten, aber das Ende ist wirklich eine Überraschung.
- Ich kann es / … Ihnen / dir wirklich sehr empfehlen.

[STRATEGIE]
Ein Buch / Einen Film vorstellen
- Nennen Sie Titel, Autor*in, Regisseur*in und/oder bekannte Schauspieler*innen und das Genre.
- Beschreiben Sie kurz, worum es geht.
- Beschränken Sie sich auf die wichtigsten Informationen, verzichten Sie auf Details.
- Verraten Sie nicht zu viel von der Handlung, vor allem nicht das Ende.

11 Informationen zusammenfassen und strukturiert weitergeben

KOMMUNIKATION IN ALLTAG UND BERUF

1 a Hören Sie die Nachricht auf der Mailbox. Was möchte Murat? Kreuzen Sie an.

4.13
1. Murat möchte sich über eine Umweltaktion informieren.
2. Er möchte Kollegen und Kolleginnen motivieren, bei einer Umweltaktion mitzumachen.
3. Er bittet um einen schnellen Rückruf.
4. Er bittet darum, die Informationen weiterzugeben.

4.13 **b** Lesen Sie die Überschriften der Notizzettel. Hören Sie dann noch einmal und ergänzen Sie die Notizen.

Mitbringen:

Grund des Anrufs:

Datum und Uhrzeit des Anrufs:

To-dos:

Termine:

Anrufer:

c [MEDIATION] Bringen Sie die Notizen aus 1b in eine sinnvolle Reihenfolge und erstellen Sie einen Notizzettel, der für andere gut verständlich ist. Vergleichen Sie dann Ihre Notizen zu zweit.

2 a Arbeiten Sie weiter zu zweit. Jede/r wählt eine Situation und bereitet den Anruf vor. Nehmen Sie dann Ihre Sprachnachricht mit dem Handy auf.

A Sie informieren eine Person, die mit Ihnen studiert, dass die Exkursion zur Müllverbrennungsanlage stattfinden wird. Sie nennen den Treffpunkt, das Datum und die Uhrzeit und sagen, wie lange der Ausflug voraussichtlich dauert und was er kostet. Erinnern Sie auch daran, dass jeder ein Getränk und etwas zu essen für sich mitbringen soll.

B Sie informieren einen Kunden / eine Kundin, dass Ihre Firma eine Expertin für einen Vortrag zum Thema *Klimawandel* eingeladen hat. Der Vortrag ist gratis, aber man muss vorher Karten online reservieren. Informieren Sie über Termin, Ort und Dauer des Vortrags und darüber, dass keine Kosten entstehen.

b Schicken Sie Ihrem Partner / Ihrer Partnerin Ihre Nachricht. Er/Sie notiert die wichtigsten Informationen.

c Besprechen Sie nun gemeinsam, ob Sie alle wichtigen Informationen übersichtlich und verständlich notiert haben.

PORTRÄT

Der Deutsche Alpenverein e. V. (DAV) stellt sich vor

Watzmann bei Berchtesgaden

WIR LIEBEN DIE BERGE!

Dieses Motto würden wohl alle unterschreiben – ganz egal, ob Mitglieder, Ehrenamtliche oder Hauptberufliche. Sie gehen in ihrer Freizeit wandern oder klettern, sie engagieren sich im Naturschutz und interessieren sich für Kultur und Traditionen der Berg- und Alpenregionen. Die Freude an der Bewegung in der Natur und die Lust auf Gipfelerlebnisse verbindet jedenfalls alle. Deswegen ist es ein Anliegen des DAV, den Bergsport und Alpinismus zu fördern und sich dabei gleichzeitig dafür einzusetzen, die einzigartigen Natur- und Kulturräume der Alpen und der deutschen Mittelgebirge zu bewahren. Diese Abwägung zwischen dem Schutz der Natur und den Interessen der Bergsportlerinnen und Bergsportler beschäftigt den DAV bereits seit seiner Gründung im Jahr 1869 durch deutsche und österreichische Bergsteiger als „bildungsbürgerlicher Bergsteigerverein".
Heute ist der DAV der größte Bergsportverein der Welt und einer der großen Sport- und Naturschutzverbände Deutschlands mit 1 351 247 Mitgliedern […] (Stand Dezember 2019).

BERGSPORT FÜR ALLE

Wandern, Bergsteigen, Klettern, Skifahren, Mountainbiken – der DAV ist offen für verschiedene Arten des faszinierenden Bergsportspektrums und gesteht jedem Menschen die Freiheit zu, sich eigenverantwortlich in den Bergen zu bewegen. Mitglieder können aus jährlich nahezu 165 000 Angeboten das Passende für sich auswählen. Von der einfachen Wanderung über die Klettertour, das Ski-Wochenende bis zur Hochtour auf über 3000 Metern Höhe ist alles möglich. Hinzu kommen Sportarten wie Mountainbiken oder Klettersteiggehen und mehr als 5000 allgemeine Fitnessveranstaltungen, die der DAV anbietet. Und wenn das Wetter mal nicht mitspielt: Die Sektionen betreiben über 207 künstliche Kletteranlagen. Es ist also für alle etwas dabei, ob Familien, Kinder, Jugendliche, Ältere oder Menschen mit Behinderung. Dabei spielt das Ehrenamt eine große Rolle, Leiterinnen und Trainer leisten jährlich rund 1,8 Millionen Stunden, um das vielseitige Programm zu stemmen.

BERGSPORT – ABER SICHER

Um das Risiko im Bergsport zu minimieren, spielen eine gute alpine Ausbildung und das Thema Sicherheit eine wichtige Rolle. Rund 18 000 ehrenamtliche Trainerinnen und Fachübungsleiter engagieren sich in ihren Sektionen für ein abwechslungsreiches Kursprogramm. […] Um die einzigartige Natur der Alpen und Mittelgebirge auch für nachfolgende Generationen zu bewahren, setzt sich der DAV für den Schutz des Lebensraums vieler bedrohter Tier- und Pflanzenarten ein. Als „Anwalt der Alpen" bewahrt er die Bergwelt als Erholungsraum, fördert naturverträglichen Bergsport und trägt dazu bei, die natürlichen Ressourcen der Alpen zu schonen. […] 321 öffentlich zugängliche Hütten, über 20 400 Übernachtungsmöglichkeiten und 30 000 Kilometer Wege stehen Bergsportlerinnen und Naturliebhabern dank der Arbeit des Deutschen Alpenvereins in den Alpen und Mittelgebirgen zur Verfügung. […]

DAV — Deutscher Alpenverein

---

1 Lesen Sie den Text über den Deutschen Alpenverein. Seit wann gibt es den Verein, was sind seine Ziele und welche Themenschwerpunkte werden genannt? Notieren Sie noch eine weitere Besonderheit.

2 Sammeln Sie Informationen über Institutionen, Organisationen und Persönlichkeiten aus dem In- und Ausland, die für das Thema *Umwelt* interessant sind, und stellen Sie sie vor.

Beispiele aus dem deutschsprachigen Bereich: AV • SAC • NABU • Naturfreunde • Ökobüro • Franz Weber • Bernhard Grzimek • One Earth One Ocean e.V • Marcella Hansch • Luisa Neubauer • Plant for the Planet

11

FAIRE MODE

1 In Deutschland kauft jede Person durchschnittlich 60 Kleidungsstücke im Jahr. Finden Sie das viel, normal oder wenig? Warum? Schätzen Sie: Wie viele Kleidungsstücke kauft man in Ihrem Land pro Person und Jahr? Sprechen Sie im Kurs.

2 Sehen Sie Szene 1. Notieren Sie zu jedem Thema mindestens zwei Informationen. Vergleichen Sie in Gruppen.

1. Weltmeister im Kleiderkaufen
2. der schnelle Modekonsum
3. Jugendinitiative der Nachhaltigkeitsstrategie
4. Alternativen in Stuttgart

3 a Sarah Kürten ist Gründerin von *Wiederbelebt*. Sehen Sie Szene 2. Über welche Themen spricht sie? Machen Sie Notizen. Vergleichen Sie dann in Gruppen.

b Sehen Sie Szene 2 noch einmal. Arbeiten Sie zu zweit. Schreiben Sie zu jedem Bild zwei Sätze. Die Wörter und Ausdrücke helfen. Vergleichen Sie dann mit einem anderen Paar.

das Upcycling • ressourcenschonend •
die Textilindustrie • die Überschüsse der Industrie •
die Stoffreste • aufkaufen • das Stofflager •
die Kreativität • das Design • minimalistisch •
trendübergreifend • der Näher / die Näherin •
die Qualität • die eigene Produktionsstätte •
die Arbeitsbedingungen • die nachhaltige Mode

c Wie finden Sie das Design und das Konzept von *Wiederbelebt*? Würden Sie dort Kleidung kaufen? Warum (nicht)? Sprechen Sie im Kurs.

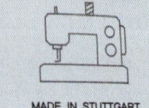

4 Sehen Sie Szene 3. Machen Sie Notizen zu den Fragen. Vergleichen Sie dann in Gruppen.

1. Wie viele Altkleider fallen im Jahr in Deutschland an?
2. Warum ist die hohe Menge an Altkleidern ein Problem?
3. Was bedeutet das Siegel *Fairwertung*?
4. Was sind die Vorteile von Secondhandläden?
5. Was ist der Unterschied zwischen der *Fast-Fashion-Industrie* und der *nachhaltigen Modeindustrie*?

5 Faire Mode macht weniger als 1% der weltweit konsumierten Mode aus. Was kann jede/r Einzelne noch tun, um von der Wegwerfgesellschaft wegzukommen? Über welches Konzept wollen Sie mehr wissen? Recherchieren Sie zu zweit und stellen Sie das Ergebnis im Kurs vor.

Kleiderspenden gegen Gutschein • Kleiderspenden im Paket • Upcycling selbst gemacht •
Secondhand-Apps • Secondhand-Shops in Ihrer Nähe • Kleidertauschbörsen

GRAMMATIK IM BLICK

Etwas genauer beschreiben: Relativsätze mit *wo/woher/wohin*, *was* und *wo(r)-* + Präposition

Man verwendet die Relativpronomen **wo / woher / wohin**, wenn man über Orte spricht.
- Ich wohne in einer Region, **wo** es in den letzten Jahren oft Überschwemmungen gab.
- Der Ort, **woher** ich komme, liegt direkt an einem Fluss.
- In Berlin, **wohin** ich nächste Woche fahre, gibt es am Freitag eine große Demo.

Das Relativpronomen **was** bezieht sich auf Pronomen wie *nichts, alles, etwas, das* oder auf einen ganzen Satz.
- Wir müssen alles, **was** möglich ist, gegen den Klimawandel tun.
- Viele junge Leute engagieren sich für den Umweltschutz, **was** ich echt super finde.

Auch nach nominalisierten Adjektiven oder Superlativen steht ein Relativsatz mit **was**.
- Das Einzige, **was** ich tun kann, ist Energie zu sparen.
- Auf Autos zu verzichten ist das Beste, **was** wir tun können.

Wenn im Relativsatz ein Verb mit Präposition steht, verwendet man **wo(r)- + Präposition**.
- Klimawandel ist etwas, **worüber** wir immer wieder diskutieren müssen.

Irreales, Vermutungen, Wünsche und Bitten ausdrücken: Konjunktiv II

Formen
Gegenwart
würde + Infinitiv
- Ich **würde** gerne den Sternenhimmel **sehen**.

Bei *haben, sein, brauchen, wissen* und Modalverben (außer *sollen* und *wollen*): Präteritum + Umlaut (ä, ö, ü)
ich h**ä**tte, du h**ä**ttest, er h**ä**tte; ich w**ä**r**e**, du w**ä**rst, er w**ä**r**e**;
ich br**ä**uchte, w**ü**sste, m**ü**sste, k**ö**nnte, d**ü**rfte, s**o**llte, w**o**llte
- Ich **müsste** noch genug Geld dabeihaben.
- **Könntest** du das Licht ausmachen?
- Wenn man den Beleuchtungswahnsinn stoppen würde, wären die Nächte wieder dunkler.

Vergangenheit
Konjunktiv II von *haben* oder *sein* + Partizip II
- Es **wäre** gut **gewesen**, wenn man das schon früher **erkannt hätte**.

Verwendung

höfliche Bitte / Frage:	• Könntest du bitte das Licht ausmachen? • Wären Sie bereit etwas zu verändern?
Wunsch:	• Wir würden so gern die Sterne wieder sehen! • Hätte ich bloß diese Lampen nicht gekauft!
irreale Bedingung:	• Insekten könnten gerettet werden, wenn … • Wenn wir das früher erkannt hätten, …
Vorschlag / Ratschlag:	• Man müsste doch nur das Licht ausmachen. • Du könntest die Lichter ja ausschalten.
Vermutung:	• Ich müsste noch genug Geld haben.

B1.2+ › 79

12 ZUKUNFTSMUSIK

1 a Hören Sie und bringen Sie die Bilder in die richtige Reihenfolge. Erzählen Sie die Geschichte.

4.14 **b** Arbeiten Sie zu zweit. Schreiben Sie das Hörspiel zu Ende und lesen Sie es im Kurs vor.

4.15 **c** Hören Sie das Ende des Hörspiels. Was ist passiert?

E

F

due tre quattro

Sprachpaket komplett löschen?

G

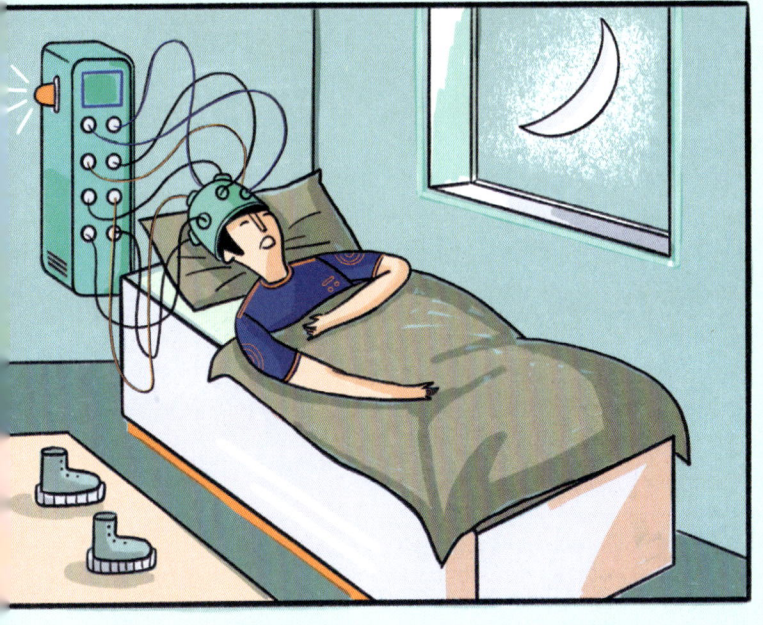

H

2 Sprechen Sie über die folgenden Fragen zu zweit. Diskutieren Sie dann Ihre Ergebnisse im Kurs.

- Wie finden Sie die Methode des Sprachenlernens, die im Hörspiel vorgestellt wird?
- Halten Sie diese Methode in der Zukunft für realistisch oder ist sie eher Utopie?
- Wie wird sich Ihrer Meinung nach Lernen in der Zukunft verändern?

Ü 1–5

LERNZIELE

MODUL 1 Kommentare zum Thema Weltraumflug verstehen und weitergeben, eine E-Mail schreiben
MODUL 2 ein Gespräch zu einer Produktrecherche verstehen, Kundenrezensionen verstehen und schreiben, für ein Produkt werben
MODUL 3 einen Magazintext über eine Wissenschaft verstehen, Beispiele recherchieren und vorstellen
MODUL 4 Erklärungen in einem Podcast verstehen, Texte aus einem Wissenschaftsmagazin verstehen und für andere zusammenfassen

ALLTAG UND BERUF
eine Anleitung mündlich formulieren

GRAMMATIK
MODUL 1 zweiteilige Konnektoren
MODUL 3 Wortbildung bei Adjektiven

12 Kommentare zum Thema Weltraumflug verstehen und weitergeben · eine E-Mail schreiben

DER GROSSE TRAUM DER MENSCHHEIT

1 Könnten Sie sich vorstellen, auf einen anderen Planeten zu reisen? Warum? Warum nicht? Sprechen Sie in Gruppen.

2 a Arbeiten Sie zu zweit. Jede/r wählt fünf Wörter. Schlagen Sie die Wörter im Wörterbuch nach und erklären Sie sie Ihrem Partner / Ihrer Partnerin.

die Atmosphäre • die Temperaturschwankungen (Pl.) • der Treibstoff • die Quelle • das Raumschiff • das Sonnensystem • die Besiedlung • die Versorgung • die Oberfläche

b Reise zum Mars ... Ist das sinnvoll? – Arbeiten Sie weiter zu zweit. Jede/r liest einen Text. Spricht Ihr Text für oder gegen eine Marsreise? Notieren Sie die Argumente.

A 60 Jahre nach dem ersten Weltraumflug des Russen Juri Gagarin scheint ein neues Weltraum-Reisefieber auszubrechen. Das Ziel: der Rote Planet. In Wettbewerben der NASA sollen mittlerweile Bürger schon Ideen entwickeln, wie sowohl das Leben als auch die Arbeit auf dem Mars aussehen könnte. Aber bleiben wir mal realistisch. Der Mars ist für uns Menschen lebensfeindlich. Das beste Beispiel dafür ist das Klima. Die mittlere Temperatur des Mars liegt bei etwa −63 °C (Erde: +14 °C). Wir würden weder die großen Temperaturschwankungen noch die eisigen Stürme auf dem Mars überleben. Außerdem fehlt die Luft zum Atmen: Die dünne Atmosphäre besteht nur aus einem geringen Anteil an Sauerstoff, nämlich 0,13 Prozent. Hinzu kommen komplizierte Reisebedingungen: Die Flugzeit hin und zurück beträgt ca. ein Jahr. Aber nur dann, wenn sich Mars und Erde nah genug sind. Das geschieht alle 1,6 Jahre. Das bedeutet: Entweder man fliegt nach Ankunft auf dem Mars gleich wieder zurück oder man wartet knapp zwei Jahre auf den Rückflug. Außerdem braucht man sehr viel Treibstoff für die Reise. Das Raumschiff wird dadurch sehr schwer. Und je schwerer das Raumschiff ist, desto mehr Treibstoff braucht es. Die Versorgung mit Lebensmitteln und Wasser ist auch noch nicht geklärt. Und schließlich die Kosten! Ein solches Projekt würde Milliarden verschlingen. Wer soll das bezahlen?

DR. URSULA WITTIG
freie Wissenschaftsjournalistin in Berlin

DR. FRANK BRENNER
Zentrum für Luft- und Raumfahrt in Stuttgart

B Das Ferne und Unbekannte zu erreichen, galt schon immer als Beweis für menschliche Leistungsfähigkeit. Dass es nun ausgerechnet der Rote Planet ist, liegt an den vielen Erkenntnissen, die Wissenschaftler in den letzten Jahren über den Mars gewonnen haben. Diese machen deutlich: Der Mars hat etwas zu bieten, nämlich nicht nur eine vielfältige Oberfläche, sondern auch eine Atmosphäre. Und spätestens seitdem die Sonde Phoenix nachgewiesen hat, dass es gefrorenes Wasser auf dem Roten Planeten gibt, sind die Forscher weltweit begeistert. Wasser ist nun einmal die Quelle allen Lebens. Möglicherweise gab es früher Leben auf dem Mars oder es existiert heute immer noch in irgendeiner Form, die wir nicht kennen. Je mehr Erkenntnisse wir darüber haben, umso mehr Wissen erhalten wir über das ganze Sonnensystem. Vielleicht werden wir Menschen den Mars besiedeln. Das ist zwar noch Zukunftsmusik, gilt aber als sehr wahrscheinlich. Denn wir müssten uns in zeitlicher Hinsicht kaum umstellen: Ein Marstag dauert mit 24,6 Stunden kaum länger als ein Erdentag. Die Temperaturen sind im Vergleich zu anderen Planeten fast angenehm, jedoch für uns ziemlich extrem. Einerseits erreichen sie tagsüber 20 °C, andererseits sinken sie nachts auf unter minus 80 °C. Außerdem gibt es genügend Sonnenlicht auf dem Mars, um Solarenergie zu erzeugen. Leben auf dem Mars – ein Traum? Schon der deutsche Astronaut Alexander Gerst sagte: „Wir Menschen sind Entdecker. Sobald wir Flöße bauen konnten, sind wir über Flüsse gefahren. Sobald wir Schiffe bauen konnten, sind wir hinter den Horizont gesegelt. Jetzt können wir Raumschiffe bauen, also fliegen wir ins All."

Ü1

MODUL 1

C [MEDIATION] Informieren Sie Ihren Partner / Ihre Partnerin über Ihren Text. Welcher Meinung schließen Sie sich an? Begründen Sie.

3 a Zweiteilige Konnektoren – Ergänzen Sie zu zweit im Grammatikkasten zuerst den zweiten Teil der Konnektoren. Die Texte in Aufgabe 2b helfen. Ordnen Sie dann die Bedeutung zu.

GRAMMATIK

Zweiteilige Konnektoren
1. _E_ nicht nur …, _sondern auch_
2. ….. sowohl …
3. ….. weder …
4. ….. entweder …
5. ….. zwar …,
6. ….. einerseits …,
7. ….. je …,

Bedeutung
A das eine **nicht** und das andere **auch nicht**
B das eine **oder** das andere
C das eine (**mit Einschränkungen**) **und** das andere
D etwas hat zwei Seiten (**Gegensatz**)
E das eine **und** (**besonders**) das andere
F das eine ist **abhängig** von dem anderen
G das eine **und** das andere

Zweiteilige Konnektoren können Satzteile und Sätze verbinden:
Viele Menschen wollen **entweder** auf den Mond **oder** sogar auf den Mars fliegen.
Entweder man fliegt gleich wieder zurück **oder** man wartet knapp zwei Jahre.
je…, desto/umso verbindet Hauptsatz und Nebensatz. Man verwendet den Komparativ.
Je schwerer das Raumschiff ist, **desto/umso** mehr Treibstoff braucht es.
            Nebensatz   Hauptsatz

Ü 2–4

b Flüssig sprechen – Sprechen Sie zu zweit wie im Beispiel.

Eine Reise zum Mars wäre:
1. anstrengend und gefährlich (nicht nur – sondern auch)
2. extrem teuer und sehr spannend (einerseits – andererseits)
3. mal etwas Neues und auch lebensgefährlich (zwar – aber)
4. nützlich und angenehm (weder – noch)
5. interessant und außergewöhnlich (sowohl – als auch)
6. ein Riesenerfolg und ein Desaster für die Raumfahrt (entweder – oder)

> Eine Reise zum Mars wäre nicht nur anstrengend, sondern auch gefährlich.
> Nicht nur anstrengend, sondern auch gefährlich? Nichts für mich.

Nein danke, lieber nicht. • Toll/Super, das mag ich. • Nichts für mich.

c Wählen Sie drei Konnektoren und schreiben Sie je einen Satz.

4 a Sie lesen im Internet die folgende Anzeige. Sie finden das Angebot interessant. Schreiben Sie eine E-Mail und bitten Sie um mehr Informationen.

Schreiben Sie zu folgenden Punkten:
· Öffnungszeiten
· Kosten
· Gefahren
· gesundheitliche Voraussetzungen
· Dauer des Flugs

Wollten Sie auch schon immer einmal wie ein echter Astronaut mit einer Rakete ins All fliegen? Oder in einer Raumstation wohnen und den Sternen ganz nahe sein?
Dieser Traum kann in unserem Freizeitpark in Erfüllung gehen. Unser Simulator bringt Sie in die unendlichen Weiten des Weltalls. Reservieren Sie unter weltraum@grenzenlos.com

b Arbeiten Sie zu zweit. Tauschen Sie Ihre E-Mails und korrigieren Sie sie.

12 ALLES SO SMART

Gespräch zu einer Recherche verstehen · Rezensionen verstehen und schreiben · für ein Produkt werben

1 a Welche smarten Geräte kennen Sie? Was können diese Geräte? Sammeln Sie Beispiele im Kurs.

> Wir haben einen Smart-Speaker. Der kann Fragen beantworten, im Internet recherchieren und …

4.17 **b** Hören Sie das Gespräch. Über welche Produkte sprechen die Personen?

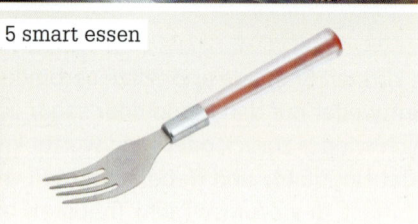

1 smart laufen
2 smart trainieren
3 smart drucken
4 smart zubereiten
5 smart essen

4.17 **c** Hören Sie noch einmal und notieren Sie Informationen zu den Fragen.

1. Warum sehen sich die Freunde smarte Produkte an?
2. Wie informieren sie sich zu diesen Produkten?
3. Für welches Produkt entscheiden sie sich? Warum?
4. Welche Vor- und Nachteile haben die anderen Produkte?

SPRACHE IM ALLTAG

4.18 **Dinge, die niemand braucht**
Das ist doch Schnickschnack!
Überflüssiger Kram!
Das ist doch nutzloses Zeug.
Das ist alles Krimskrams.

d Welches Produkt würden Sie kaufen? Warum? Sprechen Sie in Gruppen.

> Ich finde den smarten Drucker am besten. Es ist doch gut, wenn man Fotos jederzeit ausdrucken kann, denn …

2 a Waren Sie zufrieden? – Lesen Sie zwei Kundenrezensionen. Was sagen die Personen über Funktion und Nützlichkeit des Produkts und über ihre Zufriedenheit?

VALENTINO ★★★★☆
Die smarte Gabel finde ich super. Da hat endlich mal jemand an mich gedacht. Ich habe nie Zeit, aber Hunger … also esse ich mein ganzes Essen in zehn Minuten. Und dann auch noch viel zu viel. Die Gabel kontrolliert, wie schnell ich esse. Das funktioniert sehr gut über eine App. Wenn ich zu schnell bin, dann bekomme ich ein Signal. Die Technik lässt sich leicht installieren, alles hat nur ein paar Minuten gedauert. Also ich kann sie empfehlen, obwohl die Gabel nicht billig ist.

EILEEN ★★☆☆☆
Ich habe das Produkt ausprobiert und bin leider eher unzufrieden. Man zahlt einen relativ hohen Preis und bekommt ein Produkt aus billigem Plastik, das ziemlich groß ist, wie Besteck für Kinder aussieht und schlecht in der Hand liegt. Die Gabel funktioniert zwar ziemlich gut, aber es nervt mich, wenn andauernd ein Signal kommt, weil ich zu schnell esse. Die Daten, wie ich esse, könnte ich über eine App versenden, die mir dann Tipps für mein Essverhalten gibt. Da bin ich aber kritisch und möchte so private Daten nicht an Unbekannte weitergeben. Fazit: Nettes Spielzeug, aber nichts für mich.

Ü1

168 B1.2+ › 84

MODUL 2

←Ü2 **b** Lesen Sie den Strategiekasten und schreiben Sie eine Rezension zu einem Produkt, das Sie gekauft haben.

c Tauschen und lesen Sie Ihre Rezensionen in Gruppen. Welche Bewertungen und Informationen finden Sie hilfreich? Sprechen Sie im Kurs.

[STRATEGIE]

Eine Kundenrezension verfassen
Wichtige Aspekte in einer Rezension:
• Ist das Produkt nützlich für mich?
• Wie funktioniert das Produkt?
• Welche Vor- und Nachteile gibt es?
• Wie zufrieden bin ich mit dem Produkt / Hersteller? Kann ich es empfehlen?
Produktbewertungen von Kunden sollten anderen Kunden bei Kaufentscheidungen helfen.
Beachten Sie die Netiquette im Internet.

3 a Voll smart! – Welche smarten Produkte könnte es in der Zukunft geben? Sammeln Sie in Gruppen.

b Einigen Sie sich in Ihrer Gruppe auf ein Produkt, von dem Sie andere überzeugen wollen. Erstellen Sie gemeinsam ein Werbeplakat. Beachten Sie folgende Punkte:

• Wie heißt Ihr smartes Produkt?
• Wann und wozu braucht man es?
• Was ist daran neu?
• Warum sollte man nicht darauf verzichten?
• Was kostet es?

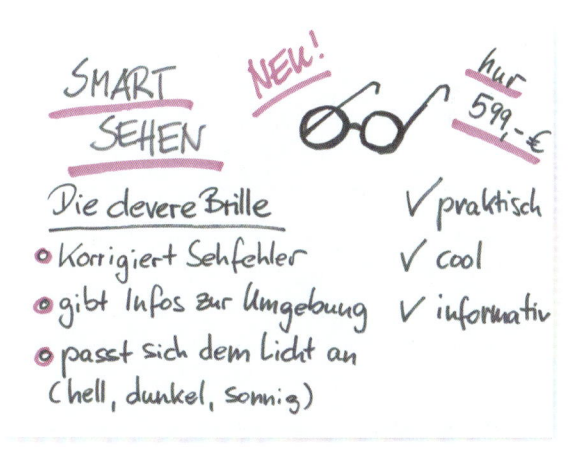

R07 ←Ü3 **c** Präsentieren Sie Ihre Produkte im Kurs mithilfe Ihrer Werbung. Beantworten Sie dabei alle Fragen aus 3b.

für ein Produkt werben
Produkte beschreiben
• Man braucht es für … / Das braucht man, damit …
• Es / … hat folgende Funktionen: Es / … kann …
• Man kann es / … gut gebrauchen, wenn …
• Es / … ist aus Holz / Glas / Metall / …
• Es / … ist so / sehr stabil / praktisch / elegant / innovativ / leicht / …

Vorzüge eines Produkts betonen
• Das Tolle / Besondere / Beste / … daran ist, dass …
• Im Gegensatz zu ähnlichen Produkten kann es …
• Die Funktion … ist ganz neu / gab es so noch gar nicht.
• Viele Kunden mögen an unserem Produkt, dass …
• Im Vergleich zu ähnlichen Produkten bietet es …
• Sie werden feststellen, dass …

d Machen Sie einen Rundgang durch den Kurs. Bewerten Sie die Produkte der Gruppen mit Punkten. Jede/r hat drei Punkte. Sie können die Punkte verteilen oder alle Punkte an ein Produkt vergeben.

Ü4 **e** Welche Produkte haben die meisten Punkte bekommen? Was hat überzeugt? Das Produkt? Das Plakat? Die Präsentation? Sprechen Sie im Kurs.

VON DER NATUR LERNEN

1 a Ideen aus der Natur – Welche Eigenschaften oder Funktionen haben diese Dinge? Wozu könnten wir diese Eigenschaften in unserem Alltag brauchen? Sammeln Sie Ideen in Gruppen.

Schutz vor … • Verschluss • stabil • leicht • Verpackung für … • kleben • flexibel

die Baumrinde — die Klette — das Spinnennetz — der Lotus — die Eierschale

> Spinnennetze sind leicht und stabil. Vielleicht kann man so Brücken bauen.

> Ich könnte mir vorstellen, dass …

b Was ist Bionik? Lesen Sie den Text bis Zeile 13 und sprechen Sie im Kurs.

DIE NATUR MACHT'S VOR

Der Begriff Bionik setzt sich aus den beiden Wörtern Biologie und Technik zusammen. Dieses Forschungsfeld untersucht, welche Antworten die Biologie auf technische Fragen geben kann.

Pflanzen und Tiere demonstrieren oft, wie einfallsreich die Natur ist. Sie kann uns häufig zeigen, wie man technische Probleme kreativ, intelligent und manchmal auch ganz einfach lösen kann. Die Konzepte aus der Natur werden dann in technische Lösungen übertragen.

Der italienische Erfinder Leonardo da Vinci gilt als Pionier der Bionik. Schon im Jahr 1505 konnte man in seinem Text „Über den Vogelflug" lesen, wie er sein Wissen über Vögel und Fledermäuse nutzte, um Flugmaschinen zu entwerfen. Auch wenn seine Flugversuche erfolglos blieben, geben seine Ideen bis heute wertvolle Hinweise für das Bauen und Fliegen von Flugzeugen.

Auch für Probleme aus anderen technischen Bereichen wird nach sinnvollen Ideen in der Natur gesucht und an technisch machbaren Lösungen gearbeitet. Hier nur drei Beispiele:

Der Lotus-Effekt: Der deutsche Botaniker Wilhelm Barthlott entdeckte Mitte der 1970er-Jahre die Fähigkeit mancher Pflanzen, sich selbst zu reinigen. Der Lotus besitzt eine Struktur, auf der sich Wasser und Schmutz nicht festsetzen können. Barthlott nannte dieses Phänomen den Lotus-Effekt. Er kann künstlich imitiert werden und wird heute z. B. in vielen Farben und Lacken verwendet. Autos, die einen Lack mit Lotus-Effekt haben, bleiben länger sauber und sind schneller trocken.

Spinnennetze: Sie sehen nicht nur faszinierend aus, sondern sind auch ein Vorbild für die Konstruktion von Gebäuden oder Autoteilen. Die Netze sind sehr leicht, aber sie sind auch sehr stabil. Sie sind flexibel und halten mühelos starken Wind oder schwere Regentropfen aus. Diese Eigenschaften haben bereits zahlreiche Architekten und Ingenieure inspiriert, Gebäude wie das Dach des Münchener Olympiastadions nach dem Vorbild der Netze zu konstruieren.

Baumrinde, Nuss- und Eierschalen: In Zeiten von Klimakrise und Umweltschutz ist das Thema plastikfreie Verpackung hochaktuell und es wird nach recycelbaren Alternativen gesucht. Hier könnte die Rinde von Bäumen weiterhelfen: Sie hat eine leichte und lockere Struktur, aber sie bietet einen guten Schutz vor Hitze, Kälte und Sonnenlicht. Sie könnte also als Vorbild für Verpackungen dienen. Ebenso wie Nuss- und Eierschalen, die ihren Inhalt vor Stößen und extremen Temperaturen schützen.

Bionik kann für zahlreiche Probleme der Menschheit eine große Hilfe sein. Heute untersuchen Wissenschaftler*innen das Verhalten von Tieren in Gruppen, wie z. B. Bienen oder Vögeln. Man möchte dabei verstehen, wie man in sehr großen Gruppen erfolgreich kommunizieren kann. Wenn wir wissen, wie große Vogelgruppen ihren Flug schnell und unfallfrei organisieren, könnten wir z. B. die Sicherheit autonom fahrender Autos verbessern. Es bleibt also spannend, die Natur weiter im Blick zu haben.

MODUL 3

c Überfliegen Sie den ganzen Text und sammeln Sie Produkte und ihre Vorbilder aus der Natur. Welche Ideen aus 1a wurden auch im Text genannt? Vergleichen Sie Ihre Ergebnisse im Kurs.

[STRATEGIE]

Selektives Lesen
Sie suchen Informationen im Text? Überfliegen Sie den Text. Dabei müssen Sie nicht jedes Wort verstehen. Stoppen Sie aber bei Schlüsselwörtern oder Synonymen, die zu Ihrer Suche passen. Lesen Sie dort sehr genau, um wichtige Informationen zu erfassen.

> Für Flugzeuge waren Vögel Vorbilder.

d Lesen Sie den Text noch einmal. Wie lauten die Aussagen? Ordnen Sie zu.

1. Die Natur liefert oft gute Ideen
2. Bereits Leonardo da Vinci hat sich mit technischen Entwicklungen beschäftigt,
3. Der Lotus ist dafür bekannt,
4. Es gibt bereits Gebäude,
5. Eier- oder Nussschalen liefern alternative Verpackungsideen,
6. Wissenschaftler untersuchen, wie sich Vögel beim Fliegen verhalten,

A damit sie verstehen, wie man sich in Gruppen sicher und ohne Unfall bewegt.
B deren Struktur ähnlich wie ein Spinnennetz ist.
C für die Entwicklung neuer Techniken und Produkte.
D deren Vorbilder er in der Natur beobachten konnte.
E dass seine Blätter nicht schmutzig oder nass werden.
F mit denen wir in Zukunft auf Kunststoff verzichten können.

2 a Wortbildung bei Adjektiven – Was bedeuten die Adjektive aus dem Text in 1b? Erklären Sie in Gruppen. Der Kontext oder das Wörterbuch hilft.

einfallsreich • mühelos • wertvoll • sinnvoll • machbar • erfolglos • zahlreich • plastikfrei • recyclebar • erfolgreich • unfallfrei

> „einfallsreich" bedeutet: mit vielen Einfällen oder Ideen

b Unterstreichen Sie bei den Adjektiven in 2a die Suffixe. Ergänzen Sie die fehlenden Suffixe im Grammatikkasten und ordnen Sie die Adjektive aus 2a zu. Welche weiteren Adjektive mit diesen Suffixen kennen Sie? Ergänzen Sie.

GRAMMATIK

Wortbildung bei Adjektiven

aus Nomen

viel von etwas: -voll / -............

ohne etwas: -los / -............
mühelos

aus Verben

etwas ist möglich: -............

Bei manchen Adjektiven hat das Suffix keine Bedeutung mehr, z.B. wunderbar, offenbar, unmittelbar.

c Arbeiten Sie zu zweit. Schreiben und sprechen Sie mit den Adjektiven aus 2b Minidialoge wie im Beispiel.

> Und? War dein Experiment erfolgreich?
> Ja, es hat geklappt!

3 Recherchieren Sie weitere Beispiele für Produkte aus der Bionik und stellen Sie sie im Kurs vor.

12 Erklärungen verstehen · Texte aus einem Wissenschaftsmagazin für andere zusammenfassen

VOLL INTELLIGENT

1 a Was bedeutet Intelligenz? Wen oder was kann man intelligent nennen?

> Albert Einstein war intelligent. Er hat …

4.19 **b** Lesen Sie zuerst die Fragen. Hören Sie dann einen Podcast aus der Reihe „Kurz und knapp erklärt" und machen Sie Notizen.

1. Um welchen Begriff geht es?
2. Warum gibt es keine allgemeingültige Definition?
3. Wie wird der Begriff umschrieben?
4. Welche zwei Typen gibt es?
5. Worin besteht die Leistung des Menschen?

4.19 **c** Hören Sie den Podcast noch einmal und vervollständigen Sie Ihre Notizen. Vergleichen Sie dann im Kurs.

2 a Schauen Sie die Fotos an. Welche verbinden Sie mit künstlicher Intelligenz? Warum?

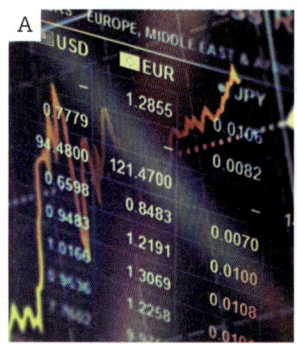

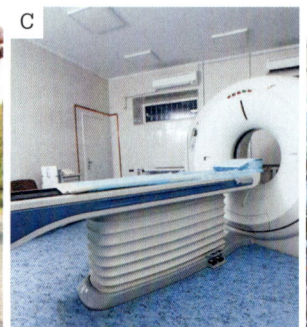

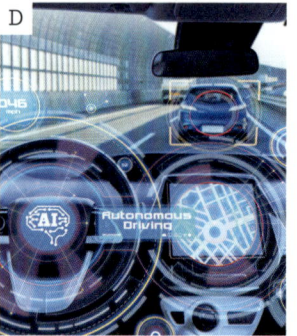

A B C D

b Künstliche Intelligenz (KI) im Alltag – Arbeiten Sie zu viert. Jede/r liest einen Text aus einem Wissenschaftsmagazin und formuliert eine Überschrift. Welches Foto aus 2a passt dazu?

A Für die richtige Diagnose von Krankheiten ist eine jahrelange medizinische Ausbildung nötig. Doch selbst dann ist das oft noch ein mühsamer und zeitraubender Prozess. In vielen Bereichen der Medizin gibt es zu wenige Experten. Das verzögert nicht selten die notwendige Diagnose. Bei der automatischen Diagnose von Krankheiten spielt das Machine Learning, das über Algorithmen funktioniert, eine zentrale Rolle. Es geht also um eine bestimmte KI-Technologie, die Krankheitsmuster erkennen kann. Die Ergebnisse werden innerhalb von Sekunden geliefert und sind qualitativ genauso gut wie die von Experten. Auch bei operativen Eingriffen sind Schnelligkeit und Genauigkeit gefragt, um Komplikationen zu vermeiden.

B Die Autobranche ist derzeit einer der größten Nutzer von künstlicher Intelligenz. Viele Fahrzeughersteller arbeiten intensiv am selbstfahrenden Auto. Die Technik solcher Fahrzeuge ist unglaublich vielfältig: Videokameras, Ultraschall, Radar- und Laserscanner sowie jede Menge Sensoren. Sie erfassen ständig das Verkehrsgeschehen und kontrollieren alle paar Millisekunden die Umgebung rund um das Auto. Zahlreiche Sensoren und Fahrassistenten sind bereits heute in vielen Autos eingebaut und nutzen KI. Dazu gehören z. B. Assistenten, die das Auto in der Fahrspur halten. Allein durch diese Assistenten ist die Zahl an Verkehrsunfällen in den letzten Jahren stark zurückgegangen.

C Bildinhalte zu erfassen und auszuwerten ist wahrscheinlich die Fähigkeit im Bereich der künstlichen Intelligenz, die schon am weitesten perfektioniert ist. Beispiele dafür finden sich in fast jedem Smartphone: Die Lichtverhältnisse anpassen, den automatischen Fokus auf ein Gesicht legen, die Kamera genau dann auslösen, wenn man lächelt. So kommt man meistens zum perfekten Foto. Wer also ein Smartphone besitzt, verlässt sich beim Fotografieren auf KI. Und noch viel mehr Funktionen des Handys arbeiten damit. So merkt sich das Handy z. B., welche Funktionen und Einstellungen der Nutzer sehr oft wählt. Das Ergebnis: die morgendlich zugeschnittenen Nachrichten aus aller Welt, die Erinnerung an wichtige wiederkehrende Termine und die Ermittlung der idealen Weckzeit. Das alles spart dem Nutzer lange Sucherei und damit Zeit.

D Im Finanzbereich hat KI bereits eine lange Tradition, denn die Branche hat einen entscheidenden Vorteil: Alle Informationen und Schätzungen basieren auf Zahlen, die leicht zu erfassen sind. So fallen den Banken z. B. mithilfe von KI ungewöhnliche Kontenbewegungen auf. Dadurch ist es möglich, Kreditkartenbetrug schnell zu erkennen. KI-Systeme können auch erkennen, ob für bestimmte Transaktionen noch Unterlagen, Informationen oder Autorisierungen fehlen. Außerdem sind sie immer effektiver in der Lage, Kundenwünsche vorherzusagen. So werden Nutzern z. B. genau die Angebote gemacht, für die sie sich am wahrscheinlichsten interessieren. Daneben erhöht der Einsatz von virtuellen Kundenberatern die Kundenzufriedenheit, weil sie rund um die Uhr individuelle Ratschläge zu Krediten oder Investitionen geben.

Ü1–3

c Lesen Sie Ihren Text noch einmal. Notieren Sie aus dem Text die Wörter, die für Sie wichtig, aber schwierig sind, und schreiben Sie eine kurze Erklärung auf Deutsch.

Text A
Krankheitsmuster =
eine Krankheit hat bestimmte Merkmale

Text D
Autorisierung =
jemand erlaubt oder genehmigt etwas

d Notieren Sie für Ihren Text die wichtigsten Informationen in Stichpunkten.

Text A
1. Diagnose von Krankheiten:
mühsam und zeitraubend → jahrelange ...

Text B
1. Fahrassistenzsysteme
→ weniger Unfälle, ...

e [MEDIATION] Fassen Sie den Text mithilfe Ihrer Notizen aus 2c und d für Ihre Gruppe zusammen. Die anderen fragen nach, wenn sie etwas nicht verstehen. Erklären Sie und vergewissern Sie sich, ob Ihre Partner / Partnerinnen Sie verstanden haben. Die Redemittel helfen dabei.

Rückfragen stellen

als Zuhörer/-in
- Entschuldigung, ich habe noch eine Frage.
- Könnten Sie / Könntest du das bitte wiederholen?
- Können Sie / Kannst du es mir (bitte) noch einmal erklären?
- Entschuldigung, was bedeutet ...?
- Was meinen Sie / meinst du damit / mit ...?

als Redner/-in
- Haben Sie / Habt ihr alles verstanden?
- Haben Sie / Habt ihr das Wort ... schon mal gehört?
- Soll ich etwas noch einmal erklären?
- Haben Sie / Habt ihr noch weitere Fragen?

Ü5

3 In welchen Bereichen finden Sie Künstliche Intelligenz nützlich? Wie werden sich diese Bereiche in Zukunft wohl entwickeln? Sprechen Sie im Kurs.

Ü6

12 eine Anleitung mündlich formulieren

KOMMUNIKATION IN ALLTAG UND BERUF

1 a Hören Sie den Dialog und lesen Sie leise mit. Welche Geräte werden verbunden? Sprechen Sie zu zweit.

4.20

Hast du schon deine neue Bluetooth-Box?	Ja klar. Ich habe sie gleich ausgepackt und den Akku aufgeladen.
Und? Funktioniert der Lautsprecher?	Äh, nein. Ich habe ihn angemacht, aber er geht nicht. Kannst du mir helfen?
Ja, klar. Das ist nicht schwer. Also … Zuerst schaltest du Bluetooth an deinem Lautsprecher an. Da muss ein Schalter sein.	Hat der ein Symbol, das wie ein eckiges B aussieht?
Ja, genau. Mach den Schalter mal an.	Warte … Ah ja, jetzt blinkt das blau.
Sehr gut! Jetzt brauchst du dein Smartphone.	Okay, das ist hier und auch an.
Dann geh im Menü auf „Einstellungen".	Ja, … „Einstellungen".
Und jetzt suchst du wieder das Symbol für Bluetooth.	Moment. Ja, hier ist es. Soll ich das aktivieren?
Ja, genau. Schalte mal ein. Was siehst du jetzt?	„Verfügbare Geräte". Ah … da steht schon meine Box.
Richtig. Aber jetzt musst du die Geräte verbinden. Tipp mal auf die Box.	Mach ich … Sekunde … Jetzt arbeitet etwas.
Genau. Dein Handy und deine Box verbinden sich gerade.	Hm … oh, jetzt zeigt mein Handy, dass sie verbunden sind.
Dann sind wir fertig und du kannst die Box benutzen.	So einfach? Danke!

4.20 **b** Hören Sie noch einmal. Achten Sie auf Aussprache, Pausen und Intonation. Sprechen Sie dann den Dialog zu zweit und tauschen Sie anschließend die Rollen.

2 Neue Tastatur mit dem Tablet verbinden – Spielen Sie den Dialog in 1a zu zweit und variieren Sie die grauen Stellen. Beachten Sie Schritt 1 bis 10 in der Anleitung.

1. die Tastatur auspacken
2. den Akku aufladen
3. Bluetooth an der Tastatur aktivieren
4. einen Knopf drücken
5. das Tablet einschalten
6. „Bluetooth- oder andere Geräte hinzufügen", Tastatur sichtbar
7. die Tastatur auswählen
8. Tablet verbindet sich mit Tastatur
9. Tablet zeigt die Verbindung mit der Tastatur

TIPP

eine Anleitung formulieren
- Erklären Sie Schritt für Schritt (*zuerst, jetzt, dann, …*).
- Beschreiben Sie nur die wichtigsten Details.
- Nutzen Sie einfache und bekannte Wörter.
- Verwenden Sie eine einfache Sprache, z. B. Imperative (*Schalte das Gerät an.*) oder Modalverben (*Jetzt musst du …*).
- Erklären Sie mit Hauptsätzen statt mit komplexen Nebensätzen.

PORTRÄT

Peter Scholze (Mathematiker, * 11.12.1987)

Stolz schreibt seine Schule über ihn: »Im Wintersemester 2012/13 wurde Peter Scholze auf eine Mathematikprofessur (…) in Bonn berufen. Damit war Peter Scholze mit 24 Jahren jüngster Professor in Deutschland. Schon mit Beginn seiner Schulzeit wurde deutlich, dass Peter auf dem Gebiet der Naturwissenschaften – insbesondere im Fach Mathematik – außerordentliche und erstaunliche Fähigkeiten entwickelte. Im Mathematikunterricht arbeitete Peter immer „parallel". Einerseits verfolgte er das Unterrichtsgeschehen mit „halbem Ohr" und griff in die Diskussion ein, wenn ihm irgendwas nicht recht gefiel oder wenn die Lösung des Problems zu lange auf sich warten ließ. (…) Andererseits war Peter im Unterricht immer in mathematische Fachliteratur vertieft oder löste Mathe-Olympiade-Aufgaben höherer Stufen.« Lange warten musste seine Karriere nicht. Vom Abitur 2007 über Studium und Promotion bis zur Professur dauerte es nur fünf Jahre. 2018 gewann Peter Scholze mit 30 Jahren einen der bedeutendsten Mathematik-Preise, die Fields-Medaille. Im Interview sagt Scholze auf die Frage: »Sie sind ein besonders junger Medaillenträger (…). Welche Wünsche sind noch offen?« »Früher hatte ich den Wunsch, in der akademischen Laufbahn bleiben zu können, um meiner Leidenschaft, der Mathematik, nachgehen zu können. Dieser Wunsch ist mir erfüllt worden. Und mit der mathematischen Forschung habe ich doch gerade erst angefangen.«

Mai Thi Nguyen-Kim (Chemikerin, Journalistin, Moderatorin, YouTuberin, *07.08.1987)

Nguyen-Kim studierte bis 2012 Chemie an der Johannes-Gutenberg-Universität Mainz und am Massachusetts Institute of Technology (MIT). 2017 promovierte sie mit einer Arbeit über Physikalische Hydrogele auf Polyurethan-Basis. Die Chemikerin ging aber nicht in die Forschung, sondern versucht auf YouTube und über andere Medien jungen Menschen Themen aus den Naturwissenschaften näherzubringen und Vorurteile über diese Wissenschaften abzubauen. 2015 startete Nguyen-Kim den YouTube-Kanal *The Secret Life of Scientists*, im Oktober 2016 folgte der Kanal *schönschlau*, später *maiLab*, der 2020 über eine Million Abonnenten hatte. Nguyen-Kim ist in allen Medien zu finden, ob auf YouTube, im Schulfernsehen mit Lernvideos für Chemie und Mathematik oder in ihren Sendungen beim ZDF. Wie gefragt Antworten auf wissenschaftliche Fragen sind, zeigte sich im April 2020, als innerhalb von vier Tagen vier Millionen Aufrufe bei einem ihrer Videos von *maiLab* registriert wurden. Das Thema: die Corona-Pandemie. Seit 2020 ist sie Mitglied im Senat der Max-Planck-Gesellschaft. Mehrfach wurde Mai Thi Nguyen-Kim ausgezeichnet mit Preisen für Wissenschaftsjournalismus, aber auch mit dem Bundesverdienstkreuz.

---

1 Lesen Sie die Texte. Arbeiten Sie dann zu zweit. Jede/r wählt eine Person aus und schreibt drei Fragen zum Text. Ihr Partner / Ihre Partnerin antwortet.

2 Sammeln Sie Informationen über eine Institution, Firma oder Persönlichkeit aus dem In- oder Ausland, die Sie zum Thema *Technik und Zukunft* interessant finden, und stellen Sie sie vor.

Beispiele aus dem deutschsprachigen Bereich: Fraunhofer-Gesellschaft • Özlem Türeci und Ugur Sahin • Max-Planck-Gesellschaft • Institut für Weltraumforschung Graz • ETH Zürich • Reinhard Genzel

12

HILFE AUS DER LUFT

1 a Was könnte das Produkt auf dem Foto sein? Beschreiben Sie es zu zweit. Die Satzanfänge helfen.

> Es sieht so aus wie …
> Es könnte ein/e … sein.
> Es ist ungefähr so groß wie …
> Man kann es für … benutzen.

12.1 **b** Sehen Sie Szene 1 und vergleichen Sie zu zweit mit Ihren Vermutungen.

2 Der Wingcopter – Arbeiten Sie zu zweit und ordnen Sie die Satzteile zu. Sehen Sie dann Szene 1
12.1 noch einmal zur Kontrolle.

1. Tom Plümmer und seine Partner konnten
2. Man kann den Wingcopter modular und schnell
3. Der Wingcopter kann wie ein Hubschrauber
4. Er kann wie ein Flugzeug
5. Er kann Medikamente und Impfstoffe

A senkrecht starten.
B schnell in weit entfernte und schwer erreichbare Dörfer bringen.
C extrem schnell und weit vorwärts fliegen.
D normale Drohnen zu einem außergewöhnlichen Flugobjekt weiterentwickeln.
E zusammenbauen und in einer Box transportieren.

3 Arbeiten Sie zu zweit. Jede/r wählt eine Frage aus A und eine aus B. Sehen Sie Szene 2. Machen Sie
12.2 Notizen. Informieren Sie sich anschließend gegenseitig.

A 1. Wie kam es zur Gründung von Wingcopter? Wer gehört noch zu den Gründern?
   2. Welche Erfahrungen von Tom Plümmer hatten einen Einfluss auf die Gründung der Firma?

B 1. Welche weiteren Möglichkeiten der Nutzung des Wingcopters sieht Tom Plümmer in der Zukunft?
   2. Welche Nutzung schließt die Firma Wingcopter aus? Warum?

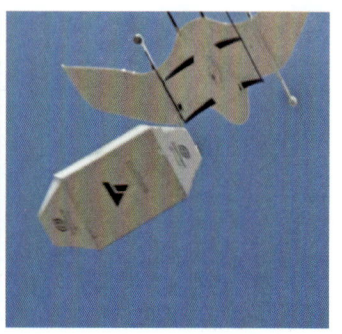

4 Wofür können Drohnen eingesetzt werden? Sammeln Sie Beispiele und führen Sie eine Pro-Contra-Diskussion zu dieser Technik.

Pro
Hilfe bei Notfällen
Hilfe in der Landwirtschaft
…

Contra
gefährlich für Vögel und Insekten
…

GRAMMATIK IM BLICK

Zweiteilige Konnektoren

Bedeutung	zweiteilige Konnektoren
Aufzählung → beides: A + B	Bürger entwickeln schon Ideen, wie **sowohl** das Leben **als auch** die Arbeit auf dem Mars aussehen könnte.
→ beides: A + B (B ist betont)	Der Mars hat **nicht nur** eine vielfältige Oberfläche, **sondern auch** eine Atmosphäre.
negative Aufzählung beides nicht: A nicht und B auch nicht	Wir würden **weder** die großen Temperaturschwankungen **noch** die eisigen Stürme überleben.
Alternative eines von beidem: A oder B	**Entweder** man fliegt nach der Ankunft gleich wieder zurück **oder** man wartet knapp zwei Jahre auf den Rückflug.
Gegensatz / Einschränkung → A wird durch B eingeschränkt.	Das ist **zwar** noch Zukunftsmusik, gilt **aber** als sehr wahrscheinlich.
→ A ein Aspekt und B ein anderer Aspekt	**Einerseits** erreichen die Temperaturen am Äquator tagsüber 20 °C, **andererseits** sinken sie nachts teilweise auf unter minus 80 °C.
Bedingung B in Abhängigkeit von A	**Je** schwerer ein Raumschiff ist, **desto/umso** mehr Treibstoff braucht es.

Zweiteilige Konnektoren können Satzteile und Sätze verbinden:
- Viele Menschen wollen **entweder** auf den Mond **oder** sogar auf den Mars fliegen.
- **Entweder** man fliegt gleich wieder zurück **oder** man wartet knapp zwei Jahre.

Der Konnektor *je…, desto/umso* verbindet Hauptsatz und Nebensatz. Man verwendet den Komparativ.
- **Je** schwerer das Raumschiff ist, **desto/umso** mehr Treibstoff braucht es.
          Nebensatz   Hauptsatz

Zwischen diesen zweiteiligen Konnektoren steht immer ein Komma:
- nicht nur …, sondern auch …
- je …, desto/umso …
- zwar …, aber …
- einerseits …, andererseits …

Wortbildung bei Adjektiven

	aus Nomen		aus Verben
-voll / -reich: viel von etwas	**-los / -frei: ohne etwas**		**-bar: etwas ist möglich**
wertvoll, sinnvoll einfallsreich, erfolgreich, zahlreich	mühelos, erfolglos plastikfrei, unfallfrei		machbar, recyclebar

Bei manchen Adjektiven hat das Suffix keine Bedeutung mehr, z. B. wunderbar, offenbar, unmittelbar.

ANHANG

Auswertung zum Glückstest in Kapitel 6	178
Vorlage für ein eigenes Porträt	179
Redemittel im Überblick	180
Grammatik im Überblick	190
Quellenverzeichnis	207

AUSWERTUNG ZUM GLÜCKSTEST Kapitel 6, Einstieg

BIS 9 PUNKTE:

Sie sind ein sensibler und nachdenklicher Mensch. Zuverlässigkeit ist Ihnen wichtig. Sie sind gern zu Hause und mögen es gemütlich. Wenn Ihr Alltag wieder einmal stressig war, sind Sie am Abend gern mal allein oder genießen die Ruhe bei einem Spaziergang in der Natur. Im Umgang mit anderen ist Harmonie für Sie wichtig, um glücklich zu sein. Unser Extra-Tipp: Seien Sie auch offen für andere. Lassen Sie sich auch von anderen Personen auf neue Ideen bringen. Das tut Ihnen gut. Und auf diese Weise können auch andere von Ihnen lernen.

10 BIS 15 PUNKTE:

Sie sind richtig glücklich, wenn Sie gute Ideen haben und diese auch umsetzen können. Sie sind nämlich sehr kreativ. Sie suchen gezielt nach Inspirationen aus Ihren Interessensgebieten und bekommen Ideen am liebsten vor Ort. Diese nehmen Sie schnell auf und versuchen, das Beste daraus zu machen. Dabei steht für Sie der Genuss im Vordergrund. Sie haben ein sicheres Gefühl dafür, was Ihnen guttut. Unser Extra-Tipp: Mit Ihrem Talent können Sie anderen Menschen dabei helfen, das Leben mehr zu genießen. Achten Sie darauf, dass andere Sie dabei nicht als Egoisten sehen, für den es nur wichtig ist, sich Vorteile zu verschaffen.

16 BIS 21 PUNKTE:

Egal ob beim Sport, im Job oder im Urlaub – Sie genießen den Kontakt zu anderen Menschen. Sie sind gern aktiv und brauchen Bewegung. Allein zu Hause, das ist für Sie nichts. Sie benötigen besondere Herausforderungen und das Gefühl von Abenteuer, um sich glücklich zu fühlen. Wenn es schwierig wird, finden Sie eine Aufgabe erst richtig interessant. Bei der Lösung helfen Ihnen Ihr Organisationstalent und Ihr Mut. Unser Extra-Tipp: Herausforderung ja, leichtsinniges Risiko nein. Sie sollten sich immer gut vorbereiten.

VORLAGE für eigene Porträts einer Person

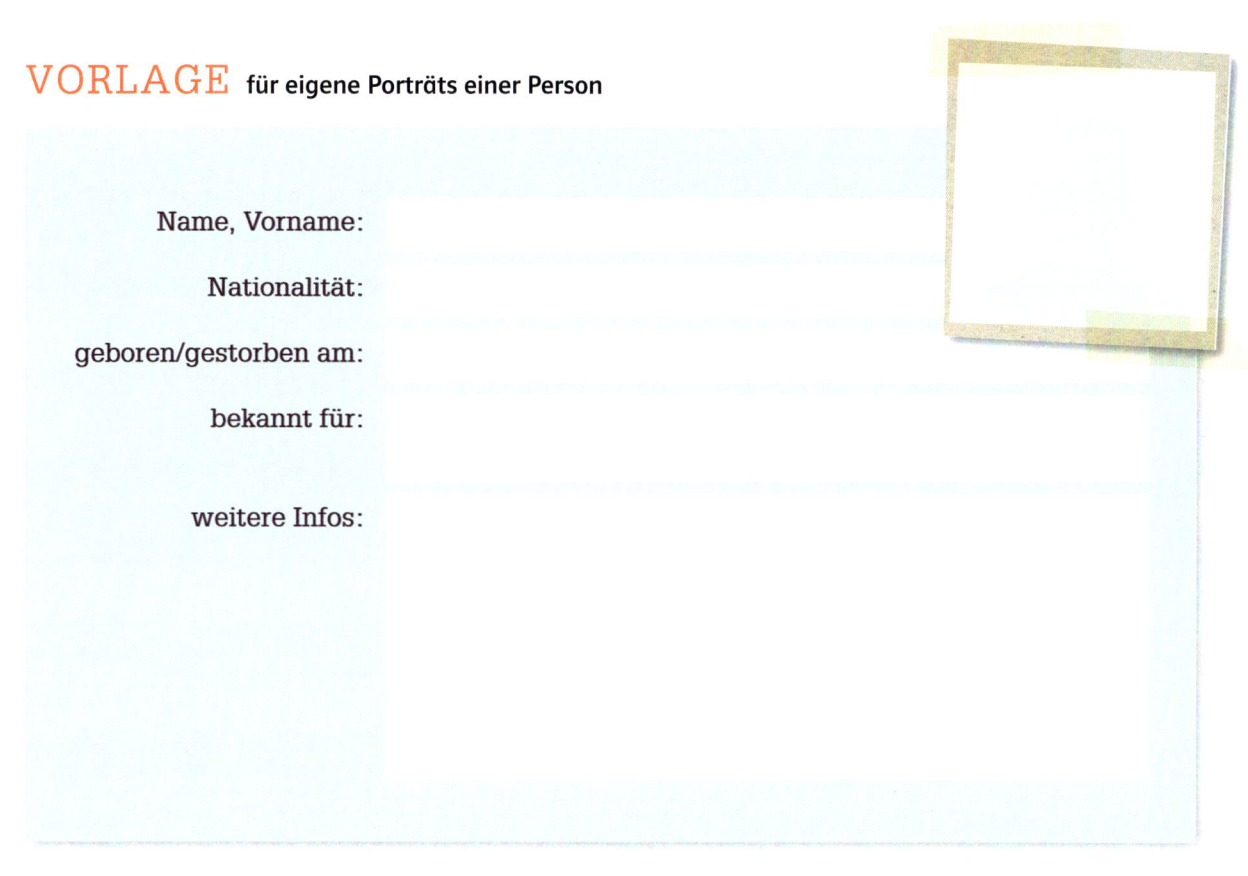

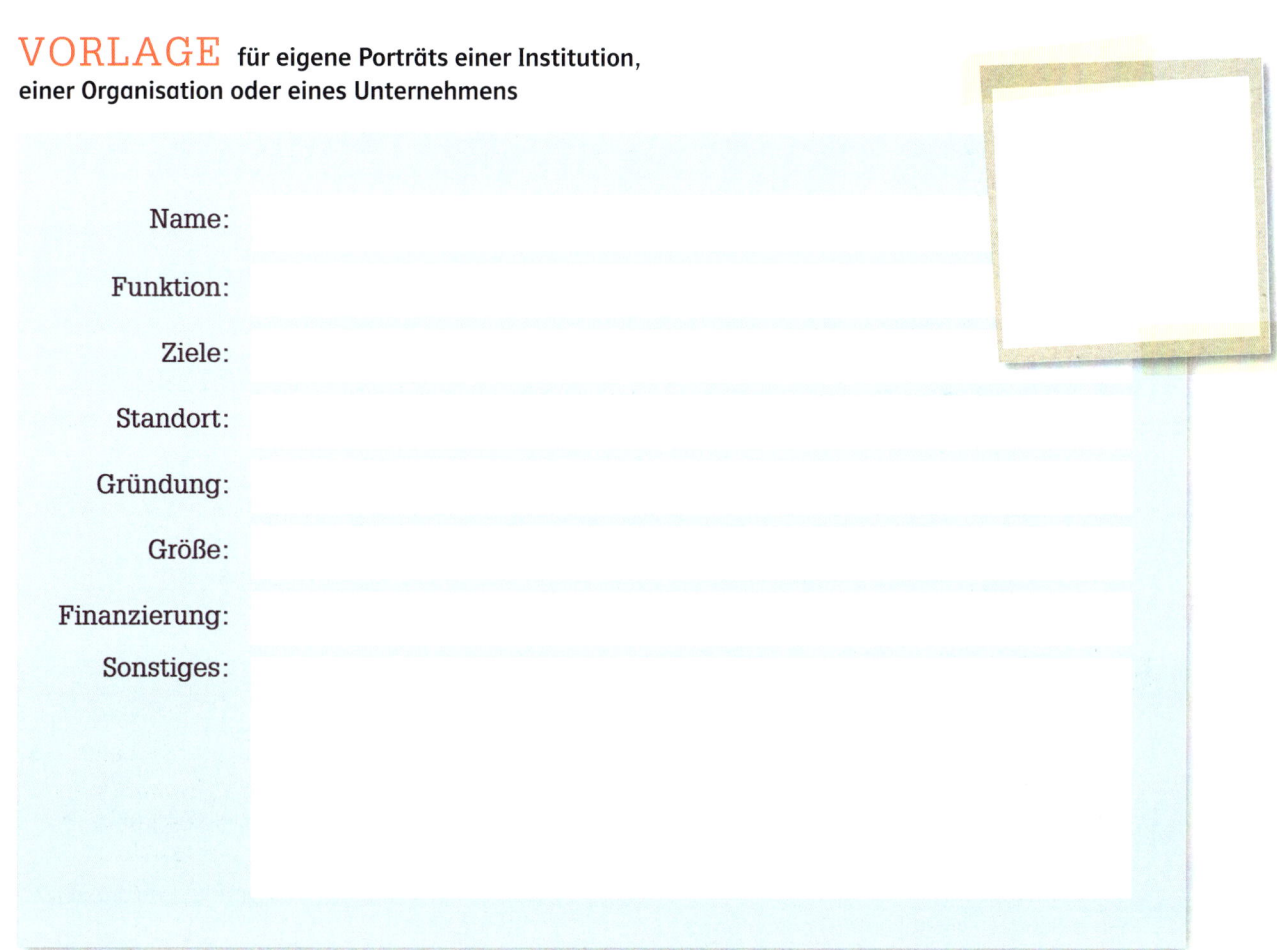

Name, Vorname:

Nationalität:

geboren/gestorben am:

bekannt für:

weitere Infos:

VORLAGE für eigene Porträts einer Institution, einer Organisation oder eines Unternehmens

Name:

Funktion:

Ziele:

Standort:

Gründung:

Größe:

Finanzierung:

Sonstiges:

REDEMITTEL IM ÜBERBLICK

K = Kapitel bzw. Kommunikation in Alltag und Beruf, M = Modul

die eigene Meinung äußern → K2 M2

Ich bin der Meinung / Ansicht, dass …
Meiner Meinung / Ansicht nach …
Ich bin davon überzeugt, dass …
Ich glaube / denke / meine, …

Beispiele nennen → K2 M2

Man sollte zum Beispiel bedenken, dass …
Als Beispiel kann man Folgendes nennen: …
… ist dafür ein gutes Beispiel.
Ein Beispiel hierfür ist / sind …
Ein wichtiger Aspekt ist zum Beispiel auch …

auf Aussagen reagieren → K3 M2

zustimmen
Das sehe ich genauso.
Ja, es ist richtig, dass …
Ich glaube auch, dass …
Ich bin auch der Meinung, dass …
Der Ansicht, dass …, kann ich zustimmen.

widersprechen
Das finde ich nicht, weil …
Der Meinung bin ich nicht, denn …
Da bin ich ganz anderer Meinung. Ich …

Vor- und Nachteile nennen → K4 M4

Ein Vorteil / Nachteil ist …
Ein weiterer Vorteil / Nachteil ist …
Positiv / Negativ ist …
Für / Gegen … spricht …
Ich finde wichtig / gut / …, dass

etwas vergleichen / abwägen → K4 M4

Im Vergleich zu …
Im Gegensatz zu …
Einerseits …, andererseits …
Auf der einen Seite …, auf der anderen Seite …
… ist zwar …, aber …
Außerdem / Trotzdem …

etwas kritisch bewerten → K11 M2

Problematisch ist, dass …
Das Problem dabei ist …
Man darf dabei nicht vergessen, dass …

Man muss auch sehen, dass …
Das sehe ich kritisch, weil …
Das ist schlecht für …

Informationen weitergeben → K2 M4

Wir haben gestern über … gesprochen.
Die wichtigsten Punkte zum Thema sind: …
Ein gutes Beispiel fand ich …

Verständnis sichern → K2 M4

Hast du / Haben Sie noch Fragen?
Habe ich das verständlich erklärt?
Alles klar?

Konzepte vorstellen → K7 M1

Die Idee von … ist …
Das Ziel von … ist …
Dabei geht es vor allem / in erster Linie darum, dass …
Mit dem Konzept möchte man …
Man möchte … nicht kaufen / bezahlen / …, sondern lieber …

einen Prozess beschreiben → K11 M2

Für … braucht / benötigt man …
Außerdem wird … zerstört / verbraucht / …
Zuerst …, dann …
Dabei verwendet man …
Zusätzlich werden … verwendet / verbraucht / eingesetzt.
Zum Schluss …

REDEMITTEL IM ÜBERBLICK

unbekannte Wörter erklären oder umschreiben → K10 K

Ich brauche etwas, um …
Hast du … hm … ‚scotch' auf Englisch. / Auf Englisch / Spanisch / … sagt man / heißt es …
Ich habe kein/e/en … na so ein/e/en … für …
Können Sie / Kannst du mir so ein Dings leihen?
Ich zeige Ihnen / dir, was ich meine.

Das braucht man, um … zu / wenn …
Das bekommt man in / bei …
Das ist aus …
Das ist so ähnlich wie …
Das ist ein anderes Wort für …

um Erklärung bitten → K3 M4

Können Sie / Kannst du noch mal genauer erklären, warum …?
Warum ist es Ihnen / dir so wichtig, dass …?
Habe ich richtig verstanden, dass …?
Was verstehen Sie / verstehst du unter …?
Was meinen Sie / meinst du mit …?

nachfragen → K3 M2, K4 M2

Wie meinen Sie / meinst du das genau?
Ich würde gerne wissen, was / ob Sie / du …?
Können Sie / Kannst du das genauer erklären?
Können Sie / Kannst du dafür ein Beispiel nennen?
Was meinen Sie / meinst du mit …?
Ist es bei Ihnen / euch auch so, dass …?
Wie kann ich mir das genau vorstellen?
Können Sie / Kannst du ein Beispiel nennen?

auf Nachfragen reagieren → K3 M2

Also – ich sehe das so …
Tja, ich denke, …
Ein Beispiel ist / wäre: …

Vorschläge machen → K3 M4

Wir könnten vielleicht …
Wie finden Sie / findet ihr es, wenn wir …?
Ich würde vorschlagen, dass …
Was halten Sie / haltet ihr davon, wenn …?
Ich bin dafür, dass …

Gegenvorschläge machen → K3 M4

Wollen wir nicht lieber …?
Ich hätte noch eine andere Idee.
Ich würde gern etwas anderes vorschlagen: …
Lasst uns lieber …
Wir könnten doch stattdessen …

einen Kompromiss finden → K3 M4

Wir finden sicher eine Lösung.
Wie wäre es mit einem Kompromiss? …
Wärt ihr einverstanden, wenn …?

Wir könnten uns vielleicht auf Folgendes einigen: …
Können alle damit leben, wenn …?

Tipps geben und sagen, was man tun würde → K1 M4, K9 M1, K10 M4, K11 M3

An Ihrer / deiner Stelle würde ich … / Ich glaube, an Ihrer / deiner Stelle würde ich …
Wenn Sie mich fragen / du mich fragst, dann …
Ich würde Ihnen / dir empfehlen, … / In dieser Situation würde ich empfehlen, …
Wenn ich in dieser Situation wäre, würde ich …
Es wäre gut, wenn …
Es wäre am besten, …

Besonders wichtig wäre es, …
Man müsste doch nur …
Sie könnten / Du könntest ja …
Es wäre wichtig, darauf zu achten, dass …
Wenn man …, dann sollte man …
Wenn ich … bekommen würde, dann würde ich …

Zweifel ausdrücken → K9 M1

Ich glaube nicht, dass …
Also, ich weiß nicht, ob das gut geht, denn …
Ich bezweifle, dass …
Ich bin mir nicht sicher, ob …
Ich denke, dass das kaum möglich ist, weil …

Zuversicht ausdrücken → K9 M1

Ich bin optimistisch, dass …
Ich bin sicher, dass es gelingen wird, weil …
Ich glaube, dass das alles gut gehen wird, weil …
Ich bin überzeugt, dass er / … richtig / erfolgreich / … ist.

Vermutungen äußern → K9 M1, K11 M3

Domi wird jetzt (wohl / vielleicht / …) bei Fabian sein.
Ich müsste noch genug … haben / dabeihaben / …
Ich denke / glaube / vermute / meine, dass …
Das ist wahrscheinlich / vermutlich kein Problem.

(Un-)Verständnis äußern → K9 M4

Ich kann gut / nicht verstehen, dass …
Ich finde es ganz / nicht normal, wenn …
Es ist (nicht) klar, dass man in so einer Situation …

von Erfahrungen berichten → K9 M4, K10 M4

Aus meiner Erfahrung kann ich sagen, dass …
Ich habe einmal erlebt, dass …
Als Kind habe ich / war ich einmal …
In meiner Kindheit war ich oft …
Ein Freund / Eine Freundin hat einmal berichtet, dass …
Ich habe etwas Ähnliches erlebt, als ich … / Mir ist es auch schon passiert, dass … / Mir ging es einmal ganz ähnlich, als …
In … ist es ähnlich wie / anders als in …
Für viele ist es überraschend, dass …

über Veränderungen sprechen → K7 M2

Heute gibt es … nicht mehr / kein … mehr, weil …
Anders als heute brauchte man früher …
Früher brauchte / hatte man kein/e/n …, daher …
Im Gegensatz zu früher hat / kann man heute …
Inzwischen ist … überflüssig geworden, weil …
Während man früher …
Da inzwischen fast jeder … hat, braucht man … nicht mehr / kein … mehr.

über Werte und Haltungen sprechen → K1 M2

Bei uns in … ist es normal, dass man …
Viele Leute finden es wichtig, dass …
Die meisten Leute denken / erwarten / meinen, dass …

Für viele Leute ist … ein wichtiges Ziel / etwas Selbstverständliches.
Manche Leute glauben, dass man … machen muss / sein muss, um erfolgreich zu sein.

REDEMITTEL IM ÜBERBLICK

höflich Informationen erfragen → K2 K

ein Gespräch einleiten
Könnte ich Sie / dich gerade etwas fragen?
Entschuldigung, darf ich Sie / dich kurz stören?
Vielleicht können Sie / kannst du mir helfen: …

Fragen stellen
Ich würde gerne wissen, ob / was …
Können Sie / Kannst du mir sagen,
   wie / wann / ob …
Ich habe folgende Fragen: …
Ich interessiere mich für …
Und wie ist das mit …?

sich bedanken
Vielen Dank für die Auskunft / Ihre Hilfe.
Danke, das hat mir sehr geholfen.

reagieren
Natürlich. Wie kann ich Ihnen / dir helfen?
Gerne, was kann ich für Sie / dich tun?

antworten / Erklärungen geben
Da helfe ich Ihnen / dir gerne. …
Das ist so: …
Also, das ist folgendermaßen: …
Dazu kann ich Ihnen / dir noch sagen, dass …

auf Dank reagieren
Gern geschehen.
Bitte schön.

Smalltalk führen → K5 K

ein Gespräch beginnen
Ach, schon wieder Montag! Wie war denn
   Ihr / dein Wochenende?
So ein schlechtes Wetter, da möchte man
   am liebsten gleich in den Urlaub, oder?
Ich war gestern im Café … Kennen Sie das?
Wie fanden Sie denn den Vortrag? Der war
   interessant, oder?
Ich habe gestern Abend einen interessanten
   Film gesehen, und zwar …
Oh, das schmeckt aber gut. Das muss ich
   auch mal kochen. Kochen Sie gern?
Wie lange sind Sie eigentlich schon in der Firma?
Sind Sie auch mit dem Auto gekommen?
   Heute war ja so viel Verkehr.

reagieren
Das klingt spannend / interessant / gut.
Wirklich? Wann / wo / … war das?
Ach so!
Das hört sich ja gut an.
Das habe ich auch schon gehört.
Ah ja, das kenne ich auch.

das Thema wechseln
Ach, da fällt mir ein: …
Übrigens …

ein Gespräch beenden
Es war schön, mit Ihnen zu sprechen.
Nett, Sie kennenzulernen.
Entschuldigen Sie, ich muss kurz mit … sprechen.
Schönen Tag noch!

eine Präsentation halten → K8 M2

Einleitung
Das Thema meiner
   Präsentation ist …
Ich spreche heute über
   das Thema …
Zuerst möchte ich über …,
   dann über … und …
   sprechen.

Hauptteil
Ich komme jetzt zum ersten /
   nächsten Punkt: …
Dabei ist auch wichtig, dass / wie …
Folgendes Beispiel zeigt gut, …
Das ist besonders interessant, weil …
Ich möchte dazu ein Beispiel
   nennen: …
Ich bin der Meinung, dass …

Schluss
Abschließend / Zum Schluss
   möchte ich noch sagen,
   dass …
Für die Zukunft ist es wichtig,
   dass …
Vielen Dank für Ihre / eure
   Aufmerksamkeit.
Gibt es Fragen?

Rückfragen stellen → K12 M4

als Zuhörer/-in
Entschuldigung, ich habe noch eine Frage.
Könnten Sie / Könntest du das bitte wiederholen?
Können Sie / Kannst du es mir (bitte) noch einmal erklären?
Entschuldigung, was bedeutet …?
Was meinen Sie / meinst du damit / mit …?

als Redner/-in
Haben Sie / Habt ihr alles verstanden?
Haben Sie / Habt ihr das Wort … schon mal gehört?
Soll ich etwas noch einmal erklären?
Haben Sie / Habt ihr noch weitere Fragen?

an einer Diskussion teilnehmen → K7 M4

um das Wort bitten / das Wort ergreifen
Darf ich dazu (direkt) etwas sagen?
Ich möchte dazu etwas ergänzen.
Ja, das verstehe ich, aber …
Glauben / Meinen Sie / Glaubst du / Meinst du wirklich, dass …?
Dazu hätte ich eine Anmerkung: …
Entschuldigen Sie / Entschuldige, wenn ich unterbreche, aber …

jemanden zum Sprechen auffordern
Und was sagen Sie / sagst du dazu?
Mich würde auch Ihre / deine Meinung interessieren, (Herr / Frau) …
Denken / Finden Sie / Denkst / Findest du das auch, (Herr / Frau) …?

sich nicht unterbrechen lassen
Lassen Sie / Lass mich bitte ausreden.
Ich möchte nur noch eins sagen: …
Einen Moment bitte, ich möchte kurz sagen, …
Einen Augenblick bitte, ich bin gleich fertig.
Lassen Sie / Lass mich noch meinen Gedanken / Satz zu Ende bringen.

nachfragen
Wie meinen Sie / meinst du das genau?
Könnten Sie / Könntest du uns dazu ein Beispiel nennen?
Könnten Sie / Könntest du das bitte noch einmal wiederholen?
Habe ich Sie richtig verstanden, dass …?
Mir ist noch nicht ganz klar, was Sie / du mit … meinen / meinst.

über kulturelle Ähnlichkeiten und Unterschiede sprechen → K4 M2

Ähnlichkeiten beschreiben
… ist für mich / bei uns ganz normal.
Bei uns haben / sind auch viele …
Das kenne ich auch, dass …
Ich bin / Wir sind es auch gewohnt, …
Für uns / Für mich ist es auch normal, wenn / dass …
Das ist ja interessant. Bei uns ist das ähnlich.

auf Unterschiede eingehen
Ich bin überrascht, dass …
Für mich ist neu, dass …
Bei uns ist es nicht üblich, dass …
Ich wundere mich darüber, dass …
Ich würde wahrscheinlich nicht / nie …
Das ist ganz anders als bei uns.
Das ist ja interessant. Bei uns ist das anders.

über Fehler sprechen → K2 M4

sich für Fehler entschuldigen
Entschuldigung, das wusste ich nicht.
Danke, das habe ich nicht gewusst.
Tut mir wirklich leid.
Ich habe einen Fehler gemacht.
Das war nicht in Ordnung von mir.
Ich wollte mich bei Ihnen / dir entschuldigen.

auf Entschuldigungen reagieren
Kein Problem.
Ist ja nichts passiert.
Das macht doch nichts.
Vergessen wir das einfach, okay?
Ich finde es gut, dass Sie / du (gleich) zu mir kommen / kommst und darüber sprechen / sprichst.

REDEMITTEL IM ÜBERBLICK

Probleme / Fehler höflich ansprechen → K6 K

Mir ist aufgefallen, dass wir zu dieser Zeit bereits eine andere Besprechung / … geplant haben. Vielleicht könnten wir …

Ich weiß, dass Sie viel zu tun haben. Da ich … aber ab / bis … brauche, möchte ich Sie noch einmal daran erinnern, dass Sie …

Ich hoffe, dass Sie meine Nachricht / Mail / Datei / … bekommen haben. Kann ich Sie noch weiter unterstützen, um das Thema diese Woche …?

Leider komme ich zu einem anderen Ergebnis. Könnten Sie bitte noch einmal die Zahlen / die Angaben / …

Vielen Dank für Ihre Mail. Leider konnte ich den Anhang nicht finden. Es wäre nett, wenn Sie mir die Datei / die Daten / …

Konflikte ansprechen → K5 M4

einen Konflikt ansprechen
Ich habe das Gefühl, dass …
Für mich ist es etwas unangenehm / kompliziert, wenn …
Ich hätte da eine Bitte, könnten Sie / könntest du …
Kann es sein, dass …

Missverständnisse vermeiden
Ich habe verstanden, dass Sie / du …
Könnten Sie / Könntest du mir noch mal erklären, warum …?
Habe ich das richtig verstanden, dass …?
Sie meinen / Du meinst also, dass …

reagieren / sich entschuldigen
Ach so, das wusste ich nicht.
Tut mir leid, aber ich muss jetzt (leider) in eine Besprechung / sofort los / …
Oh, Entschuldigung. Das mache ich sofort / gleich / …
Entschuldigung, ich hatte ein Problem mit …

etwas vereinbaren
Können wir uns auf einen Kompromiss einigen?
Wir einigen uns also darauf, dass …
Wären Sie / Wärst du einverstanden, wenn wir …?
In Zukunft versuchen wir …
Können wir es also so machen, dass jeder …?

ein Beratungsgespräch führen → K9 K

Rat suchen und auf Ratschläge reagieren
Können Sie / Kannst du mir helfen? Ich kann mich (gar) nicht entscheiden.
Ich weiß nicht, was ich machen soll.
Ich weiß nicht, ich bin bei solchen … ein bisschen skeptisch.
Können Sie / Kannst du den / … empfehlen?
Da haben Sie / hast du vollkommen recht.
Hm, ich verstehe Sie / dich schon.
Aber dagegen spricht wirklich, dass …
Gut, Sie haben / du hast mich überzeugt.
Ich hoffe, ich habe die richtige Entscheidung getroffen.
Vielen Dank für Ihre / deine Beratung.

jemanden beraten
Was suchen / brauchen Sie / suchst / brauchst du denn?
Also wenn Sie mich fragen / du mich fragst, ist … eine wirklich gute Wahl.
Aber der wichtigste Punkt ist doch …
Ich verspreche Ihnen / dir, Sie werden / du wirst … gar nicht mehr weglegen / … wird Ihnen / dir gefallen.
Am besten überlegen Sie / überlegst du erst einmal, welche Vorteile … bringt.
Ich bin ziemlich sicher / überzeugt, dass Ihre / deine Entscheidung die richtige ist.
Das schaffen Sie / schaffst du schon, da bin ich mir sicher

ein Reklamationsgespräch führen → K7 K

etwas reklamieren

Ich möchte den Pulli / das Gerät / … gerne zurückgeben / umtauschen / reparieren lassen.
Schauen Sie, hier ist er / … kaputt. / Sehen Sie, hier ist das Loch / der Fehler / das Problem.
Leider nein, ich finde ihn nicht mehr. Geht das trotzdem?
Ja, einen Moment … wo ist er denn? Ah, hier. / Ja, hier bitte sehr.
Ja, danke. / Gut, ich warte hier.
Super, dann machen wir das so.
Hm, das passt mir nicht. Ich möchte lieber …
Gut, das ist in Ordnung für mich. / Ja, bestens.

reagieren

Haben Sie … dabei?
Kann ich … bitte mal sehen?
Ja, ich sehe es. Haben Sie den Pullover bar bezahlt?
Haben Sie mit Karte bezahlt?
Haben Sie den Kassenzettel dabei?
Okay. Also einen kleinen Moment bitte. Ich muss kurz in der Zentrale nachfragen. / Ich frage mal meinen Kollegen / meine Kollegin.
Sie können … hierlassen und bekommen Ihr Geld zurück.
Wir haben den gleichen … noch mal und Sie können ihn / … gerne umtauschen.
Wir können … für Sie reparieren lassen.
Wir können Ihnen einen Gutschein anbieten.

Gespräche in der Apotheke führen → K8 K

als Kunde / Kundin

Ich brauche etwas gegen Rückenschmerzen / Übelkeit / …
Ich brauche ein Mittel gegen …
Haben Sie …?
Wie nimmt man die Tabletten / Tropfen ein?
In Ordnung. / Ja, mache ich.

als Verkäufer/in / Apotheker/in

Da kann ich Ihnen diese Tropfen / Tabletten / … empfehlen. Die haben keine / kaum Nebenwirkungen.
Tut mir leid. Die sind verschreibungspflichtig. Aber ich kann Ihnen … geben.
Nehmen Sie dreimal täglich 20 Tropfen / eine Tablette. Wenn Ihre Beschwerden nach drei Tagen nicht besser werden, müssen Sie aber einen Arzt aufsuchen / zu einem Arzt gehen.

eine Bewerbung schreiben → K5 M2

Sehr geehrte/r Frau / Herr …, / Sehr geehrte Damen und Herren,
in Ihrer Stellenanzeige habe ich gesehen, dass Sie einen / eine … suchen.
Als ausgebildete/r … kann ich umfangreiche Erfahrungen im Bereich … vorweisen.
Ich habe lange als / in der … gearbeitet und bin mit … bestens vertraut.
In Ihre Firma kann ich verschiedene Stärken einbringen. So bin ich zuverlässig / verantwortungsbewusst / … und arbeite sehr genau / zielstrebig / engagiert / …
Sie können sich auch auf meine Flexibilität / Lernbereitschaft / … verlassen.
Des Weiteren schätzen mich Kollegen und Kolleginnen als sehr teamfähig / …
Die Ausrichtung Ihrer Firma gefällt mir sehr gut. Besonders der internationale Kundenkontakt / … ist interessant für mich, da ich über sehr gute Englisch-Kenntnisse / … verfüge.
Gern möchte ich Sie in einem persönlichen Gespräch von meinen Fähigkeiten überzeugen und freue mich über eine Einladung von Ihnen.
Mit freundlichen Grüßen

REDEMITTEL IM ÜBERBLICK

Termine absprechen → K1 K

um einen Termin bitten

Ja, hallo, mein Name ist …. Ich möchte gerne … / hätte gerne ein Beratungsgespräch / einen Termin.
Wann könnte ich denn (mal) vorbeikommen?
Ich könnte nur morgens / abends / am … kommen. Geht das auch?

antworten

Wir haben immer von … bis … / am … und am … Sprechstunde. Da können Sie gerne / jederzeit / ohne Termin vorbeikommen.
Geht es bei Ihnen nächsten … / am … / um … Uhr?

einen Termin verschieben

Wir hatten für nächste/n … einen Termin vereinbart / ausgemacht. Leider kann ich da nicht kommen, weil …
Könnten wir den Termin auf … verschieben? / Könnten wir uns auch schon am … treffen?
Wegen der Uhrzeit kann ich mich ganz nach Ihnen richten.
Vielen Dank, dass wir den Termin verschieben können.

antworten

Warten Sie mal, am … um wie viel Uhr denn?
Am … wäre es (mir) um … Uhr recht.
Das ginge um … Uhr.

einen Termin absagen

Ich habe nächste Woche Donnerstag um … / am … einen Termin bei Ihnen.
Ich müsste den Termin leider absagen.
Nein, danke, ich melde mich dann wieder / im Moment nicht. Auf Wiederhören.

antworten

In Ordnung, dann streiche ich den Termin.
Möchten Sie einen neuen / anderen Termin ausmachen?

eine Grafik beschreiben → K7 M2

In der Grafik … geht es um … / darum, dass …
Die Grafik zeigt, dass / wie (oft) …
In der Grafik werden die Gründe für oder gegen … / wird die Häufigkeit der Nutzung von … dargestellt.
Die Grafik zeigt, wie oft … genutzt wird.
Man kann an der Grafik gut erkennen, dass …
Auf der linken Seite / In der oberen Hälfte / … informiert die Grafik über …

Rechts / Links / Unten / Oben kann man sehen, welche / was / wie viele …
Interessant ist, dass …
Auffallend hoch / niedrig ist / sind …
Besonders viele / wenige nutzen …
Wie erwartet, kann man sehen, dass …
Zusammenfassend kann man sagen, dass …
Die angegebenen Daten / Zahlen lassen vermuten, dass in Zukunft …

eine Anleitung mündlich formulieren → K12 K

Zuerst schalten / machen Sie / schaltest / machst du … an.
Jetzt brauchen Sie Ihr / brauchst du dein …
Gehen Sie dann / Dann geh im Menü auf …
Und jetzt suchen Sie / suchst du wieder das Symbol für …
Ja, genau. Was sehen Sie / siehst du jetzt?
Richtig. Aber jetzt müssen Sie / musst du die Geräte verbinden. Klicken Sie / Tippen Sie / Klick / Tipp mal auf …
Genau. Ihr/e / Dein/e … und Ihr/e / dein/e … verbinden sich gerade.
Dann sind wir fertig und Sie können / du kannst … benutzen.

187

über ein Buch informieren → K11 M4

Das Buch … von … ist ein Roman / Comic / …
In dem Buch geht es um … / Thema des Buches ist … / Es wird die Geschichte von … erzählt.
Man erfährt viel (Neues) über …
Das Buch gibt Tipps, wie man … / … ist ein Ratgeber für …
Es ist besonders interessant für Personen, die gern …

ein Buch kommentieren → K11 M4

Das Cover des Buches hat mich sofort angesprochen, deswegen / aber …
Der Titel klingt interessant, und der Kurztext hat mich neugierig gemacht / aber den Kurztext fand ich langweilig.
Der Krimi / Roman / … klingt (sehr) interessant / unterhaltsam / kompliziert / spannend / …
Ich interessiere mich schon lange für …, deswegen möchte ich … / trotzdem finde ich …

ein Buch / einen Film empfehlen → K11 M4

Ich fand das Buch / den Film super, weil …
Sie sollten / Du solltest das Buch / den Film unbedingt lesen / sehen, denn …
Das Buch liest sich wirklich leicht und es ist sehr informativ / spannend …
Das Buch / Der Film ist sehr lustig / interessant / …
Die Schauspieler/innen spielen super.
Die Bilder in dem Film sind wunderschön.
Die Sprache im Buch ist faszinierend und …
Ich will nicht zu viel verraten, aber das Ende ist wirklich eine Überraschung.
Ich kann … Ihnen / dir wirklich sehr empfehlen.

für ein Produkt werben → K12 M2

Produkte beschreiben
Man braucht es für … / Das braucht man, damit …
Es / … hat folgende Funktionen: Es kann …
Man kann es gut gebrauchen, wenn …
Es ist aus Holz / Glas / Metall / …
Es / … ist so / sehr stabil / praktisch / elegant / innovativ / …

Vorzüge eines Produkts betonen
Das Tolle / Besondere / Beste / … daran ist, dass …
Im Gegensatz zu ähnlichen Produkten kann es …
Die Funktion … ist ganz neu / gab es so noch gar nicht.
Viele Kunden mögen an unserem Produkt, dass …
Im Vergleich zu ähnlichen Produkten bietet es …
Sie werden feststellen, dass …

eine Geschichte erzählen / schreiben → K6 M2

eine Geschichte strukturieren
Zuerst … / Am Anfang …
Dann … / Danach … / Schließlich …
Zuletzt … / Am Ende …

Spannung aufbauen
Plötzlich … / Auf einmal …
Was war das? / Was war hier los? / Warum war das so?

eine Geschichte positiv bewerten → K6 M2

Super Geschichte!
Das war ja spannend!

Ist ja unglaublich!
Das war echt schön.

REDEMITTEL IM ÜBERBLICK

telefonisch Informationen erfragen → K3 K

nach dem Weg fragen
Ich habe noch eine Frage zu ….
Ich habe (im Internet) mehrere Verbindungen vom Hotel / Bahnhof / … zu Ihrer Firma / Ihnen / … gefunden.
Welche Verbindung ist am besten / schnellsten?

antworten
Gerne. Wie kann ich Ihnen helfen?
An Ihrer Stelle würde ich mit der U-Bahn / dem Bus / … fahren.
Da funktioniert das Umsteigen meistens am besten. / Das ist am schnellsten / einfachsten.

ein Telefongespräch mit einem Vermieter / einer Vermieterin führen → K4 K

Guten Tag, mein Name ist … Ich rufe wegen Ihrer Anzeige / Wohnung / … an.
Ist das Zimmer / die Wohnung noch frei / noch zu haben?
Wie groß ist / wie viele Quadratmeter hat das Zimmer / die Wohnung?
Ist die Miete warm oder kalt? / Kommen die Nebenkosten noch dazu?
Wie hoch ist die Miete / die Kaution / sind die Nebenkosten?
Wann könnte ich vorbeikommen / … besichtigen?
Wie ist denn / bitte die genaue Adresse?

ein Motivationsschreiben verfassen → K9 M2

Einleitung
Sehr geehrte/r …
vor einem halben Jahr / … habe ich die Schule mit … erfolgreich abgeschlossen. Nun stelle ich mich als Bewerber/in für den Bachelor-Studiengang … vor.
dieses Jahr / … habe ich die Schule in … abgeschlossen. Meinen Abschuss kann man mit dem deutschen Abitur / … vergleichen. Da ich gerne tiefergehende Kenntnisse im Bereich … erlangen möchte, stelle ich mich Ihnen als hoch motivierte/r Kandidat/in für den Studiengang … an Ihrer Hochschule / Universität vor.

Hauptteil
Bereits in meiner Schulzeit hat / haben mich das Fach / die Fächer … begeistert. / Bereits zur Schulzeit habe ich mich mit großer Freude in der … / als … engagiert.
Mein besonderes Interesse gilt schon lange der / dem … / Meine Begeisterung für … wurde in der 10. Klasse / … weiter gefestigt, als …
Diese Erfahrung / Arbeit hat mir gezeigt, dass … genau der richtige Beruf für mich ist. Ich schätze die Arbeit mit Menschen / … sehr und möchte vor allem …
Am Studium des / der … reizt / reizen mich … und ich bin hoch motiviert, … zu verstehen / zu lösen / mehr über … zu erfahren.
Nach erfolgreichem Abschluss des Studiums möchte ich … Mein Ziel ist es, später …
… hat / haben mir Ihre Hochschule / Universität sehr empfohlen.
Ich habe mich aber auch für Ihre Universität entschieden, weil … Ich schätze sehr, dass Ihre …

Schluss
Ich hoffe sehr, dass ich das Studium an Ihrer Hochschule / Universität im kommenden Semester beginnen kann. Für weitere Rückfragen stehe ich jederzeit gerne zur Verfügung und ich freue mich über eine Einladung zu einem persönlichen Gespräch.
Meine Motivation ist groß und ich hoffe, das Studium an Ihrer Hochschule im kommenden Semester beginnen zu können. Über eine Einladung zu einem persönlichen Gespräch freue ich mich sehr.
Mit freundlichen Grüßen

GRAMMATIK IM ÜBERBLICK

VERBEN

Verben und Ergänzungen → K1 M3

Das Verb bestimmt, welche Ergänzungen in einem Satz stehen müssen und welchen Kasus sie haben.

Verb + **Nominativ**	Rolf Ulrich ist **Professor**.
Verb + **Akkusativ**	Unser Gehirn braucht **mehr Zeit**.
Verb + **Dativ**	Bekanntes hilft **unserem Gehirn** enorm.
Verb + **Dativ** + Akkusativ	Alltagsaufgaben stehlen **den Menschen** Zeit.
Verb + Präposition mit Akkusativ	Alle Menschen verfügen über **eine innere Uhr**.
Verb + Präposition mit Dativ	Ulrich beschäftigt sich mit **der Chronobiologie**.

Eine Übersicht über Verben mit Ergänzungen steht im Internet unter www.klett-sprachen.de/kontext.

Position der Ergänzungen → K1 M3

Dativ vor Akkusativ	Hast du	**dem Chef**	eine Mail	geschrieben?
	Hast du	**ihm**	eine Mail	geschrieben?
Akkusativpronomen vor **Dativ**	Hast du	sie	**dem Chef**	geschrieben?
	Hast du	sie	**ihm**	geschrieben?

Trennbare und untrennbare Verben → K3 M3

Präfix	Beispiele	Wortakzent
trennbar ab-, an-, auf-, aus-, bei-, dar-, ein-, fest-, fort-, her-, herum-, hin-, los-, mit-, nach-, rein-, teil-, vor-, vorbei-, weg-, weiter-, zu-	**ab**holen, **an**rufen, **auf**räumen, sich **aus**ruhen, **bei**bringen, **dar**stellen, **ein**kaufen, **fest**stellen, **fort**setzen, **her**kommen, **herum**fahren, **hin**fallen, **los**fahren, **mit**nehmen, **nach**denken, **rein**kommen, **teil**nehmen, **vor**stellen, **vorbei**kommen, **weg**fahren, **weiter**fahren, **zu**hören	Das Präfix wird betont.
untrennbar be-, emp-, ent-, er-, ge-, miss-, ver-, zer-	**be**suchen, **emp**finden, sich **ent**scheiden, **er**zählen, **ge**fallen, **miss**fallen, **ver**missen, **zer**reißen	Nicht das Präfix wird betont, sondern der Wortstamm.

	trennbare Verben Beispiel *einkaufen*	untrennbare Verben Beispiel *erzählen*
Aussage	Ich **kaufe** oft in anderen Städten **ein**.	Ich **erzähle** dir gern von meiner Reise.
Imperativ	**Kauf** bitte alles **ein**!	**Erzähl** doch mal!
zu + Infinitiv	Vergiss nicht, **einzukaufen**!	Hast du Zeit, mir alles **zu erzählen**?
Nebensatz	Denk dran, dass du heute **einkaufst**.	Du hast versprochen, dass du uns alles **erzählst**.
Perfekt	Hast du **eingekauft**?	Ich habe von der Reise **erzählt**.
Präteritum	Früher **kaufte** sie am Flughafen **ein**.	Sie **erzählte** von ihrem Heimweh.

GRAMMATIK IM ÜBERBLICK

Über Vergangenes berichten: Tempusformen → K1 M1

Präteritum	Perfekt	Plusquamperfekt
Verwendung	**Verwendung**	**Verwendung**
von Ereignissen schriftlich berichten, z. B. in Zeitungsartikeln und Romanen	von Ereignissen mündlich oder schriftlich berichten, z. B. in Gesprächen, E-Mails, Briefen	von Ereignissen berichten, die vor einem anderen Ereignis in der Vergangenheit passiert sind
bei Hilfs- und Modalverben		
Bildung	**Bildung**	**Bildung**
<u>regelmäßige Verben</u>	*haben/sein* im Präsens + Partizip II	*haben/sein* im Präteritum + Partizip II
Verbstamm + **-t-** + Endung (z. B. *machen – sie mach**t**e, fragen – sie frag**t**e*)	(z. B. *er hat gearbeitet, sie ist gelaufen*)	(z. B. *er hatte gearbeitet, sie war gelaufen*)
<u>unregelmäßige Verben</u>	**Bildung Partizip II**	
Präteritumstamm + Endung (z. B. *gehen – er ging, kommen – sie kam*) keine Endung bei 1. und 3. Person Singular	<u>regelmäßige Verben</u> ohne Präfix: machen – **ge**macht trennbares Verb: einkaufen – ein**ge**kauft untrennbares Verb: erzählen – erzähl**t** Verben auf *-ieren*: programmieren – programmier**t**	
	<u>unregelmäßige Verben</u> ohne Präfix: gießen – gegoss**en** trennbares Verb: aufgeben – auf**ge**geb**en** untrennbares Verb: verstehen – verstand**en**	

ACHTUNG: kennen – k**ann**te – hat gek**ann**t   bringen – br**ach**te – hat gebr**ach**t
                denken – d**ach**te – hat ged**ach**t   wissen – w**uss**te – hat gew**uss**t
                mögen – m**ocht**e – hat gem**ocht**

Eine Übersicht über die wichtigsten unregelmäßigen Verben finden Sie ab Seite 178 im Übungsbuch und auf www.klett-sprachen.de/kontext.

Reflexive Verben → K6 M1

	Reflexivpronomen	
	Akkusativ	**Dativ**
ich	mich	mir
du	dich	dir
er/es/sie	sich	
wir	uns	
ihr	euch	
sie/Sie	sich	

Eine Übersicht über reflexive Verben finden Sie auf www.klett-sprachen.de/kontext.

Immer reflexiv und mit Reflexivpronomen
sich entschließen zu, sich verhalten, sich beschweren über, sich wundern über …
• Manchmal wundere ich mich über meine Freunde.

Entweder reflexiv oder mit Akkusativergänzung
sich verstehen, sich ärgern, sich treffen, …
• Manchmal versteht man sich mit einem Freund besonders gut.
• Ich verstehe meinen Freund gut.

Reflexivpronomen normalerweise im Akkusativ. Wenn Akkusativergänzung im Satz → Reflexivpronomen im Dativ
sich anziehen, sich waschen, sich kämmen …
• Ich ziehe mich an.
• Ich ziehe mir eine Jacke an.

Reflexivpronomen immer im Dativ und mit Akkusativergänzung
sich etwas wünschen, sich etwas merken, sich etwas vorstellen, sich etwas denken …
• Ich wünsche mir viel Zeit mit meinen Freunden.

191

Modalverben und Alternativen → K2 M3

Modalverb	Bedeutung	Alternativen (fast immer mit *zu* + Infinitiv)
dürfen	Erlaubnis	es ist gestattet / erlaubt – die Erlaubnis / das Recht haben • Jeder hat das Recht, seinen Wunschberuf zu erlernen.
nicht dürfen	Verbot	es ist verboten – es ist nicht erlaubt – keine Erlaubnis haben • Profisportlern ist es nicht erlaubt, ihr Training ohne Grund zu verpassen.
können	a) Möglichkeit	die Möglichkeit / Gelegenheit haben – es ist möglich • Es ist möglich, ein Handwerk unabhängig von Talent zu erlernen.
	b) Fähigkeit	die Fähigkeit haben / besitzen – in der Lage sein • Jede/r ist in der Lage, etwas Neues zu lernen.
möchten	Wunsch, Lust	Lust haben – den Wunsch haben • Ich habe schon lange den Wunsch, gut Geige zu spielen.
wollen	eigener Wille, Absicht	die Absicht haben – beabsichtigen – vorhaben • Viele Menschen haben vor, ein Instrument zu lernen.
müssen	Notwendigkeit	es ist notwendig – es ist erforderlich – verpflichtet sein • Ohne Talent ist es notwendig, fleißig zu lernen und zu üben.
sollen	Forderung	den Auftrag / die Aufgabe haben – erwarten • Man erwartet von Profisportlern, dass sie regelmäßig trainieren.

MERKE: **es** ist notwendig = **man** muss   **es** ist verboten = **man** darf nicht
           es ist erlaubt = **man** darf   **es** ist möglich = **man** kann

Passiv → K7 M1

Verwendung
Beim Passiv ist wichtig, **was passiert**, also der Vorgang oder die Aktion:
• Das Werkzeug wird getauscht.

Beim Aktiv ist wichtig, **wer** etwas **macht**, also die handelnde Person:
• Die Personen tauschen das Werkzeug.

Formen

Passiv Präsens	Passiv Präteritum	Passiv Perfekt
Gebrauchte Kleider werden getauscht.	Das Netzwerk wurde 2015 gegründet.	Die Idee ist in den USA entwickelt worden.
werden im Präsens + Partizip II	*werden* im Präteritum + Partizip II	*sein* im Präsens + Partizip II + *worden*

Wenn man im Passivsatz die handelnde Person nennen will, verwendet man meistens *von* + Dativ:
• Viele Dinge werden von allen Nachbarn genutzt.

Passiv mit Modalverb
Modalverb (im Präsens oder Präteritum) + Partizip II + *werden* im Infinitiv:
• Der kulturelle Austausch soll gefördert werden.
• Das Auto musste verkauft werden.

GRAMMATIK IM ÜBERBLICK

Verben mit Präpositionen → K8 M3

Viele Verben stehen mit einer oder mehreren Präpositionen. Bei Verben mit Präpositionen bestimmt die Präposition den Kasus der Ergänzungen.

Verb + Präposition mit Dativ	Verb + Präposition mit Akkusativ	Verb + Präposition mit Dativ oder Akkusativ
aus, bei, mit, nach, von, zu, unter, vor, zwischen	für, gegen, um, über	an, auf, in
bestehen aus, sich bedanken bei, anfangen mit, fragen nach, handeln von, überreden zu, verstehen unter, warnen vor, unterscheiden zwischen	sich entscheiden für, kämpfen gegen, sich bemühen um, sich ärgern über	arbeiten an (+ Dat.), denken an (+ Akk.) basieren auf (+ Dat.), achten auf (+ Akk.) sich irren in (+ Dat.), sich verlieben in (+ Akk.)

Manche Verben können auch mehrere Präpositionen haben:
- Der Sportreporter spricht **mit** der Teilnehmerin **über** ihre Vorbereitungsphase.
- Die Siegerin bedankt sich **bei** ihrem Trainer **für** die Unterstützung.

Eine Übersicht über Verben mit Präpositionen finden Sie im Internet unter www.klett-sprachen.de/kontext.

Präpositionaladverbien und Fragewörter → K8 M3

Sachen und Ereignisse

wo(r)- + Präposition
- Woran denkst du da oben?
- An meine Sicherheit.

da(r)- + Präposition
- Und woran denkst du noch?
- An einen perfekten Absprung und daran, dass ich sicher lande.

Personen und Institutionen

Präposition + Fragewort
- An wen denkst du da oben?
- An meine Familie.

Präposition + Pronomen
- Und an wen denkst du noch?
- An meinen Trainer, der immer aufpasst, ob ich alles richtig mache.
- Das verstehe ich, dass du an ihn denkst.

Nach *wo …* und *da …* wird ein *r* eingefügt, wenn die Präposition mit einem Vokal beginnt:
- auf → worauf / darauf

da(r)-… steht auch vor Nebensätzen (dass-Sätze, Infinitiv mit *zu*, indirekter Fragesatz):
- Alles hängt **davon** ab, ob man diesen Sport mag.
- Beim Sport geht es nicht nur **darum**, dass man gewinnt.

Zukünftiges und Vermutungen ausdrücken: Futur I → K9 M1

Formen
werden (im Präsens) + Infinitiv
Du wirst heute noch länger arbeiten.

Verwendung
Zukunft ausdrücken
Ich werde morgen länger arbeiten.
Sie werden einen Marktstand übernehmen.
Statt Futur I verwendet man oft auch das Präsens mit Zeitangabe.
- Ich arbeite morgen länger.

Vermutungen ausdrücken
Er wird wahrscheinlich gerade telefonieren.
Domi wird jetzt wohl bei Fabian sein.
Oft stehen in diesen Sätzen auch Modalwörter wie *wahrscheinlich*, *vielleicht*, *wohl* …

Irreales, Vermutungen, Wünsche und Bitten ausdrücken: Konjunktiv II → K11 M3

Formen
Gegenwart
würde + Infinitiv
- Ich würde gerne den Sternenhimmel sehen.

Bei *haben*, *sein*, *brauchen*, *wissen* und Modalverben (außer *sollen* und *wollen*): Präteritum + Umlaut (ä, ö, ü)
ich hätte, du hättest, er hätte; ich wäre, du wärst, er wäre;
ich bräuchte, wüsste, müsste, könnte, dürfte, sollte, wollte
- Ich müsste noch genug Geld dabeihaben.
- Könntest du das Licht ausmachen?
- Wenn man den Beleuchtungswahnsinn stoppen würde, wären die Nächte wieder dunkler.

Vergangenheit
Konjunktiv II von *haben* oder *sein* + Partizip II
- Es wäre gut gewesen, wenn man das schon früher erkannt hätte.

Verwendung

höfliche Bitte / Frage:	• Könntest du bitte das Licht ausmachen? • Wären Sie bereit etwas zu verändern?
Wunsch:	• Wir würden so gern die Sterne wieder sehen! • Hätte ich bloß diese Lampen nicht gekauft!
irreale Bedingung:	• Insekten könnten gerettet werden, wenn wir nachts weniger Beleuchtung hätten. • Wenn wir das früher erkannt hätten, würden viele Insekten noch leben.
Vorschlag / Ratschlag:	• Man müsste doch nur das Licht ausmachen. • Du könntest die Lichter ja ausschalten.
Vermutung:	• Ich müsste noch genug Geld haben.

NOMEN

Plural der Nomen → K3 M1

Nomen	Pluralendung	
1. • maskuline und neutrale Nomen auf *-en/-er/-el* • neutrale Nomen auf *-chen*	(")-	der Garten – die Gärten der Koffer – die Koffer das Mädchen – die Mädchen
2. • fast alle femininen Nomen (ca. 96%), auch Nomen auf *-ung, -heit, -keit* • maskuline Nomen auf *-or* • maskuline Nomen der n-Deklination	-(e)n	die Ware – die Waren die Erinnerung – die Erinnerungen der Professor – die Professoren der Mensch – die Menschen
3. • die meisten maskulinen (ca. 70%) und einige neutrale Nomen	(")-e	der Grund – die Gründe das Flugzeug – die Flugzeuge
4. • viele einsilbige neutrale Nomen	(")-er	das Schild – die Schilder das Land – die Länder
5. • viele Wörter aus anderen Sprachen • Abkürzungen *(PC, Lkw, …)* • Nomen mit *-a/-i/-o/-u (Auto, Pulli, …)*	-s	der Fan – die Fans der Pkw – die Pkws das Taxi – die Taxis

Genitiv → K5 M1

Verwendung

1. Mit dem Genitiv kann man Zugehörigkeit oder Besitz ausdrücken:
   die Vielfalt von den Berufen → die Vielfalt der Berufe
2. Nach manchen Präpositionen folgt der Genitiv:
   trotz des schlechten Wetters

Formen

maskuline und neutrale Nomen:	Genitiv-Endung **-s** oder **-es**	die Begabung des Künstler**s**
Nomen mit Endung *-nis*:	Genitiv-Endung **-ses**	die Schönheit des Ereignis**ses**
Nomen der n-Deklination:	Genitiv-Endung **-en**	die Ausbildung des Student**en**
feminine Nomen und Plural:	keine Genitiv-Endung	die Unterstützung der Mutter

Artikelwörter im Genitiv

Nominativ	Genitiv		
der	des	eines	meines
das	des	eines	meines
die	der	einer	meiner
die (Pl.)	der	von (+ Dativ)	meiner

n-Deklination → K9 M3

Die Nomen der n-Deklination haben im Singular und im Plural immer die Endung *-n* oder *-en*.
Ausnahme: Nominativ Singular.

Singular

Nominativ	der Kunde	der Mensch
Akkusativ	den Kunde**n**	den Mensch**en**
Dativ	dem Kunde**n**	dem Mensch**en**
Genitiv	des Kunde**n**	des Mensch**en**

Plural

Nominativ	die Kunde**n**	die Mensch**en**
Akkusativ	die Kunde**n**	die Mensch**en**
Dativ	den Kunde**n**	den Mensch**en**
Genitiv	der Kunde**n**	der Mensch**en**

ACHTUNG:
Einige Nomen haben im **Genitiv Singular** die Endung **-ns** (Mischformen):
der Name, des Name**ns**
der Glaube, des Glaube**ns**
der Buchstabe, des Buchstabe**ns**
der Wille, des Wille**ns**

das(!) Herz, des Herze**ns**

Zur n-Deklination gehören nur <u>maskuline</u> Nomen mit folgenden Endungen

-e	der Löwe, der Junge, der Name, …		**-at / -ad**	der Soldat, der Kamerad, …
	Bezeichnungen für Nationalitäten:		**-ot**	der Pilot, der Chaot, …
	der Pole, der Deutsche, der Schwede, …		**-ant / -ent**	der Lieferant, der Student, …
-graf	der Fotograf, der Choreograf, …		**-loge**	der Psychologe, der Soziologe, …
-ist / -it	der Polizist, der Artist, der Bandit, …			
-soph	der Philosoph, …			

einige <u>maskuline</u> Nomen ohne Endung:
z. B. der Mensch, der Herr, der Nachbar, der Held, der Bauer, …

ADJEKTIVE

Adjektivdeklination → K4 M3

Typ I: mit bestimmtem Artikel

	<u>der</u> Bus	<u>das</u> Angebot	<u>die</u> Straße	die Busse (Pl.)
N	der neu**e** Bus	das aktuell**e** Angebot	die dunkl**e** Straße	die neu**en** Busse
A	den neu**en** Bus	das aktuell**e** Angebot	die dunkl**e** Straße	die neu**en** Busse
D	dem neu**en** Bus	dem aktuell**en** Angebot	der dunkl**en** Straße	den neu**en** Busse**n**
G	des neu**en** Bus**ses**	des aktuell**en** Angebot**s**	der dunkl**en** Straße	der neu**en** Busse

AUCH: nach Fragewörtern: *welcher, welches, welche*
nach Demonstrativartikeln: *dieser, dieses, diese; jener, jenes, jene*
nach Indefinitartikeln: *jeder, jedes, jede; alle* (Pl.)
nach Negationsartikeln und Possessivartikeln im Plural: *keine* (Pl.), *meine* (Pl.)

GRAMMATIK IM ÜBERBLICK

Typ II: mit unbestimmtem Artikel

	der Bus	das Angebot	die Straße	die Busse (Pl.)
N	ein neu**er** Bus	ein aktuell**es** Angebot	eine dunkl**e** Straße	neu**e** Busse
A	einen neu**en** Bus	ein aktuell**es** Angebot	eine dunkl**e** Straße	neu**e** Busse
D	einem neu**en** Bus	einem aktuell**en** Angebot	einer dunkl**en** Straße	neu**en** Busse**n**
G	eines neu**en** Busse**s**	eines aktuell**en** Angebot**s**	einer dunkl**en** Straße	neu**er** Busse

AUCH: nach Negationsartikeln: *kein, kein, keine* (Sg.)
nach Possessivartikeln: *mein, mein, meine* (Sg.)

Typ III: ohne Artikel

	der Notfall	das Angebot	die Laune	die Notfälle (Pl.)
N	echt**er** Notfall	aktuell**es** Angebot	gut**e** Laune	echt**e** Notfälle
A	echt**en** Notfall	aktuell**es** Angebot	gut**e** Laune	echt**e** Notfälle
D	echt**em** Notfall	aktuell**em** Angebot	gut**er** Laune	echt**en** Notfälle**n**
G	echt**en** Notfall**s**	aktuell**en** Angebot**s**	gut**er** Laune	echt**er** Notfälle

AUCH: nach Zahlen: *zwei, drei, vier …*
nach Indefinitartikeln im Plural: *viele, einige, wenige, andere*

Vergleiche anstellen: Komparativ und Superlativ → K6 M3

Dienstag

Grundform (Positiv)
ohne Nomen
keine Endung:
Am Dienstag war Lena glücklich.

vor einem Nomen
Adjektiv + Endung:
Das war ein schön**er** Tag für Lena.

Mittwoch

Komparativ
ohne Nomen
Adjektiv + *-er*
Am Mittwoch war Lena glücklich**er** als am Dienstag.

vor einem Nomen
Adjektiv + *-er* + Endung:
Heute war für Lena ein schön**erer** Tag als gestern.

! einsilbige Adjektive oft mit Umlaut (stark – st**ä**rker)
! Adjektive auf *-el* und *-er* ohne *-e* (dunkel – dun**kl**er)

Freitag

Superlativ
ohne Nomen
am + Adjektiv + *-sten*
Am Freitag war Lena **am** glücklich**sten**.

vor einem Nomen
Adjektiv + *-(e)st* + Endung
Freitag war der schön**ste** Tag in Lenas Leben.

! immer mit bestimmtem Artikel oder Possessivartikel
! Adjektive auf *-d, -t, -sch, -ß, -s* mit *-e* (heiß – am heiß**e**sten / der heiß**e**ste Tag)

ACHTUNG

gut – besser – am besten   gern – lieber – am liebsten   viel – mehr* – am meisten
groß – größer – am größten   hoch – höher – am höchsten   nah – näher – am nächsten

*Die Komparative *mehr* und *weniger* werden ohne Adjektivendung verwendet: Ich will wieder mehr Freunde treffen.

Vergleiche mit *als* und *wie* → K6 M3

(genau)so + Grundform + *wie*
Sie ist **so** wütend **wie** ich.
Komparativ + *als*
Sie ist wütend**er als** ich.

Ordinalzahlen vor dem Superlativ → K6 M3

können Bewertungen in eine Reihenfolge bringen:
Tim ist mein **zweit**ältester Freund.
Lyon ist die **dritt**größte Stadt Frankreichs.

ABER: Das **erstbeste** Hotel = das erste Hotel, das ohne Nachdenken gewählt wurde.
Mit dem erstbesten Hotel hatten wir kein Glück.

Wortbildung bei Adjektiven → K12 M3

aus Nomen		aus Verben
-voll / -reich: viel von etwas	**-los / -frei: ohne etwas**	**-bar: etwas ist möglich**
wertvoll, sinnvoll einfallsreich, erfolgreich, zahlreich	mühelos, erfolglos plastikfrei, unfallfrei	machbar, recyclebar

Bei manchen Adjektiven hat das Suffix keine Bedeutung mehr, z.B. *wunderbar, offenbar, unmittelbar*.

PRÄPOSITIONEN

Ortsangaben machen: lokale Präpositionen → K4 M1

Wechselpräpositionen
an, auf, hinter, in, neben, über, unter, vor, zwischen

Wohin?   Präposition + Akkusativ
Sie legt die Sachen **in den** Schrank.

Wo?   Präposition + Dativ
Die Sachen liegen **im** Schrank.

Die lokalen Präpositionen *an, auf, hinter, in, neben, über, unter, vor* und *zwischen* werden mit Dativ oder Akkusativ verwendet. Man nennt sie Wechselpräpositionen.

Präpositionen mit festem Kasus

mit Akkusativ	bis, durch, entlang*, gegen, um, um … herum
mit Dativ	ab, aus, bei, gegenüber (von), nach, von, von … aus, zu
mit Genitiv	außerhalb, entlang*, innerhalb

* *Wir laufen **die** Gehwege entlang.*   nachgestellt mit **Akkusativ**
*Wir laufen entlang **des** Flusses.*   vorangestellt mit **Genitiv**

GRAMMATIK IM ÜBERBLICK

Präpositionen mit Genitiv → K5 M1

Grund / Folge	Gegengrund / Widersprüchliches	Zeit	Ort
wegen, aufgrund, infolge, dank*	trotz	während, außerhalb, innerhalb	außerhalb, innerhalb

*Die Präposition *dank* steht vor positiven Aussagen:
Dank des schönen Wetters konnten wir einen Ausflug machen.

Zeitangaben machen: temporale Präpositionen → K7 M3

mit Akkusativ	mit Dativ	mit Genitiv
bis nächsten Mittwoch	**ab** diesem Moment	**innerhalb** einer Woche
für eine Woche	**am** Wochenende	**außerhalb** der Arbeitszeit
gegen Mittag	**beim** Einkaufen	**während** meines Urlaubs
über eine Woche	**in** den ersten Wochen	
um drei Uhr	**nach** den ersten Wochen	
um Ostern **herum**	**seit** der Aktion / letztem Jahr	
(von Montag) **bis** Freitag	**von** Anfang **an**	
	von Montag (bis Freitag)	
	vor drei Jahren	
	zwischen 12 und 13 Uhr	

Ich lebe schon **über** zwei Jahre in dieser Wohnung.
Um Ostern **herum** habe ich immer frei.
Während meines Urlaubs habe ich die Wohnung renoviert.
Seit der Renovierung gefällt mir die Wohnung noch besser.
Komm doch **am** Wochenende mal zu mir!

SÄTZE

Kausal-, Konzessiv- und Konsekutivsätze → K5 M3

Hauptsatz + Nebensatz
Zu viel Freizeit ist nicht ideal, **weil** sich Menschen schnell langweilen.

Hauptsatz + Hauptsatz
Zu viel Routine im Job ist eintönig, **deswegen** brauchen Menschen Abwechslung.
Viele Menschen gehen gern ins Büro, **denn** der Kontakt zu den Kollegen ist für sie wichtig.

	Gründe (kausal)	Gegengründe / Widersprüchliches (konzessiv)	Folgen (konsekutiv)
Hauptsatz + Nebensatz	da, weil	obwohl	sodass, so ..., dass
Hauptsatz + Hauptsatz	denn	trotzdem, dennoch	deshalb, darum, daher, deswegen

ACHTUNG: *denn* steht wie *und, oder, aber, sondern* auf Position 0. Das Verb steht auf Position 2.

Ziele und Absichten ausdrücken: Finalsätze mit *damit* und *um ... zu* → K8 M1

Subjekt im Hauptsatz ≠ Subjekt im Nebensatz: *damit*
- Er fotografiert sein Essen, **damit** seine Freunde es sehen.

Subjekt im Hauptsatz = Subjekt im Nebensatz: *damit* oder *um ... zu*
- Er hat gerade eingekauft, **damit** er heute Abend kochen kann.
- Er hat gerade eingekauft, **um** heute abend **zu** kochen.

zum* + Infinitiv (als Nomen)
Um einzukaufen, geht er gern in den Supermarkt. → **Zum Einkaufen** geht er gern in den Supermarkt.

Etwas genauer beschreiben: Relativsätze → K10 M1

Nominativ	Ich kümmere mich gern um den älteren Mann, **der** in meinem Haus wohnt.
Akkusativ	Mein Nachbar, **den** ich schon lange kenne, ist immer sehr hilfsbereit.
Dativ	Viele Menschen, **denen** man begegnet, verhalten sich rücksichtslos.
Genitiv	Meine Nachbarin, **deren** Auto immer auf dem Gehweg steht, denkt nicht an andere.
mit Präposition	Mein Freund Linus, **für den** Rücksicht und Fairness sehr wichtig sind, ist super.

Form des Relativpronomens = Form des bestimmten Artikels
Ausnahmen: Dativ Plural (denen), Genitiv (dessen, deren)

Der Kasus des Relativpronomens richtet sich nach dem Verb oder der Präposition im Relativsatz.
Genus und Numerus richten sich nach dem Bezugswort.
Im Genitiv richtet sich das Relativpronomen nach dem Bezugswort und hat die Bedeutung eines Possessivpronomens.

Der Relativsatz steht nah bei dem Nomen, das er beschreibt. Wenn nach dem Nomen noch ein Verb oder Verbteil steht, steht der Relativsatz meistens dahinter.
- Ich möchte in einer **Gesellschaft** leben, **die** bunt und offen ist.
- Man muss auch **Meinungen** akzeptieren, **mit denen** man vielleicht nicht einverstanden ist.

Etwas genauer beschreiben: Relativsätze mit *wo/woher/wohin*, *was* und *wo(r)-* + Präposition → K11 M1

Man verwendet die Relativpronomen *wo/woher/wohin*, wenn man über Orte spricht.
- Ich wohne in einer Region, **wo** es in den letzten Jahren oft Überschwemmungen gab.
- Der Ort, **woher** ich komme, liegt direkt an einem Fluss.
- In Berlin, **wohin** ich nächste Woche fahre, gibt es am Freitag eine große Demo.

Das Relativpronomen *was* bezieht sich auf Pronomen wie *nichts, alles, etwas, das* oder auf einen ganzen Satz.
- Wir müssen alles, **was** möglich ist, gegen den Klimawandel tun.
- Viele junge Leute engagieren sich für den Umweltschutz, **was** ich echt super finde.

Auch nach nominalisierten Adjektiven oder Superlativen steht ein Relativsatz mit *was*.
- Das Einzige, **was** ich tun kann, ist Energie zu sparen.
- Auf Autos zu verzichten ist das Beste, **was** wir tun können.

Wenn im Relativsatz ein Verb mit Präposition steht, verwendet man *wo(r)-* + Präposition.
- Klimawandel ist etwas, **worüber** wir immer wieder diskutieren müssen.

GRAMMATIK IM ÜBERBLICK

Zeitangaben machen: temporale Nebensätze K10 M3

Was passiert wann?		Ab wann oder bis wann passiert etwas?	
etwas passiert **gleichzeitig**	während, als, solange, wenn	etwas **hat angefangen und dauert** bis jetzt	seit, seitdem
etwas passiert **nicht gleichzeitig**	bevor, ehe, nachdem	etwas **endet**	bis
		etwas **beginnt**	sobald

- Jessica war zweimal im Ausland, **während** sie eine Ausbildung gemacht hat.
- **Während** Jessica eine Ausbildung gemacht hat, war sie zweimal im Ausland.

Tempuswechsel bei *nachdem*

Nebensatz im Perfekt + Hauptsatz im Präsens:
- Nachdem ich das Abitur **bestanden habe**, **bewerbe** ich mich.

Nebensatz im Plusquamperfekt + Hauptsatz im Präteritum:
- Nachdem ich das Abitur **bestanden hatte**, **bewarb** ich mich.

Infinitiv mit und ohne *zu* → K2 M1

Infinitiv mit *zu* nach:

1. *es ist / ich finde es* + Adjektiv:
Es ist wichtig / nötig / schön / leicht / normal / …, …
Ich finde es gut / schlecht / richtig / interessant / …, …
- Es war sehr positiv, neue Erfahrungen **zu** machen.
- Ich finde es gut, etwas Neues **zu** lernen.

2. Nomen + *haben / machen*:
die Aufgabe / Fähigkeit / Absicht / Möglichkeit / den Wunsch / Lust / Angst / … haben – Spaß / die Erfahrung / … machen
- Sie hatte Angst, ihren Arbeitsplatz **zu** verlieren.
- Es macht ihr Spaß, mit dem Motorrad **zu** fahren.

3. bestimmte Verben:
anfangen / aufhören / beabsichtigen / bitten / empfehlen / erlauben / sich freuen / gestatten / planen / raten / verbieten / versuchen / vorhaben / …
- Sie hat geplant, einen eigenen Laden auf**zu**machen.
- Er hat vor, in China **zu** arbeiten.

Der Infinitiv mit *zu* steht immer am Ende des Satzes. Bei trennbaren Verben steht *zu* nach dem Präfix (ein**zu**kaufen, an**zu**rufen, …).

Infinitiv ohne *zu* nach:

Modalverben: Ich kann an einem Intensivkurs teilnehmen.
werden (Futur): Wird dir deine Firma helfen?
würden (Konjunktiv II): Ich würde das auch machen.
lassen: Ich lasse mir ein paar Terminvorschläge machen.

Weitere Verben:
gehen: Wir gehen tanzen.
bleiben: Sie blieb im Job nicht stehen und machte Kurse.
hören: Ich höre meine Kollegin oft Chinesisch sprechen.
sehen: Ich sehe dich immer nur arbeiten.

Nach manchen Verben können Infinitive mit und ohne *zu* folgen:

lernen: Ich lerne Salsa tanzen.   Ich lerne, Salsa **zu** tanzen.
helfen: Hilfst du mir das Fest organisieren?   Hilfst du mir, das Fest **zu** organisieren?

Zweiteilige Konnektoren → K12 M1

Bedeutung	zweiteilige Konnektoren
Aufzählung → beides: A + B	Bürger entwickeln schon Ideen, wie **sowohl** das Leben **als auch** die Arbeit auf dem Mars aussehen könnte.
→ beides: A + B (B ist betont)	Der Mars hat **nicht nur** eine vielfältige Oberfläche, **sondern auch** eine Atmosphäre.
negative Aufzählung beides nicht: A nicht und B auch nicht	Wir würden **weder** die großen Temperaturschwankungen **noch** die eisigen Stürme überleben.
Alternative eines von beidem: A oder B	**Entweder** man fliegt nach der Ankunft gleich wieder zurück **oder** man wartet knapp zwei Jahre auf den Rückflug.
Gegensatz / Einschränkung → A wird durch B eingeschränkt.	Das ist **zwar** noch Zukunftsmusik, gilt **aber** als sehr wahrscheinlich.
→ A ein Aspekt und B ein anderer Aspekt	**Einerseits** erreichen die Temperaturen am Äquator tagsüber 20 °C, **andererseits** sinken sie nachts teilweise auf unter minus 80 °C.
Bedingung B in Abhängigkeit von A	**Je** schwerer ein Raumschiff ist, **desto/umso** mehr Treibstoff braucht es.

Zweiteilige Konnektoren können Satzteile und Sätze verbinden:
- Viele Menschen wollen **entweder** auf den Mond **oder** sogar auf den Mars fliegen.
- **Entweder** man fliegt gleich wieder zurück **oder** man wartet knapp zwei Jahre.

Der Konnektor *je…, desto/umso* verbindet Hauptsatz und Nebensatz. Man verwendet den Komparativ.
- **Je** schwerer das Raumschiff ist, **desto/umso** mehr Treibstoff braucht es.

       Nebensatz   Hauptsatz

Zwischen diesen zweiteiligen Konnektoren steht immer ein Komma:
- nicht nur …, sondern auch …
- je …, desto/umso …
- zwar …, aber …
- einerseits …, andererseits …

Eine Liste mit unregelmäßigen Verben finden Sie im Übungsbuch und unter www.klett-sprachen.de/kontext.

NOTIZEN

NOTIZEN

NOTIZEN

NOTIZEN

QUELLENVERZEICHNIS

Text- und Musikquellen

S. 14: „LIEGEN IST FRIEDEN" Musik & Text: Elen Wendt, Elias Hadjeus, Philipp Klemz © Sony/ATV Music Publishing Allegro (Germany) II Ed. / Edition Mort / Edition Philipp Klemz. Mit freundlicher Genehmigung der Sony/ATV Germany GmbH; **S. 49:** Porträt aus „Helfer in der Not" von Sebastian Müller im Magazin db mobil 09/19; **S. 84/85:** „Glück und Unglück" von Christian Morgenstern; **S. 91:** Porträt Einleitungstext – gekürzt und leicht bearbeitet – aus dem Artikel „Ministerium für Glück und Wohlbefinden" von Albrecht62 et al. auf www.wikipwedia.de unter der Creative-Commons-Lizenz CC BY-SA 3.0 (https://creativecommons.org/licenses/by-sa/3.0/de/legalcode). Weiterer Text – gekürzt, umformuliert und zusammengefasst – von der Website www.ministeriumfuerglueck.de © Ministerium für Glück und Wohlbefinden / Gina Schöler; **S. 130/131:** aus Joachim Meyerhoff, Alle Toten fliegen hoch, Teil 1: Amerika, © 2011, 2013, Verlag Kiepenheuer & Witsch, Köln (Taschenbuchausgabe, 33. Auflage 2016, S. 138–141); **S. 140/141:** Textauszug aus „18 Monate am Ende der Welt" von Sigrid Rautenberg vom 30.03.2019 auf SZ.de © DIZ München GmbH; **S. 144/145:** Inhaltsangabe von DVA und Textauszug (S. 25 ff.) aus „Kommt ein Syrer nach Rotenburg (Wümme)" von Samer Tannous und Gerd Hachmöller © 2020 Deutsche Verlags-Anstalt, München, in der Penguin Random House Verlagsgruppe GmbH. Ein SPIEGEL-Buch; **S. 147:** aus der Rubrik „Dafür stehen wir" auf www.aktion-mensch.de, © Aktion Mensch e.V.; **S. 161:** aus „Der Deutsche Alpenverein e.V. stellt sich vor" auf www. Alpenverein.de © Deutscher Alpenverein e.V.; **S. 175:** aus dem Alumni-Artikel „Peter Scholze – Ein Leben für die Mathematik" von Dr. Matthias Nicol mit freundlicher Genehmigung des Heinrich-Hertz-Gymnasium, Berlin; www.hcm.uni-bonn.de/fileadmin/scholze/Interviewfragen_mit_Peter_Scholze_-_deutsch.pdf © Hausdorff Center for Mathematics, Universität Bonn

Filme

S. 22: „Trier – eine Zeitreise" von Carsten Jaeger, eine Produktion von JAEGER FILM (jaeger-film.de); **S. 36:** „Wie wir lernen" von Klaus Oppermann; **S. 50:** „Umweltfreundlich reisen" mit freundlicher Genehmigung des SWR; **S. 64:** „Wohnen auf dem Wagenplatz" von Martin Höcker, www.nahfilm.de ; **S. 78:** „Im eigenen Rhythmus zum Beruf" von Aleksej Nutz; **S. 92:** „Hinfallen, aufstehen, weitermachen" von Carsten Jaeger, eine Produktion von JAEGER FILM (jaeger-film.de); **S. 106:** „Unverpackt" von Carsten Jaeger, eine Produktion von JAEGER FILM (jaeger-film.de); **S. 120:** „Vegan – warum nicht?" von Carsten Jaeger, eine Produktion von JAEGER FILM (jaeger-film.de); **S. 134:** „Passt das zu mir?" von Martin Höcker, www.nahfilm.de; **S. 148:** „Unplanbar" von Carsten Jaeger, eine Produktion von JAEGER FILM (jaeger-film.de); **S. 162:** „Faire Mode" von Rainer Schwarz; **S. 176:** „Wingcopter – Hilfe aus der Luft" von Martin Höcker, www.nahfilm.de

Strategie-, Redemittel- und Grammatikclips

Mitwirkende: Jana Kilimann, Sofia Lainovic, Felice Lembeck, Christof Lenner, Cornelius Siegl, Julian Wenzel

Audios

Sprecherinnen und Sprecher: Ulrike Arnold, Tobias Baum, Berenike Beschle, Margarita Brahms, Julia Cortis, Jonathan Hoppe, Carlotta Immler, Sofia Lainovic, Christof Lenner, Donato Miroballi, Chiara Penzel, Nina Pietschmann, Anja Straubhaar, Helge Sturmfels, Peter Veit, Julian Wenzel
Musik in Kapitel 1, Track 1.02: "Liegen ist Frieden" von Elen bei Vertigo Berlin / Universal Music Entertainment GmbH
Radio-Werbung in Kapitel 7, Track 3.01: Radio-Werbespot „Flaschenpost", Produktion: topradiospot, Text: Agentur Wortsturm, Sprecher: Anna Gamburg & Rainer Strecker mit freundlicher Genehmigung von flaschenpost SE; Radio-Werbespot „Linz AG – Wasser" © radio:works mit freundlicher Genehmigung der Linz AG
Trailer in Kapitel 9, Track 3.17–18: aus dem Trailer der Podcast-Serie „Einfach machen", Staffel 2: Der Traum von der Gastro © BR/PULS 2018; in Lizenz der BRmedia Service GmbH;
Hintergrundmusik:
„Komm mal rüber bitte" von Von wegen Lisbeth bei Columbia Deutschland (Sony Music Entertainment); M&T: Dominik Zschaebitz, Julian Hoelting, Julian Zschaebitz, Rainer Rohde, Robert Tischer © Rote Edition, mit freundlicher Genehmigung der Sony Music Publishing (Germany) GmbH.
„Drop it like it's hot" von Snoop Dogg bei Doggystyle/star Trac and Geffen Records; M&T: Calvin Broadus, Pharrell Williams, Chad Hugo © My Own Chit Publishing / EMI Blackwood Music Inc. / Musik-Edition Discoton, mit freundlicher Genehmigung der EMI Music Publishing Germany GmbH und der Universal Music Publishing Group.

Fotomodelle

Augusto Aguilar, Teresa Avila Rivera, Carolyn Brendel, Etienne Ewané Ewané, Rainer Geiger, Michel Junker, Angela Kilimann, Benno Kilimann, Christof Lenner, Annalisa Scarpa-Diewald, Helen Schmitz, Tanja Sieber

Bildnachweis

123RF.com, Nidderau: **43**, **127** (kzenon); **46.3** (Patiwat Sariya); adidas **102.2**; akg-images / arkivi **84.5**; akg-images / ddrbildarchiv.de **12.1**, **12.3**; akg-images, Berlin: **40**; Aktion Mensch e.V. **147**; Alfred Ritter GmbH & Co. KG, Waldenbuch: **95.5**; André POLOczek **66.1**; Angela Kilimann **98.3**; Bad Reichenhaller **94.2**; Bigstock, New York, NY: **35.5** (style-photographs), **57.1** (MadPhotosPI); CloudScience/toonpool.com **66.3**; Deutsche Lufthansa AG **102.1**; Deutscher Akademischer Austauschdienst e.V. (DAAD), Bonn: **35.3**; Dieter Mayr, München: **34.2**, **57.3**, **57.4**, **75.1**, **75.2**, **75.3**, **75.4**, **90.1**, **90.2**; Dr. Oetker **102.4**; Dreamstime.com, Brentwood, TN: **14.1** (Panco971); **14.4** (Vera Petrunina), **14.7** (Vadymvdrobot); **38.2** (Tupungato); EU-Kommission, CC BY 4.0 **35.2**; fahrinfo.bvg.de **48.1**, **48.2**; FAIRTRADE Österreich **95.4**; Foto: Sebastian Erras **124**; gemeinfrei **21.2**; Gerhard Kerler **63.2**; Getty Images, München: **21.1** (ClarkandCompany); **34.1** (10';000 Hours), **36.3** (XXLPhoto), **36.8** (Aaron Foster); **38.1** (SergiyN), **38.3** (4FR); **39.1** (PPAMPicture), **44.1**, **128.1** (martin-dm); **52** (Fourleaflover); **54.2** (Hinterhaus Productions); **56.3** (Liliboas); **72** (Newton Daly); **76.2** (Robin Skjoldborg); **77.2** (Halfpoint); **77.3** (moisseyev); **80.4** (Yannick Tylle), **81.1** (VisualCommunications); **81.4** (gilaxia); **81.5** (PeopleImages); **82** (Luis Alvarez); **84.1** (Thomas_EyeDesign); **84.2** (Ralf Geithe), **84.3** (spukkato); **97.4** (Jacobs Stock Photography Ltd); **100.1** (ExperienceInteriors); **100.2** (Andreas von Einsiedel); **100.3** (LightFieldStudios); **114.6** (tomograf); **119.1** (Stígur Már Karlsson /Heimsmyndir); **138.6** (Xurzon); **150.1** (John Elk III); **150.6** (brazzo); **161.1** (DieterMeyrl); **164** (Matthias Ritzmann); **166** (Eva-Katalin); **168** (Klaus Vedfelt); **171** (Flashpop); **Cover** (Martin Barraud); imago images / Bernd Friedel **68.2**; imago images, Berlin: **49** (Patrick Scheiber); Jim Rakete **133**; Joscha Sauer, www.joscha.com **67.5**; Kathrin Schall, Stuttgarter Zeitung **101**; Lieferando.de **94.1**; Lo Graf von Blickensdorf/toonpool.com **67.4**; OeAD - Österreichs nationale Agentur für Bildung und Internationalisierung **35.1**; Peter Thulke **116.3**; picture alliance/dpa/dpa-infografik GmbH **56.1**, **99.1**, **99.2**; picture-alliance, Frankfurt: **58.3** (Deutzmann / Eibner-Pressefoto), **98.5** (FoodCollection | Thiemann, Niklas); **119.2** (dpa); **152.1** (blickwinkel/A. Hartl); **152.2** (dpa/5vision.media | Matthias Mayer); **152.3** (dpa/Christophe Gateau); **168.1** (AP Photo | Elise Amendola); **175.1** (dpa | Volker Lannert); **175.2** (dpa/Linda Meiers/WDR | Linda Meiers/WDR); Polaroid **168.3**; Quelle: WWF Deutschland **42**; Robert Hack/toonpool.com **67.6**; Rovey Wallbaum/toonpool.com **66.2**; Shutterstock, New York: **1.1** (icondesigner), **1.2** (ERRER), **1.3** (ksenvitaln), **1.4** (davooda); **12.2**, **144.2** (fizkes), **14.2** (Maridav); **14.3** (totojang1977), **14.5** (REDPIXEL.PL); **14.6** (Stokkete); **14.8** (koosen); **19** (VALPAZOU); **22.1** (1eyeshut); **22.2** (saiko3p); **22.4** (Petair); **24.1** (PR Image Factory); **24.2**, **138.4** (AJR_photo); **24.3** (Cabeca de Marmore); **24.4**, **30.3** (El Nariz), **24.5**, **35.4** (Andrey Arkusha); **24.6** (Photoroyalty); **24.7** (alexander_dyachenko); **25** (Prostock-studio); **26.1**, **39.4**, **155.2** (Rido), **26.2** (My Agency); **26.3** (iofoto); **28**, **29**, **128.1** (goodluz); **30.1** (ESB Professional); **30.2**, **144.3** (Iakov Filimonov); **36.1** (aapsky); **36.2** (Curioso.Photography); **36.4** (Nomad_Soul); **36.5** (Flystock); **36.6** (mikolajn); **36.7** (soft_light); **39.2** (ElenVD); **39.3** (sanneberg); **39.5** (FotoAndalucia); **39.6**, **128.2** (WAYHOME studio); **42** (BlueberryPie); **44.2**, **129.2** (Sergiy Borakovskyy); **44.3** (Angelo Giampiccolo); **46.1** (G-Stock Studio); **46.2** (DisobeyArt); **54.1** (Nadino); **56.2** (Kazantseva Olga); **57.2** (Isa Long); **58.1** (Gorodenkoff); **58.2**, **142.1** (Monkey Business Images); **60.1** (Funny Solution Studio); **60.2** (S-F); **63.1** (HTN); **73.1** (Andrey_Popov); **73.2**, **155.1**, **155.4** (Dean Drobot); **73.3** (Ivan Kruk); **76.1** (More Than Production); **76.3** (Pressmaster), **77.1** (GaudiLab); **80.1** (docstockmedia); **80.2** (Cincila); **80.3** (Mega Pixel); **80.5** (ARIMAG); **80.6** (Galyna Andrushko); **81.2** (Lucky Business); **81.3** (smspsy); **81.6** (Golubovy); **84.4** (Antonio Soletti); **96.1** (hugo_34); **97.1** (PRESSLAB); **97.2** (MyImages - Micha); **98.1** (Notton12345); **98.2** (Steve Allen); **98.4** (DRG Photography); **98.6** (NetPix); **102.3** (Jeffrey B. Banke); **104** (Asta Vainore); **110** (vesna cvorovic); **112.1** (Vyshnova); **112.2** (maxpro); **112.3** (Christian Lagerek); **114.2** (lissa.77); **114.3** (LightField Studios); **114.4** (wavebreakmedia); **114.5** (ZoranOrcik); **115.3** (Kolby Dzikrullah Ambiya); **118.1** (Ahmet Misirligul); **118.2** (ittawit21); **118.3** (pumatokoh); **118.4** (goffkein.pro); **118.5** (9nong); **118.6** (Pormezz); **119.3** (Bern James); **126** (peampath2812); **127** (alphaspirit.it); **128.3**, **144.1** (pixelheadphoto digitalskillet); **133.6** (Krisztian); **136** (Trueffelpix); **138.1** (Shutterstock Studios); **138.2** (mimagephotography); **138.3** (Anna Nahabed); **138.5** (Yuliya Yafimik); **140.1** (Vadim Nefedoff); **140.2** (Janik Rybicka); **140.3** (Zhosan Olexandr); **142.2** (paulaphoto); **142.3** (Ivana Mitic); **144.4** (UNIKYLUCKK); **144.5**, **151.2** (Rawpixel.com); **144.6** (Atstock Productions); **150.2** (ProleR); **150.3** (BalanceFormCreative); **150.4** (franz12); **150.5** (ikrolevetc); **150.7** (ilolab); **151.3** (Agustin Vai); **151.4** (IRINA SHI); **151.5** (Valerii__Dex); **152.4** (Gail Johnson); **154.1** (Arkhipenko Olga); **154.2** (PRASANNAPIX); **154.3** (Trutta); **154.4** (Mrs_ya); **154.5** (hifashion); **154.6** (Avigator Fortuner); **154.7** (Kapitula Olga); **155.3** (Cookie Studio); **155.5** (SpeedKingz); **156** (StGrafix); **165.1** (MH Art); **165.2** (shockfactor.de); **167.2** (Chendongshan); **168.5** (Viktor1); **172** (Josep Suria); **172.4** (metamorworks); SIXT **95.7**; SPD-Regionsfraktion Hannover **61.1**; Stiftung Warentest **105.1**; STRAFFR GmbH **168.2**; SWM/MVG **95.6**; © 2013 Verlagshaus Jacoby & Stuart, Berlin **158.2**; © Anna Peschke **68.1**; © AT Verlag AG Aarau/München, Foto Vanessa Blank **159**; © Bastei Lübbe AG **158.3**; © BVG, GUD.berlin, Foto: Felix Koschel **94.3**; © Deutscher Alpenverein e.V. **161.2**; © Diakoneo, Amanda Marien **114.1**; © Hans Nücke **61.2**; © MEDI-LEARN Verlag, mehr Cartoons unter: www.medi-learn.de/cartoons **116.4**; © Ministerium für Glück und Wohlbefinden **91.1**; © Ministerium für Glück und Wohlbefinden, Foto: Elmar Witt **91**, **91.2**; © Nicole Scott/Mobilegeeks **168.4**; © Penguin Random House Verlagsgruppe GmbH **144.1**, **158.1**; © Reinhard Trummer (Trumix), All rights reserved **67.7**; © Ruthe/Distr. Bulls **116.1**; © Telefónica Deutschland **18.1**, **102.1**; © Uli Stein / Catprint **116.2**; © Verlag Kiepenheuer & Witsch **131**; ÖKO-TEST **105.2**

Hier nicht aufgeführte Fotos auf den Filmseiten sind Stills aus den Videos.